四柱
감정요결

원각(圓覺) 김구현(金槼鉉)

충북 제천 출생
중국 국립산동대학교 주역연구중심주역학과 졸업
국제청년역경학회 이사 역임
한국역리사자격검정관리협회 학술연구위원 역임
원각역리연구원 원장

저서에 『정법사주』, 『명리용어와 시결음미』가 있다.

전　화 031-404-3852
휴대폰 010-6581-4709

사주 감정요결

1판 1쇄 인쇄일 ｜ 2016년 6월 6일
1판 1쇄 발행일 ｜ 2016년 6월 16일

발행처 ｜ 삼한출판사
발행인 ｜ 김충호
지은이 ｜ 김구현

신고년월일 ｜ 1975년 10월 18일
신고번호 ｜ 제305-1975-000001호

411-776 경기도 고양시 일산서구 고양대로 724-17호
　　　　(304동 2001호)

대표전화 (031) 921-0441
팩시밀리 (031) 925-2647

값 36,000원
ISBN 978-89-7460-171-3　03180

신비한 동양철학 110

四柱
감정요결

김구현 편저

삼한

머리말

　사주를 간명하는 데 조금이라도 도움이 되었으면 하는 마음에서 『정법사주』에 이어 이 책을 내게 되었다. 이 책에서는 사주를 간명하는 데 근간이 되는 오행(五行)의 왕쇠강약(旺衰强弱)을 세분해서 설명하고, 대운(大運)과 세운(歲運), 세운(歲運)과 월운(月運)의 연관성과 십신(十神)과 여러 살(殺)이 운명에 미치는 암시와 십이운성(十二運星)으로 세운(歲運)을 판단하는 방법을 설명했다.

　그리고 오행(五行)의 생극제화(生剋制化)에서 일어나는 작용을 남명과 여명을 구분하여 112가지씩을 들고, 다시 남녀 공통으로 일어나는 112가지와 육신(六神)이 지닌 일반적인 특성과 유년(流年)에서 일어나는 여러 현상, 그리고 요결 112가지를 포함해 448가지를 실었다. 음양오행(陰陽五行)의 생극제화(生剋制化) 원리를 간파해본다면 비결이라기보다는 오행(五行)의 생극제화(生剋制化)에서 일어나는 여러 현상이라고 할 수 있다.

그리고 세상 만물은 음양(陰陽)의 조화로 생로병사하므로, 그 오행(五行)이 중화되어 잘 흐르면 생생불식(生生不息)으로 평생을 무병장수하지만, 오행(五行) 중에서 어느 하나라도 편중되거나 불화해서 흐름이 끊어진다면 평생 잔병으로 고생한다. 그러니 질병론 편을 탐독해서 건강을 관리하는데 힘쓰기 바란다. 여러 학자 제현께서 사주학을 연구하는 데 이 책이 작으나마 지침서가 된다면 더 바랄 것이 없겠다.

                                              김 구 현

1장. 오행론(五行論)-14

7장. 직업과 전공론-148

8장. 십이지론(十二支論)-154

9장. 질병론-194

10장. 임신론 ─251

11장. 부적론 ─267

1장. 오행론(五行論)

사주를 간명할 때 일간(日干) 오행(五行)의 강약(强弱)을 분별하는 것은 가장 중요하며 기본적인 일이다. 일간(日干)을 중심으로 방조(幫助)하는 것과 설기(洩氣)하는 것을 저울질하듯이 강한 것과 약한 것을 분별해야 하고, 계절에 따라 왕상휴수사(旺相休囚死)와 조후(調候)를 알아야 한다. 오행(五行)의 왕쇠강약(旺衰强弱)을 세분해서 살펴보겠다.

1. 목(木)

목(木)은 동쪽에서 해가 뜨면서 생기는 양기(陽氣)에서 생성된다. 양기(陽氣)를 풍(風)이라 하고, 음기(陰氣)를 수(水)라 하여 음양(陰陽)의 조화를 풍수(風水)라고 한다. 목(木)은 풍(風)이 변한 상으로 기(氣)의 형상이니, 기(氣)의 왕쇠강약(旺衰强弱)에 따라 흥망성쇠가 좌우된다. 대기 운동이 빨라지면 열이 생기고, 반대로 대기 운동이 둔화되거나 조화를 잃으면 한냉한 기(氣)가 생겨 바람이 일어난다. 기(氣)가 왕성하면 건강과 체력이 좋고, 기(氣)가 쇠약하고 음양(陰陽)의 조화를 잃으면 외부와 중화하지 못하니 대기의 압박을 받아 바람이 일어나는 것이다.

금(金)이 목(木)을 심하게 충극(沖剋)하면 목(木)이 상해서 기(氣)운동이 원활하지 못하니 목기(木氣)가 쇠약해진다. 따라서 대기와 중화를 유지하지 못하니 대기의 압박을 받아 목(木)은 사지와 오체 일부가 마비되거나 장애가 따르는 것이다. 이것을 중풍이라고 하는데, 이는 모두 목기(木氣)가 심하게 상하거나 기운을 빼앗기거나 압축되어 발생하는 기(氣)의 이상 현상이다.

사주에 식상(食傷)인 화(火)가 지나치게 많아 목기(木氣)를 심하게 설(洩)하거나, 수(水)가 지나치게 많아 부목(浮木)이 되면 목기(木氣)의 운동이 침체되고, 관살(官殺)인 금(金)이 많아 목기(木氣)를 지나치게 손상시키면 목기(木氣)는 정상을 잃고 이상 현상인 풍기(風氣)로 바뀌는 것이다.

1. 강목(强木)

강목(强木)이란 목기(木氣)가 강한 것을 말한다. 봄철인 인월(寅月)이나 묘월(卯月)에 태어난 갑목(甲木)이나 을목(乙木)은 강목(强木)이된다.

① 강목(强木)이 재성(財星)인 토(土)를 만나면 나무가 뿌리를 내리

고 자라는 형상이니 성공한다.

② 강목(强木)이 관살(官殺)인 금(金)을 만나면 유능한 목수를 만나 다듬어는 형상이니 인재가 된다.

③ 강목(强木)이 인수(印綬)인 수(水)를 만나면 장정이 어머니 젖꼭지를 물고 있는 형상이니, 만사가 지체되고 기회를 얻지 못하니 실패한다.

④ 강목(强木)이 식상(食傷)인 화(火)를 만나면 주인이 많은 형상이니 서로 대립하며 불화하고, 질시와 반목으로 손재가 따른다.

⑤ 강목(强木)이 식상(食傷)인 화(火)를 만나면 왕성한 목(木)을 설기(洩氣)해주니 총명한 수재가 되어 사방에 이름을 날린다.

2. 약목(弱木)

약목(弱木)이란 목기(木氣)가 약한 것을 말한다. 목일간(木日干)이 실령(失令)했거나, 사주에 인성(印星)이나 비겁(比劫)이 없어 의지할 곳이 없거나, 득령(得令)했어도 식상(食傷)이나 재성(財星)이나 관성(官星)이 지나치게 많으면 약목(弱木)이 된다.

① 약목(弱木)이 재성(財星)인 토(土)를 만나면 환자가 무리하게 농사를 짓는 형상이니, 욕심 때문에 사기를 당하고 손재가 따른다.

② 약목(弱木)이 관살(官殺)인 금(金)을 만나면 팔십 노인이 짐을 지고 절벽을 오르는 형상이니, 병이 깊어져 생명까지 위태로워진다.

③ 약목(弱木)이 인성(印星)인 수(水)를 만나면 생기를 받아 힘이 솟

는 격이니, 윗사람의 인도로 성공한다.

④ 약목(弱木)이 비겁(比劫)인 목(木)을 만나면 친구나 동기간에 협력하는 형상이니, 평안하고 태평해진다.

⑤ 약목(弱木)이 식상(食傷)인 화(火)를 만나면 허기진 사람이 또 힘을 빼는 형상이니, 질병이 따른다.

3. 부목(浮木)

부목(浮木)이란 물에 떠다니는 나무를 말한다. 목일간(木日干)이 신약(身弱)한데 사주에 수(水)가 많으면 뿌리를 내리지 못하니 부목(浮木)이 된다.

① 부목(浮木)이 재성(財星)인 토(土)를 만나면 흙으로 많은 물을 막는 격이니, 정착해서 기름진 땅을 경작하고 재물을 이룬다.

② 부목(浮木)이 관인(官印)인 금수(金水)를 만나면 범람하는 거센물이 정처없이 흘러가는 격이니, 외국으로 이민가거나, 의지할 곳이 없거나, 아내와 자식을 극(剋)하거나 익사하기 쉽다.

③ 부목(浮木)이 비겁(比劫)인 목(木)을 만나면 물에 떠내려가던 원목이 합세하는 격이니, 거센 물결이 더욱더 사나워져 몸을 다친다.

④ 부목(浮木)이 식상(食傷)인 화(火)를 만나면 화생토(火生土)로 숨은 돌리지만, 많은 수(水)가 화(火)를 극(剋)하니 그림 속의 떡이된다.

4. 분목(焚木)

분목(焚木)이란 목기(木氣)가 타버린 것을 말한다. 목일간(木日干)이 사주에 식상(食傷)인 화(火)가 많은데 수(水)가 없으면 분목(焚木)이 된다.

① 분목(焚木)이 재성(財星)인 토(土)를 만나면 화기(火氣)가 약해져 한숨 돌리지만, 메마른 땅이라 농사를 짓기 어려우니 재물을 이루기 어렵다.
② 분목(焚木)이 관살(官殺)인 금(金)을 만나면 화기(火氣)를 분산시켜 큰 난은 면하지만, 금극목(金剋木)이 되니 몸이 상하기 쉽다.
③ 분목(焚木)이 인성(印星)인 수(水)를 만나면 화기(火氣)를 억제해 수생목(水生木)으로 생기를 찾으니, 다시 일어나 성공한다.
④ 분목(焚木)이 비겁(比劫)인 목(木)을 만나면 화기(火氣)가 충천해 재난이 더욱더 심해지니, 구사일생 처지에 놓인다.

5. 절목(折木)

절목(折木)이란 목기(木氣)가 부러진 것을 말한다. 목일간(木日干)이 사주에 재성(財星)인 토(土)가 많은데 수(水)가 없으면 절목(折木)이 된다.

① 절목(折木)이 관성(官星)인 금(金)을 만나면 나무가 도끼를 만난

격이니, 수명이 위태로워진다.

② 절목(折木)이 인성(印星)인 수(水)를 만나면 토(土)가 생기를 얻어 옥토로 변하니, 크게 성공한다.

③ 절목(折木)이 비겁(比劫)인 목(木)을 만나면 동기간에 힘을 합쳐 옥토를 경작하니, 소원도 이루고 소득도 많아진다. 그러나 목(木)은 반드시 수(水)를 동반해야 한다.

④ 절목(折木)이 식상(食傷)인 화(火)를 만나면 굳은 땅을 더 말리고 다시 절목(折木)을 설기(洩氣)하니, 기운이 빠져 수명이 줄어든다.

6. 단목(斷木)

단목(斷木)이란 목기(木氣)가 끊어진 것을 말한다. 목일간(木日干)이 사주에 수(水)가 없는데 관살(官殺)인 금(金)이 많으면 단목(斷木)이 된다.

① 단목(斷木)이 인성(印星)인 수(水)를 만나면 관성(官星)인 금(金)을 설기(洩氣)해서 목(木)을 생(生)하니, 관인상생(官印相生)이 되어 뜻밖의 구원을 받아 병자는 회복되고, 일반인은 만사형통으로 발전한다.

② 단목(斷木)이 비겁(比劫)인 목(木)을 만나면 적군 앞에서 지원군을 만난 형상이니, 후원자의 도움을 받아 성공한다.

③ 단목(斷木)이 식상(食傷)인 화(火)를 만나면 호랑이 같은 칠살(七殺)을 식신제살(食神制殺)하여 병(病)인 관살(官殺) 금(金)을 제거

하니, 성공해서 이름을 떨친다. 그러나 사주에 수(水)가 없으면 몸이 허약하니 무리하게 서두르면 실패하기 쉽다.

④ 단목(斷木)이 재성(財星)인 토(土)를 만나면 재생관(財生官)해서 칠살(七殺)인 호랑이에게 고기를 주고 날개까지 달아주는 격이니, 몸도 상하고 손재도 따른다.

7. 춘목(春木)

춘목(春木)이란 봄철인 인월(寅月)이나 묘월(卯月)에 태어난 목일간(木日干)을 말한다.

① 춘목(春木)은 아직 한기가 남아있는 때이니 화(火)로 따뜻하게 만들고, 수(水)로 영양을 공급해주고, 토(土)로 뿌리를 내리게 하고, 금(金)으로 다듬어주면 천하일품이 된다.

② 춘목(春木)은 토(土)가 많으면 화(火)가 무력해지니 꺼리고, 을목(乙木)은 춘목(春木)이라도 금(金)을 만나면 두려워한다.

8. 하목(夏木)

하목(夏木)이란 입하(立夏)가 드는 4월과 입추(立秋)가 드는 7월에 태어난 목일간(木日干)을 말한다.

① 하목(夏木)은 인성(印星)인 수기(水氣)로 갈증을 풀어주어 조토

(燥土)를 윤택하게 만들면 생기를 얻고, 금(金)으로 불필요한 가지를 다듬어 수분의 낭비를 막아주면 천하일품이 된다.

② 하목(夏木)이 재성(財星)인 토(土)가 많으면 수분을 흡수해버리니 성장하는 데 방해가 된다.

③ 하목(夏木)이 관살(官殺)인 금(金)이 많으면 상해서 상해·질병·실패·재난 등이 따른다.

④ 하목(夏木)이 비겁(比劫)인 목(木)이 많으면 나무가 빈틈 없이 빽빽해 일조량이 부족해 웃자라니 유용한 인재가 되기 어렵다.

9. 추목(秋木)

추목(秋木)이란 입추(立秋)가 드는 7월부터 입동(立冬) 전에 태어난 목일간(木日干)을 말한다.

① 추목(秋木)은 추수철의 수려한 나무로 용도가 많으니 발전지상으로 본다.

② 추목(秋木)은 초가을에는 아직 미숙하니 수토(水土)로 돕고, 중추인 8월에는 완숙하며 금(金)도 강하니 벌목하는 게 좋다.

③ 추목(秋木)은 9월 한로 후에는 얼지 않도록 화(火)로 따뜻하게 해주어야 좋다.

④ 추목(秋木)이 토(土)가 많으면 재다신약(財多身弱)이 되니 신임을 얻기 어렵고, 돈도 모으기 어렵다.

⑤ 추목(秋木)이 9월 중순 이후에도 수(水)가 많으면 해월(亥月)에 임박

해 부목(浮木)이 되니, 이사를 자주하고 마음이 안정되기 어렵다.

10. 동목(冬木)

동목(冬木)이란 겨울철인 해자축월(亥子丑月)에 태어난 목일간(木日干)을 말한다.

① 동목(冬木)은 화(火)로 조후(調候)해서 생기를 주고, 토(土)로 물을 막아 보온해주고, 금(金)으로 벌목하면 유용한 재목이 된다.
② 동목(冬木)은 인성(印星)인 수(水)가 많으면 부목(浮木)이 되어 썩으니, 재능과 실력을 발휘하지 못해 항상 침체되기 쉽다.

2. 화(火)

화(火)는 남방의 양기(陽氣)가 쌓여 변한 것으로 태양에 속하고, 불꽃처럼 외화내빈이 된다.

1. 강화(强火)

강화(强火)란 화기(火氣)가 강한 것을 말한다. 화일간(火日干)이 득령(得令)하고, 사주에 비겁(比劫)인 수(水)가 많으면 강화(强火)가 된다.

① 강화(强火)가 인성(印星)인 목(木)이 많으면 재성(財星)인 금(金)으로 화기(火氣)를 분산·조화시키면 크게 발전한다.

② 강화(强火)가 관성(官星)인 수(水)를 만나면 화(火)를 조절해주니 품행이 단정하며 유능한 인재가 된다.

③ 강화(强火)가 재성(財星)인 금(金)을 만나면 인성(印星)을 제압하고 화기(火氣)를 분산시키니 발전한다.

④ 강화(强火)가 식상(食傷)인 토(土)를 만나면 토수(吐秀)로 수재가 되어 사회적으로 유능한 인재가 된다.

⑤ 강화(强火)가 인비(印比)인 목화(木火)를 만나면 강렬한 불꽃이 만물을 태워버리니 평생 무용지물이 된다.

2. 약화(弱火)

약화(弱火)란 화기(火氣)가 약한 것을 말한다. 화일간(火日干)이 실령(失令)했는데 사주에 도와주는 인비(印比)가 없거나, 득령(得令)했어도 설기(洩氣)하는 재관식(財官食)이 지나치게 많으면 약화(弱火)가 된다.

① 약화(弱火)가 인비(印比)인 목화(木火)를 만나면 보신해주니 유능한 인재가 된다.

② 약화(弱火)가 식상(食傷)인 토(土)로 설기(洩氣)하거나, 재성(財星)인 금(金)으로 화기(火氣)를 분산시키거나, 약한 인성(印星)인 목(木)을 극파(剋破)하면 무능해져 평생 곤욕스럽게 살아간다,

③ 약화(弱火)가 관살(官殺)인 수(水)를 만나면 충극(冲剋)을 당하니
병든 환자처럼 무능한 인사가 된다.

3. 치화(熾火)

치화(熾火)란 화기(火氣)가 강렬한 것을 말한다. 화일간(火日干)이
득령(得令)했는데 사주에 인성(印星)인 목(木)이 많으면 치화(熾火)가
된다.

① 치화(熾火)가 재성(財星)인 금(金)을 만나면 인성(印星)인 목(木)
을 억제해서 화기(火氣)를 분산시키니 크게 발전한다.
② 치화(熾火)는 식상(食傷)인 토(土)로 설기(洩氣)할 때는 반드시 수
(水)가 있어야 한다. 만약 수(水)가 없는데 토(土)가 많으면 화염에
땅이 메마르니 생물이 말라죽는다.
③ 치화(熾火)의 관성(官星)인 수(水)는 화(火)의 인성(印星) 목(木)을
생(生)하여 치화(熾火)를 조장하니, 목(木)이 있으면 수(水)를 용
신(用神)으로 쓰지 못한다.

4. 회화(晦火)

회화(晦火)란 화기(火氣)가 빛을 잃는 것을 말한다. 화일간(火日干)
이 사주에 식상(食傷)인 토(土)가 많으면 회화(晦火)가 된다.

① 회화(晦火)가 인성(印星)인 목(木)을 만나면 토(土)를 억제하고 화 (火)를 생(生)하니 대단히 기뻐한다.

② 회화(晦火)가 관살(官殺)인 수(水)를 만나면 화(火)를 덜어내 왕성 한 기운이 역세되니 매우 꺼린다.

③ 회화(晦火)가 재성(財星)인 금(金)을 만나면 왕성한 토(土)를 설기 (洩氣)하니 구제된다. 그러나 사주에 목(木)이 있으면 인성(印星) 을 극(剋)하니 불리해진다.

④ 회화(晦火)가 비겁(比劫)인 화(火)를 만나면 토(土)를 생(生)하니 싫어한다.

5. 식화(熄火)

식화(熄火)란 화기(火氣)가 꺼져가는 것을 말한다. 화일간(火日干) 이 사주에 재성(財星)인 금(金)이 많으면 금(金)을 녹이지 못하고 사 그라드니 식화(熄火)가 된다.

① 식화(熄火)가 인성(印星)인 목(木)을 만나면 화(火)를 생(生)하고 많은 금(金)의 힘을 분산시키니 발전한다.

② 식화(熄火)가 비겁(比劫)인 화(火)를 만나면 협동해서 금(金)을 다 스리니 큰 재물을 얻을 수 있다.

③ 식화(熄火)가 식상(食傷)인 토(土)를 만나면 금(金)을 생(生)하니 크게 두려워한다.

④ 식화(熄火)가 관살(官殺)인 수(水)를 만나면 큰 화를 당하나, 사주

에 목(木)이 있으면 관인상생(官印相生)이 되어 위기에서 벗어날 수 있다.

6. 춘화(春火)

춘화(春火)란 인성(印星)인 어머니 목(木)은 인묘월(寅卯月)에 왕(旺)하고, 자식인 화(火)는 상(相)이 되니 모왕자상(母旺子相)이 되어 화기(火氣)가 늠름하다.

① 춘화(春火)가 인성(印星)인 목(木)을 만나면 연료가 되어 화(火)를 생(生)하니 많은 금(金)을 다룰 수 있어 기뻐한다. 그러나 목(木)이 많으면 염화로 변해서 가뭄만 주니 싫어한다.
② 춘화(春火)가 관성(官星)인 수(水)를 만나면 목(木)을 생(生)해서 화(火)를 중화시키니 기뻐한다. 그러나 수(水)가 많으면 연기를 내게 하니 만사가 성사되기 어렵다.
③ 춘화(春火)가 재성(財星)인 금(金)을 만나면 용광로인 화(火)가 고철을 얻으니 큰 공을 세운다.
④ 춘화(春火)가 식상(食傷)인 토(土)를 많이 만나면 회화(晦火)가 되어 약해지니 무슨 일이든 막혀 성사되기 어렵다.
⑤ 춘화(春火)가 비겁(比劫)인 화(火)가 많으면 화기(火氣)가 지나치니 화급한 성품에 감정에 흐르기 쉽다.

7. 하화(夏火)

하화(夏火)란 화광이 천리를 비치니 권위를 만리에 떨친다.

① 하화(夏火)가 재성(財星)인 금(金)을 만나면 좋은 기술자가 좋은 재목을 만난 격이니 유용한 인재가 된다.
② 하화(夏火)가 식상(食傷)인 토(土)가 많으면 초토(焦土)가 되어 경작하기 어려우니 농사를 망친다.
③ 하화(夏火)가 비겁(比劫)인 화(火)를 만나면 양(陽)이 최고조에 이르니 성격이 극단적이 되어 위험한 생각을 즐기며 수명도 단축된다.
④ 하화(夏火)가 인성(印星)인 목(木)을 만나면 불꽃이 강렬해지니 만사에 거듭 실패하고 수명도 짧아진다.
⑤ 하화(夏火)가 관살(官殺)인 수(水)를 만나면 거센 불길을 중화시키니 이름도 떨치고 생활도 안정된다.

8. 추화(秋火)

추화(秋火)란 화일간(火日干)이 신유월(申酉月)에 태어나 금(金)이 왕성한 것을 말한다.

① 추화(秋火)가 수(水)가 많으면 금(金)을 녹여 만금을 주조하니 화(火)가 많을수록 더욱더 좋아진다.
② 추화(秋火)가 인성(印星)인 목(木)을 만나면 화(火)를 생(生)하니

크게 영달한다.

③ 추화(秋火)가 관성(官星)인 수(水)를 만나면 꺼져버리니 수명이 온
전하기 어렵다.

④ 추화(秋火)가 재성(財星)인 금(金)이 많으면 용광로의 불이 약해
져 생산하기 어렵고, 쇠뭉치만 나뒹구니 상해나 수술 등 몸에 상
처를 입기 쉽다.

⑤ 추화(秋火)가 식상(食傷)인 토(土)가 많으면 화쇠금왕(火衰金旺)
이 되니 무능해져 무슨 일이든 이루기 어렵다.

9. 동화(冬火)

동화(冬火)란 화일간(火日干)이 해자축월(亥子丑月)에 태어나 절태
지(絶胎地)에 앉아 약해진 것을 말한다.

① 동화(冬火)가 인성(印星)인 목(木)을 만나면 수기(水氣)를 설(洩)하
고 화(火)를 생(生)하니 기뻐한다.

② 동화(冬火)가 비겁(比劫)인 화(火)를 만나면 적군 앞에서 지원군
을 만난 격이니 용기를 얻어 크게 발전한다.

③ 동화(冬火)가 식상(食傷)인 토(土)를 만나면 왕성한 수(水)를 억제
해서 화(火)를 보호하니 아랫사람의 덕이 놀랍다.

④ 동화(冬火)가 재성(財星)인 금(金)을 만나면 수(水)를 생(生)하여
화기(火氣)를 억제하니 호랑이에게 고기를 주는 격이 되어 반드시
재난을 당한다.

3. 토(土)

중앙에서 음(陰)과 양(陽)이 정을 나누니 습(濕)이 생기고, 그 습(濕)이 살이 되고 피가 되어 형상으로 화상하니 토(土)가 생성된다. 토(土)는 사방에 자리하여 사계절에 동화하므로 개성이 뚜렷하지 않다. 사상(四象)인 태양(太陽)·태음(太陰)·소양(少陽)·소음(少陰)을 내포하니 4가지 성격을 지닌다. 토(土)는 지나치게 많거나 약한 것을 싫어하고 허실을 겸비한다.

1. 강토(强土)

강토(强土)란 토기(土氣)가 강한 것을 말한다. 토일간(土日干)이 득령(得令)·득지(得地)·득세(得勢)했는데 사주에 토(土)가 많으면 강토(强土)가 된다.

① 강토(强土)가 인성(印星)인 화(火)를 만나면 땅이 메말라 황무지가 되니, 평생 무능하며 되는 일이 없다.
② 강토(强土)는 재성(財星)인 수(水)로 윤택하게 하고, 관성(官星)인 목(木)으로 경작하면 크게 발전할 수 있다.

2. 약토(弱土)

약토(弱土)란 토기(土氣)가 약한 것을 말한다. 토일간(土日干)이 실령(失令)·실세(失勢)·실지(失地)했는데 도와주는 것이 없거나, 득령(得令)했는데 재관식(財官食)이 지나치게 많으면 약토(弱土)가 된다.

① 약토(弱土)는 인비(印比)인 화토(火土)가 토기(土氣)를 분산시키거나, 식상(食傷)인 금(金)이 토기(土氣)를 설(洩)하거나, 관성(官星)인 목(木)으로 충극(沖剋)하면 환자가 고생하며 출혈하는 격이니 무능해진다.

3. 초토(焦土)

초토(焦土)란 토기(土氣)가 불에 타버린 것을 말한다. 토일간(土日干)이 사주에 화(火)가 많으면 초토(焦土)가 된다.

① 초토(焦土)는 재성(財星)인 수(水)로 윤택하게 해주면 생기가 살아나 발복한다.
② 초토(焦土)가 관살(官殺)인 목(木)을 만나면 거센 불길을 거들어주니 매우 꺼린다.
③ 초토(焦土)는 식상(食傷)인 금(金)으로 설기(洩氣)하면 길하나, 수(水)를 생(生)하지 못하니 공이 없다.
④ 초토(焦土)가 비겁(比劫)인 토(土)를 만나면 마른 흙덩이만 난무하니 용도가 없어 만사불통이 된다.

4. 변토(變土)

변토(變土)란 토기(土氣)가 일그러진 것을 말한다. 토일간(土日干)이 사주에 금(金)이 많아 심하게 설기(洩氣)하면 변토(變土)가 된다.

① 변토(變土)는 인성(印星)인 화(火)로 금(金)을 억제해서 토(土)를 생(生)하면 다시 활기를 찾아 발전한다.

② 변토(變土)가 관성(官星)인 목(木)을 만나면 토(土)를 극(剋)하니 더욱더 일그러지지만, 사주에 인성(印星)인 화(火)가 있으면 관인상생(官印相生)으로 전화위복이 된다.

③ 변토(變土)가 재성(財星)인 수(水)를 만나면 왕성한 금(金)을 설기(洩氣)하니 옥토가 되어 만금의 가치를 드높인다.

④ 변토(變土)가 비겁(比劫)인 토(土)를 만나면 금(金)만 생(生)하니 손실이 크다.

5. 유토(流土)

유토(流土)란 토기(土氣)가 유실되는 것을 말한다. 토일간(土日干)이 사주에 재성(財星)인 수(水)가 많으면 유토(流土)가 된다.

① 유토(流土)는 비겁(比劫)인 토(土)로 수(水)를 덜어내 토(土)를 도와주면 기뻐한다.

② 유토(流土)는 인성(印星)인 화(火)로 수기(水氣)를 분산시키고 토

(土)를 생(生)하면 길하다.

③ 유토(流土)는 식상(食傷)인 금(金)으로 수(水)를 생(生)하면 크게
꺼린다.

④ 유토(流土)가 관성(官星)인 목(木)을 만나면 수기(水氣)는 설(洩)할
수 있지만 유토(流土)를 극제(剋制)하니 재난이 따른다.

6. 경토(傾土)

경토(傾土)란 토기(土氣)가 기울어지는 것을 말한다. 토일간(土日干)
이 사주에 관살(官殺)인 목(木)이 많으면 경토(傾土)가 된다.

① 경토(傾土)가 인성(印星)인 화(火)를 만나면 목(木)을 설(洩)하여
토(土)를 생(生)하니 모든 일에 능통해져 크게 성공한다.

② 경토(傾土)가 식상(食傷)인 금(金)을 만나면 식신제살(食神制殺)
로 목(木)을 억제하니 이름을 떨친다.

③ 경토(傾土)가 재성(財星)인 수(水)를 만나거나 관살(官殺)인 목
(木)을 만나면 기신(忌神)인 목(木)을 거들어주니 재난이 겹친다.

7. 춘토(春土)

춘토(春土)란 토일간(土日干)이 목왕절(木旺節)인 인월(寅月)이나 묘
월(卯月)에 태어나 목(木)은 왕성하고 토(土)는 허약한 것을 말한다.

① 춘토(春土)는 인성(印星)인 화(火)로 목(木)을 설(洩)하여 토(土)를 생(生)해주면 기뻐한다.

② 춘토(春土)는 비겁(比劫)인 토(土)로 신주(身主)를 도와주면 인인성사(人因成事)가 되어 길해진다.

③ 춘토(春土)는 식상(食傷)인 금(金)으로 목(木)을 억제하면 식신제살(食神制殺)이 되어 병을 치료하니 만사형통한다.

④ 춘토(春土)는 재성(財星)인 수(水)로 생살(生殺)하거나 관살(官殺)인 목(木)이 많으면 토(土)가 무너지니 만사가 성사되기 어렵다.

8. 하토(夏土)

하토(夏土)란 토일간(土日干)이 사오미월(巳午未月)에 태어난 것을 말한다.

① 하토(夏土)는 너무 조열하니 재성(財星)인 수(水)로 윤택하게 하고, 식상(食傷)인 금(金)으로 수(水)를 생(生)하면 기뻐한다.

② 하토(夏土)는 인성(印星)인 화(火)를 만나면 초토(焦土)가 되니 만사가 이루어지지 않는다.

③ 하토(夏土)는 관성(官星)인 목(木)을 만나면 오히려 화(火)를 생(生)하니 크게 상한다.

④ 하토(夏土)는 재성(財星)인 수(水)를 만나면 윤택해지고, 목(木)이 토(土)를 극(剋)하면 기뻐한다.

⑤ 하토(夏土)는 수(水)가 없더라도 화(火)가 없으면 목(木)으로 경토
(傾土)하는 것이 길하다.

9. 추토(秋土)

추토(秋土)는 금왕절(金旺節)로 금(金)은 왕(旺)하고 토(土)는 쇠약
하니 모쇠자왕(母衰子旺)이 된다.

① 추토(秋土)는 인성(印星)인 화(火)로 토(土)를 생(生)해서 쇠약한
토(土)를 돕고, 화(火)로 왕성한 금(金)을 연금하면 기뻐한다.

10. 동토(冬土)

동토(冬土)란 토일간(土日干)이 수왕절(水旺節)인 해자축월(亥子丑
月)에 태어나 한냉한 것을 말한다.

① 동토(冬土)가 인성(印星)인 화(火)를 만나면 생기를 얻으니 자연히
발전한다.
② 동토(冬土)가 비겁(比劫)인 토(土)를 만나면 동지를 만난 격이니 용
기를 얻어 발복한다.
③ 동토(冬土)가 재성(財星)인 수(水)를 만나면 얼음이 되니 만사가
얼어붙고 수명 또한 길지 못하다.
④ 동토(冬土)가 관성(官星)인 목(木)을 만나면 소토(蔬土)하여 전답

을 개간하니 이름을 떨친다.

4. 금(金)

서방의 음(陰)을 거두어 조(燥)를 생성하고 조(燥)가 화상하니 단단한 금(金)이 된다고 하였다. 금(金)은 소음(少陰)에 속하고, 음(陰) 중에 양(陽)을 간직하여 불을 보면 빛을 발하며 견고해진다.

1. 강금(强金)

강금(强金)이란 금기(金氣)가 강한 것을 말한다. 금일간(金日干)이 득령(得令)이나 득지(得地)했는데 사주에 금(金)이 많으면 강금(强金)이 된다.

① 강금(强金)이 인성(印星)인 토(土)를 만나면 금(金)을 또 생(生)하니 가족만 늘어나 가난을 면하기 어렵다.
② 강금(强金)이 비겁(比劫)인 금(金)을 만나면 농토는 없는데 일꾼만 모여드니 일이 없어져 무위도식한다.
③ 강금(强金)이 식상(食傷)인 수(水)를 만나면 토수(吐秀)가 되니 수기(秀氣)를 발휘해서 유능한 인재로 명성을 얻는다.
④ 강금(强金)이 재성(財星)인 목(木)을 만나면 인수(印綬)를 억제하니 재능을 발휘하며 발전한다.

⑤ 강금(强金)이 관성(官星)인 화(火)를 만나면 금화로 주인이 되니 크게 발전한다.

2. 약금(弱金)

약금(弱金)이란 금일간(金日干)이 실령(失令)하거나 사주에 재관식(財官食)이 지나치게 많은 것을 말한다.

① 약금(弱金)은 인성(印星)인 토(土)로 금(金)을 생(生)하면 생기를 얻어 발전한다.
② 약금(弱金)이 비겁(比劫)인 금(金)을 만나면 동기를 만나 협동하는 격이니 재물을 이룬다.
③ 약금(弱金)이 식상(食傷)인 수(水)를 만나면 출혈이 심해지니 무능하며 무력한 점쟁이가 된다.
④ 약금(弱金)이 재관(財官)인 목화(木火)를 만나면 환자가 짐을 지고 가다 호랑이를 만난 격이니 손재는 물론 질병에 시달린다.

3. 매금(埋金)

매금(埋金)이란 금기(金氣)가 묻히는 것을 말한다. 금일간(金日干)이 사주에 토(土)가 많으면 매금(埋金)이 된다.

① 매금(埋金)이 비겁(比劫)인 금(金)을 만나면 도움이 되지 않는다.

② 매금(埋金)이 식상(食傷)인 수(水)로 토기(土氣)를 분산시키면 길하다.

③ 매금(埋金)이 재성(財星)인 목(木)을 만나면 많은 소토(蔬土)해서 금(金)을 구하니 기뻐한다.

④ 매금(埋金)이 관살(官殺)인 화(火)를 만나면 기신(忌神)인 토(土)를 생(生)하니 관사로 인한 구설이 따르거나 건강이 좋지 않다.

⑤ 매금(埋金)이 인성(印星)인 토(土)를 만나면 흙더미에서 헤어나지 못하니 고생이 막심하다.

4. 침금(沈金)

침금(沈金)이란 금(金)이 물에 가라앉는 것을 말한다. 금일간(金日干)이 사주에 수(水)가 많으면 침금(沈金)이 된다.

① 침금(沈金)이 인성(印星)인 토(土)를 만나면 수(水)를 제(除)하고 금(金)을 생(生)하니 살길이 열린다.

② 침금(沈金)이 비겁(比劫)인 금(金)을 만나면 수(水)를 생(生)해서 더 범람하게 만드니 더욱더 침체된다.

③ 침금(沈金)이 식상(食傷)인 수(水)를 만나면 더욱더 빠져들어 출혈이 심해지니 무용지물이 된다.

④ 침금(沈金)이 재성(財星)인 목(木)을 만나면 왕성한 수(水)를 설기(洩氣)하니 숨통이 열린다.

⑤ 침금(沈金)이 관성(官星)인 화(火)를 만나면 왕성한 수(水)를 증발

시키고, 조후(調候)로 금(金)을 따뜻하게 감싸주니 생기를 얻어 발전한다.

5. 결금(缺결金)

결금(缺金)이란 금기(金氣)가 일그러지는 것을 말한다. 금일간(金日干)이 사주에 목(木)이 많으면 결금(缺金)이 된다.

① 결금(缺金)이 비겁(比劫)인 금(金)을 만나면 왕성한 목(木)을 억제해주니 용기백배하여 출세한다.

② 결금(缺金)이 인성(印星)인 토(土)를 만나면 금(金)을 생(生)해서 목기(木氣)를 분산시키니 길해진다.

③ 결금(缺金)이 관성(官星)인 화(火)를 만나면 금(金)을 제련하고 왕성한 목(木)을 설기(洩氣)하니 길해진다.

④ 결금(缺金)이 재성(財星)인 목(木)이나 식상(食傷)인 수(水)로 군목(群木)을 도와주면 기신(忌神)에게 영양을 공급하는 격이니 재난이 겹치며 쓸모 없는 인생이 된다.

6. 용금(熔金)

용금(熔金)이란 금(金)이 녹아 무력해지는 것을 말한다. 금일간(金日干)이 사주에 화(火)가 많으면 용금(熔金)이 된다.

① 용금(熔金)은 인성(印星)인 토(土)로 화기(火氣)를 설(洩)하고 금(金)을 생(生)하면 귀인의 총애를 받아 출셋길이 열린다.
② 용금(熔金)은 식상(食傷)인 수(水)로 화(火)를 제(除)하면 식신제살(食神制殺)이 되어 이름을 떨친다.
③ 용금(熔金)이 재관(財官)인 목화(木火)를 만나면 기신(忌神)인 화(火)를 거들어줘 더욱더 쇠약해지니 가난에서 벗어날 길이 없다.

7. 춘금(春金)

춘금(春金)이란 금일간(金日干)이 목왕절(木旺節)인 인묘진월(寅卯辰月)에 태어나 허약한 것을 말한다.

① 춘금(春金)은 관성(官星)인 화(火)로 제련해주면 크게 발전한다.
② 춘금(春金)은 인성(印星)인 옥토로 금(金)을 생(生)해주면 금상첨화가 된다.
③ 춘금(春金)은 비겁(比劫)인 금(金)으로 도와주면 좋지만, 절지(絕地)에 있으면 힘이 없으니 별 도움이 되지 않는다.
④ 춘금(春金)이 식상(食傷)인 수(水)를 만나면 왕성한 목(木)만 생(生)해서 금(金)의 힘을 빼니 더욱더 무력해진다.
⑤ 춘금(春金)이 재성(財星)인 목(木)을 만나면 재다신약(財多身弱)이 되어 환자가 짐을 지고 태산을 오르는 격이니 질병과 손재가 겹친다.

8. 하금(夏金)

하금(夏金)이란 금일간(金日干)이 화왕절(火旺節)인 사오미월(巳午未月)에 태어나 금(金)이 녹아 약금(弱金)이 된 것을 말한다.

① 하금(夏金)은 인성(印星)인 토(土)로 화(火)를 설(洩)하고 금(金)을 생(生)하면 길하다. 그러나 사주에 토(土)가 많으면 금(金)이 묻혀버려 재능을 발휘할 기회가 없다.

② 하금(夏金)은 비겁(比劫)인 금(金)으로 연금하면 주화가 되니 재화가 늘어난다.

③ 하금(夏金)은 식상(食傷)인 수(水)로 왕성한 화(火)를 억제하면 이름을 떨친다. 여기다 토(土)까지 겸비하면 안태해진다.

④ 하금(夏金)이 재성(財星)인 목(木)을 만나 왕성한 화(火)를 도와주면 견디기 어려우니 질병과 상해가 따른다.

⑤ 하금(夏金)은 임계수(壬癸水)로 조후(調候)하고, 무토(戊土)로 화(火)를 설(洩)해서 금(金)을 생(生)하는 게 상책이다.

9. 추금(秋金)

추금(秋金)이란 금일간(金日干)이 금왕절(金旺節)인 신유월(申酉月)에 태어나 금(金)이 왕성한 것을 말한다.

① 추금(秋金)은 화(火)로 연금하면 크게 발전하니 사방에 이름을 날

린다.

② 추금(秋金)은 인성(印星)인 토(土)나 비겁(比劫)인 금(金)으로 도 와주면 재주는 있으나 기회를 얻지 못하니 무용지물이 된다.

③ 추금(秋金)이 식상(食傷)인 수(水)를 만나면 재능을 마음껏 발휘 할 수 있으니 사방에 이름을 떨친다.

④ 추금(秋金)이 재성(財星)인 목(木)과 식상(食傷)인 수(水)를 모두 만나면 모든 일에 능숙해져 큰 공을 세운다.

10. 동금(冬金)

동금(冬金)이란 금일간(金日干)이 수왕절(水旺節)인 해자축월(亥子 丑月)에 태어나 화(火)가 없는 것을 말한다.

① 동금(冬金)은 인성(印星)인 토(土)로 수(水)를 조절하고, 화(火)로 토(土)를 생(生)하고, 조후(調候)하면 크게 발전한다.

② 동금(冬金)이 화(火)가 없는데 목(木)이 많으면 재다신약(財多身 弱) 사주가 되어 무력하며 결단력이 없어 좋은 기회를 놓치고, 평 생 노력은 많이 하나 재물복이 없다.

③ 동금(冬金)이 식상(食傷)인 수(水)가 많으면 가라앉으니 평생 두 각을 나타내기 못하고 그늘에서 살아간다.

④ 동금(冬金)이 비겁(比劫)인 금(金)이 많으면 차가운 쇠뭉치만 나딩 구는 격이니 무용지물이 되고, 살상이나 상해로 상심만 따른다.

5. 수(水)

북방은 음(陰)이 쌓여 음(陰)이 극성하니 한기가 생(生)하고 한기의 화상으로 나타난 것이 수(水)다. 수(水)는 태음(太陰)에 속하고, 음(陰) 중에 양(陽)이 있어 겉은 어둡지만 속은 밝다.

1. 강수(强水)

강수(强水)란 수기(水氣)가 강한 깃을 말한다. 수일간(水日干)이 해자축월(亥子丑月)에 태어나 득령(得令)·득세(得勢)·득지(得地)하면 강수(强水)가 된다.

① 강수(强水)는 식상(食傷)인 목(木)으로 수기(秀氣)를 더해주면 총명하며 재능을 발휘한다.
② 강수(强水)는 재성(財星)인 화(火)로 수기(水氣)를 분산시키면 재물을 얻는데, 식상(食傷)인 목(木)까지 있으면 더욱더 쉬워진다.
③ 강수(强水)는 관성(官星)인 토(土)로 수기(水氣)를 억제하면 분수를 지키며 윗사람에게 순종하여 이름을 얻는다.
④ 강수(强水)가 인비(印比)인 금수(金水)를 만나면 만사가 지연되고, 사람 때문에 실패하는 일이 허다하다.

2. 약수(弱水)

약수(弱水)란 수기(水氣)가 약한 것을 말한다. 수일간(水日干)이 실령(失令)이나 실세(失勢)나 실지(失地)했는데 사주에 재관식(財官食)이 지나치게 많으면 약수(弱水)가 된다.

① 약수(弱水)가 인성(印星)인 금(金)을 만나 도움을 받으면 귀인의 총애로 성공한다.
② 약수(弱水)가 비겁(比劫)인 수(水)를 만나면 지원자가 생기니 선배·친구·부모·형제의 도움으로 하는 일마다 성공한다.
③ 약수(弱水)가 식상(食傷)인 목(木)을 만나면 출혈이 심해지니 되는 일이 없다.
④ 약수(弱水)가 재성(財星)인 화(火)를 만나면 환자가 짐을 지고 가는 격이니 재물 때문에 크게 다친다.
⑤ 약수(弱水)가 관성(官星)인 토(土)를 만나면 병약한 사람이 매를 맞는 격이니 손재와 상신이 따른다.

3. 체수(滯水)

체수(滯水)란 수기(水氣)가 막히는 것을 말한다. 수일간(水日干)이 사주에 인성(印星)인 금(金)이 많으면 체수(滯水)가 된다.

① 체수(滯水)는 식상(食傷)인 목(木)으로 금(金)을 분산시키면 숨통이 열린다.
② 체수(滯水)는 재성(財星)인 화(火)로 병인 금(金)을 억제하면 크게 발전한다.

③ 체수(滯水)는 관성(官星)인 토(土)로 금(金)을 생(生)하면 병이 중한데 약이 없는 격이니 곤궁에 빠진다.

④ 체수(滯水)는 비겁(比劫)인 수(水)로 금(金)을 설(洩)하면 어려움을 헤쳐나갈 수 있다. 이 말은 왕성한 인수(印綬), 즉 어머니의 생(生)을 나 혼자 받으면 너무 지나쳐 불길하나, 형제인 비겁(比劫)과 나누어 받으면 왕성한 인수(印綬)가 분설되어 대길해짐을 말하는데 순모지리(順母之理)라고 한다.

4. 축수(縮水)

축수(縮水)란 수기(水氣)가 말라붙는 것을 말한다. 수일간(水日干)이 사주에 식상(食傷)인 목(木)이 많으면 축수(縮水)가 된다.

① 축수(縮水)는 인수(印綬)인 금(金)으로 목(木)을 억제해서 수(水)를 생(生)하면 귀인의 도움으로 발복한다.

② 축수(縮水)는 비겁(比劫)인 수(水)로 목(木)을 생(生)하면 병은 중한데 약이 없는 격이니 곤경에서 벗어나지 못한다.

③ 축수(縮水)는 관성(官星)인 토(土)로 목기(木氣)를 분산시키고 금(金)을 생(生)하면 이름도 떨치고 병도 고친다. 그러나 분수를 지키지 않으면 구설과 관재가 따른다.

5. 비수(沸水)

비수(沸水)란 수기(水氣)가 끓는 것을 말한다. 수일간(水日干)이 사주에 화(火)가 많으면 비수(沸水)가 된다.

① 비수(沸水)가 식상(食傷)인 목(木)을 만나면 기신(忌神)인 화(火)를 생(生)하니 되는 일이 없다.

② 비수(沸水)가 인비(印比)인 금수(金水)를 만나면 윗사람의 총애와 친구나 형제의 도움으로 성공한다.

③ 비수(沸水)가 관성(官星)인 토(土)를 만나면 병든 환자가 고문을 당하는 격이니 근기를 잃고 손재와 중병으로 고생한다.

6. 어수(瘀水)

어수(瘀水)란 수기(水氣)가 진흙으로 변하는 것을 말한다. 수일간(水日干)이 사주에 토(土)가 많으면 어수(瘀水)가 된다.

① 어수(瘀水)는 식상(食傷)인 목(木)으로 토(土)를 억제해주면 숨통이 열리고 이름을 떨친다.

② 어수(瘀水)는 인성(印星)인 금(金)으로 토(土)를 설기(洩氣)하고 수(水)를 생(生)하면 무관이나 의사로 출세한다.

③ 어수(瘀水)가 비겁(比劫)인 수(水)를 만나면 수토(水土)가 서로 싸우니 되는 일이 없다.

④ 어수(瘀水)가 재성(財星)인 화(火)를 만나 토(土)를 생(生)하면 병신(病神)이 날개를 펴는 격이 되니 더욱더 곤경으로 빠지고 수명도 보전하기 어렵다.

7. 춘수(春水)

춘수(春水)란 수일간(水日干)이 인묘진월(寅卯辰月)에 태어난 것을 말한다.

① 춘수(春水)는 식신(食身)은 왕성한데 신주(身主)는 쇠약하니 금(金)으로 수(水)를 생(生)하면 길하다. 그러나 반드시 화(火)가 있어야 한다.
② 춘수(春水)는 영농기의 물이 아니니 수(水)나 금(金)이 많으면 불리하다.
③ 춘수(春水)는 화(火)가 많으면 재다신약(財多身弱) 사주가 되니 규모는 커도 실속이 없고, 모든 것이 형식적이며 유명무실하다.
④ 춘수(春水)가 식상(食傷)인 목(木)이 많으면 무력하니 만사가 이루어지지 않는다.
⑤ 춘수(春水)가 관성(官星)인 토(土)가 많으면 만사가 막히니 곤욕스럽게 살아간다.
⑥ 춘수(春水)가 수(水)가 많은데 토(土)로 조절하면 유용한 인재가 되고, 목(木)으로 설기(洩氣)하면 총명하다.

8. 하수(夏水)

하수(夏水)란 수일간(水日干)이 사오미월(巳午未月)에 태어나 신약(身弱)한데 재성(財星)은 왕성한 것을 말한다.

① 하수(夏水)는 금(金)으로 화(火)를 분산시키고 수(水)를 생(生)하면 기뻐한다.

② 하수(夏水)는 비겁(比劫)인 수(水)로 화(火)를 덜어내 수(水)를 도와주면 동기간이나 친구의 도움으로 큰 재물을 얻는다.

③ 하수(夏水)가 식상(食傷)인 목(木)을 만나면 힘들여 투자하고도 크게 실패한다.

④ 하수(夏水)가 재관(財官)인 화토(火土)를 만나면 재물 때문에 재난을 당하고, 칠살(七殺)을 만나면 상신이 따른다.

9. 추수(秋水)

추수(秋水)란 수일간(水日干)이 신유월(申酉月)에 태어나 모왕자상(母旺子相)이 되어 청순하며 유능한 것을 말한다.

① 추수(秋水)가 재성(財星)인 화(火)를 만나면 좋은 기술자가 좋은 재목을 만난 격이니 크게 발전한다.

② 추수(秋水)가 식상(食傷)인 목(木)을 만나면 재능을 발휘할 수 있으니 재물은 물론 아내덕도 많이 본다.

③ 추수(秋水)가 관성(官星)인 토(土)를 만나면 물이 흐려지니 만사가 막힌다.

④ 추수(秋水)가 인성(印星)인 금(金)을 만나면 물이 더욱더 맑아지니 귀격(貴格)이 된다.

⑤ 추수(秋水)가 비겁(比劫)인 수(水)를 만나면 물이 범람하니 사람

때문에 실패하는 일이 허다하다.

10. 동수(冬水)

동수(冬水)란 수일간(水日干)이 해자축월(亥子丑月)에 태어나 겨울 물이 얼어붙는 것을 말한다.

① 동수(冬水)는 식상(食傷)인 목(木)으로 설기(洩氣)해서 유통시키면 재능을 발휘할 수 있으니 출세한다.
② 동수(冬水)는 재성(財星)인 화(火)로 녹여주면 생기가 왕성해지니 크게 발전한다.
③ 동수(冬水)는 관성(官星)인 토(土)로 다스리면 분수를 지키니 편안하다. 그러나 토(土)가 많으면 수토(水土)가 서로 싸우니 윗사람의 은혜를 배신한다.
④ 동수(冬水)가 인비(印比)인 금수(金水)를 만나면 왕성한 수(水)를 거들어주니 불모지가 되어 만사가 이루어지지 않는다.

2장. 유년론(流年論)

1. 선천운(先天運)과 후천운(後天運)

　사주는 크게 선천운(先天運)과 후천운(後天運)으로 나누어 감정한다. 선천운(先天運)은 태어난 년월일시인 사주로 보는데, 타고난 육체와 정신, 체력과 재능을 관찰하는 기본이 된다. 유능한 기사는 자동차나 기차의 차체만 보고도 성능과 내구성을 아는 것과 같은 이치다.

　선천운(先天運)인 사주로는 그가 어떻게 생겼고, 어떤 능력이 있는지를 추리할 수 있다. 또 성격과 부모·형제·배우자·자식과의 관계, 직업이나 사업, 재물과 벼슬까지도 헤아릴 수 있다. 이는 신이 창조한 무형의 자산이자 기능으로 운명의 주체이며 원동력인데, 이것이 곧 선천운(先天運)인 사주팔자다.

　그러나 사주는 차체와 같아 겉모양만으로 미래가 결정되는 것은 아니다. 그 차량을 운행하는 도로에 따라 얼마든지 달라질 수 있다. 포장이 잘된 도로라면 안전하고 빨리 목적지에 도착해서 업무를 무난하게 수

행하고 좋은 결과를 바랄 수 있다. 그러나 도로 사정이 좋지 않으면 능력을 발휘할 수 없으니 고생만 하고 좋은 기회를 놓칠 것이다.

　인간의 운명도 사주로만 결정되는 게 아니다. 후천운인 대운(大運), 즉 사주의 운행로에 따라 전혀 다른 결과가 나타날 수도 있다. 그래서 '사주불여대운(四柱不如大運)'이라고 했다. 사주와 대운(大運)의 비중이 3 : 7이라고 하니 사주가 10분의 3을, 대운(大運)이 10분의 7의 쥐고 있는 것이다. 따라서 사주를 감정할 때는 대운(大運)·세운(歲運)·월운(月運)은 물론 현재 사는 지역과 방위, 직업과 현실 등을 면밀하게 살핀 다음 종합해서 판단해야 한다. 대운(大運)과 세운(歲運)은 『정법사주』에서 논했으니 여기서는 대운(大運)과 세운(歲運), 세운(歲運)과 월운(月運)의 본질과 통변을 구체적으로 살펴보겠다.

1. 대운(大運)이란

　사주가 선박이라면 대운(大運)은 항로 방향과 선장의 기호라고 할 수 있다. 예를 들어 임오대운(壬午大運)이라면 오향(午向)인 정남쪽으로 항해하는 운로에서 임수(壬水)라는 선장이 운전한다는 뜻이다. 같은 임오대운(壬午大運)이라도 금수(金水)가 왕성한 겨울생의 갑목(甲木) 어부와 목화(木火)가 왕성한 여름생의 을목(乙木) 어부는 운명과 희비가 다르다. 금수(金水)가 왕성한 갑목(甲木) 어부는 목화(木火)는 좋아하지만 금수(金水)는 싫어하고, 목화(木火)가 왕성한 을목(乙木) 어부는 금수(金水)는 좋아하지만 목화(木火)는 싫어한다.

　그러나 항해를 책임지는 선장은 오화(午火) 남인(南人)이 아니라 임수(壬水) 북인(北人)이니 사정은 달라질 수밖에 없다. 비록 항로는 오화(午火)의 고장이지만 책임자인 선장은 북인(北人)인 임수(壬水)이니 금수(金水)를 싫어하는 갑목(甲木) 어부에게는 냉정하고, 금수(金水)를 기뻐하는 을목(乙木) 어부에게는 더없이 다정할 것이다. 고로 갑목(甲木) 어부에게는 호사다마가 되고, 을목(乙木) 어부에게는 어두운 밤에 전등을 얻은 격이니 전화위복이 된다.

목화(木火)를 기뻐하는 겨울생 갑목(甲木) 어부에게는 기다리던 어군이 왔지만, 선장인 북인(北人) 임수(壬水)가 사사건건 반대하며 방해하니 고기를 잡을 수 없어 실적이 나타나지 않는다. 그러나 목화운(木火運)을 만나면 개운할 수 있다. 금수(金水)를 기뻐하는 여름생 을목(乙木) 어부는 비록 무서운 항로인 오화(午火)의 궁지에 빠졌으나 다정다감한 임수(壬水) 선장을 만나 지원을 받으니 전화위복이 되어 즐겁게 어획고를 올릴 수 있다. 그러나 적지인 오화운(午火運)에 있으니 언제 발각될지 몰라 불안함이 가시지 않는다.

만일 임오대운(壬午大運)이 아니라 임자대운(壬子大運)이나 신임대운(申壬大運)이라면 어떨까. 이는 북방 수지(水地)에서 임수(壬水)가 운전하니 금수(金水)를 기뻐하는 을목(乙木) 어부는 크게 발전하지만, 금수(金水)를 싫어하는 갑목(甲木) 어부는 크게 패한다. 운로인 대운(大運)의 지지(地支)는 좋은데 운전하는 선장인 대운(大運)의 천간(天干)이 나쁘면 기회를 만나도 막힘이 많아 기능을 제대로 발휘할 수 없다.

여기에 대운(大運)의 묘미가 있다. 천간(天干)과 지지(地支)의 작용이 다르듯이, 갑목(甲木)이라 해도 인(寅)과 묘(卯)에는 건록(建祿)과 제왕(帝旺)이 득왕(得旺)했으니 갑목(甲木)의 작용은 왕성하고 사오(巳午)나 신유(申酉)에서 병사절태(病死絶胎)가 되어 설기(洩氣)되니 갑목(甲木)의 작용은 약해지는 것이다.

대운(大運)은 인생에서 10년 동안의 전권을 위임받아 사주를 관리하는 위탁관리자로, 사주의 주인공은 10년 동안 대운(大運)의 직접적인 지배를 받게 된다.

상품을 맡기면 모든 권한이 위탁자에게 넘어가 팔리고 안 팔리고는 그 상품 자체보다 위탁자의 능력과 의욕에 달려있다. 위탁자가 무능하거나 성의가 없으면 아무리 좋은 상품이라도 팔리지 않고 묻혀버릴 것이다. 그러나 위탁자가 유능하고 성실하면 상품이 다소 부실하더라도 모두 팔고 큰 돈을 벌 수 있는 것이다. 이처럼 상품인 사주는 위탁자인 대운(大運)에 따라 성공과 실패, 부귀와 빈천이 판가름난다.

2. 대운(大運)과 세운(歲運)의 관계

대운(大運)이 10년 동안의 위탁관리자라면 세운(歲運)은 1년 동안의 운명책임자다. 대운(大運)이라는 황제의 명을 받고 1년 동안 사주를 다스리는 총독이 바로 세운(歲運)이다. 총독은 황제의 신하이지만 통치집행권이 있으므로 총독격인 세운(歲運)은 생사여탈권을 행사한다. 그러나 황제인 대운(大運)의 명을 거역할 수 없으니 황제의 친족이나 측근을 외면할 수는 없다. 그래서 '대운불여세운(大運不如歲運)', 즉 세운(歲運)이 나빠도 대운(大運)이 좋으면 무사하다고 하는 것이다.

대운(大運)과 세운(歲運)의 비중을 따진다면 3 : 7이다. 여기서 대운(大運)보다 세운(歲運)의 권한이 배 이상임을 알 수 있다. 따라서 대운(大運)이 좋아도 세운(歲運)이 나쁘면 되는 일이 없다. 다만 극형만을 면할 뿐이다. 왜냐하면 사주는 대운(大運)이 관리하므로 생사 결정은 대운(大運)만이 하기 때문이다. 따라서 세운(歲運)이 나쁘더라도 대운(大運)이 좋으면 피해는 막대하더라도 생명만은 보전할 수 있다. 만일 대운(大運)이 흉한데 세운(歲運)까지 흉하다면 대운(大運)이 사형을 승인하므로 수명이 온전할 수 없다.

세운(歲運)에서 천간(天干)이 총독이라면 지지(地支)는 총독의 보좌관이다. 그래서 세간(歲干)과 충극(沖剋)하면 직접적인 피해를 당하고, 세지(歲支)를 충극(沖剋)하면 간접적인 피해를 당하는 것이다. 가령 경오년(庚午年)이라면 목화(木火)를 반기는 갑목(甲木)은 총독인 세간(歲干) 경금(庚金)에게 직접 피해를 받고, 총독의 보좌관인 세지(歲支) 오화(午火)에게 간접적으로 구제를 받게 된다.

금수(金水)를 기뻐하는 을목(乙木)은 총독인 세간(歲干) 경금(庚金)의 총애와 지원을 받는 동시에 총독의 보좌관인 세지(歲支) 오화(午火)에게는 간접적인 방해와 손실을 입는다. 따라서 갑목(甲木)은 경오년(庚午年)에 관청에서 받는 인허가나 상거래는 힘들다. 보좌관은 해주려고 애를 쓰지만 세간(歲干)인 총독 경금(庚金)이 거부하기 때문이다.

을목(乙木)의 경우 경오년(庚午年)은 총독인 세간(歲干) 경금(庚金)이 기뻐하니 관청에서 받는 인허가나 상거래는 되지만 세지(歲支)의 오화(午火) 보좌관들의 방해로 애로와 지연은 불가피하다고 본다.

3. 세운(歲運)과 월운(月運)의 관계

세운(歲運)이 1년 동안 사주를 경영하는 통치자라면 월운(月運)은 1개월 동안 세운(歲運)을 보좌하면서 집행을 대리하는 장관이다. 모든 업무는 장관인 월간(月干)이 대신 결정하므로 월운(月運)은 매우 중요한 역할을 한다. 장관은 위임받은 업무에 대해서는 전결권이 있으므로 집행 기간 중에는 사실상 세군(歲君)을 대리해서 통치한다. 따라서 월운(月運)은 세운(歲運)을 훨씬 능가한다. '세운불여월운(歲運不如月運)'이라는 이치가 여기에 있는 것이다.

비록 대통령이 임명한 장관이라도 결재권이 있는 만큼 대통령 사돈이라도 장관이 응하지 않으면 일을 도모하기 어렵다. 그래서 세운(歲運)이 나빠도 월운(月運)이 좋으면 대통령과 사이가 나쁘더라도 장관과 다정한 사이이니 대통령 권한의 큰 일은 불가능해도 장관 권한의 일은 꾀할 수 있다. 반대로 세운(歲運)이 좋아도 월운(月運)이 나쁘면 장관이 방해하므로 그 달에는 막힐 수밖에 없는 것이다.

이러한 이치는 월운(月運)과 일운(日運), 일운(日運)과 시운(時運)의 경우에도 마찬가지다. 월운(月運)은 1개월 동안의 최고책임자이고, 일운(日運)은 1일 동안의 당직사령관이다. 시운(時運)은 시간을 관장하는 집행관이니 그 비중은 현직자가 훨씬 더 크다. 월운(月運)과 일운(日運)의 비중은 3 : 7이고, 일운(日運)과 시운(時運)의 비중도 3 : 7이다. 그래서 최후의 최고 운명사령관은 시간을 관장하는 시운(時運)이 된다는 것을 명심해야 한다.

2. 유년(流年) 감정법

대운(大運)과 세운(歲運), 월운(月運)과 일운(日運)을 감정할 때는 다음의 원칙에 입각해서 판단해야 한다.

① 사주는 왕쇠강약(旺衰强弱)을 위주로 희신(喜神)과 기신(忌神)을 분별하고, 그 희신(喜神)과 기신(忌神)을 토대로 길흉화복을 판단한다. 예를 들어 목화(木火)가 희신(喜神)이라면 목화운(木火運)에는 발전하지만, 목(木)을 억제하는 금운(金運)과 화(火)를 극(剋)하는 수운(水運)에는 패망한다.

② 희신(喜神)을 돕거나 희신(喜神)이 왕성한 대운(大運)·세운(歲運)·월운(月運)·일운(日運)·시운(時運)에는 반드시 귀인이나 지원자가 나타나 만사가 순조로워진다.

③ 기신(忌神)을 거들어주거나 기신(忌神)이 왕성한 대운(大運)·세운(歲運)·월운(月運)·일운(日運)·시운(時運)에는 반드시 방해자나 중상모략자가 나타나 반복·불화·시비·쟁송으로 만사가 막히고 지체된다. 따라서 울화·과민·과로로 질병을 앓거나 뜻밖의 재난을 당한다.

④ 대운(大運)과 세운(歲運)이 상충(相沖)하면 대운(大運)과 세운(歲運)의 선장이 서로 반목하며 질시한다. 충(沖)은 반복과 불화, 시비와 쟁송에 의한 손재, 질병과 재난을 초래한다.

⑤ 대운(大運)과 세운(歲運)이 상합(相合)하면 대운(大運)과 세운(歲運)의 선장이 색정에 빠져 운항을 외면하니 사주라는 선박은 방

향을 잃어 언제 어디서 어떻게 깨질지 모르니 중대한 위기에 직면하게 된다. 합(合)은 색정·유혹·오판에 따른 뜻밖의 재난을 암시한다.

1. 천동지동(天同地同)의 유년(流年)

천동지동(天同地同)이란 천지동(天地同)이라고도 하는데, 천간(天干)과 지지(地支)가 같은 것을 말한다. 예를 들어 갑인일생(甲寅日生)이 유년(流年)에서 갑인(甲寅)을 또 만나면 천동지동(天同地同)이 된다. 사주에서 일주(日柱)는 군주에 해당하니 갑(甲)은 성이고, 인(寅)은 이름이 된다. 그런데 갑인(甲寅)이 갑인(甲寅)을 또 만난다면 군주가 둘인 격이니 서로 주인이라고 다투는 격이 되어 큰 이변이 일어나는 것이다.

유년(流年)의 갑인(甲寅)은 나그네인데 성씨도 이름도 똑같을 뿐만 아니라 생김새와 음성까지도 똑같으니 어떻게 진가를 구별할 수 있겠는가. 이런 현상은 생각지도 않은 복병이 된다. 진짜는 떳떳하게 행동하지만 가짜는 눈을 속여야 하기 때문에 복병처럼 어두운 곳에 숨어 호시탐탐 주인을 노린다. 진짜를 없애야만 자신이 진짜 노릇을 할 수 있으니 항상 숨어서 음모를 꾀하다 주인이 방심하면 기습해서 순식간에 주인을 해치우고 만다.

이처럼 천동지동(天同地同)이 되는 운에서는 진짜와 가짜를 가리느라 시비와 쟁송이 따르고, 구설과 누명이 분분해진다. 만약 사람 때문에 피해를 보지 않는다면 짐승이나 공작물 때문에 피해를 당할 수도 있다. 이러한 복병의 공세가 심하면 질병이 생기고, 가짜와 대립하다 염증을 느끼면 모든 것을 정리하고 떠날 수밖에 없으니 이동·이사·전직·전업이 따르고, 가짜에게 넘어가 손재가 되고, 배신자나 적대자에게 중상모략을 당해 좌천이나 뜻밖의 재난을 당하고, 군비쟁재(群比爭財)로 손재손처가 따른다. 특히 편재(偏財)인 아버지에게 이변이 생기고, 아내와 재물이 불리해진다.

천동지동(天同地同)이 되는 운에서는 신상에 변화가 두드러지게 나타나는데, 이익보다 손해가 크다. 모두 사람 때문에 일어나는 일이니 이러한 운에서는 함부로 비밀을 말하지 말고, 다른 사람을 지나치게 믿지 않는 것이 좋다. 특히 동업이나 거래, 집단 행동을 조심하고, 항상 분수를 지켜야 한다.

2. 천충지충(天沖地沖)의 유년(流年)

천충지충(天沖地沖)은 천지충(天地沖)이라고 하는데, 유년(流年)에서 사주의 일간(日干)과 일지(日支)를 정면으로 충(沖)하는 것을 말한다. 예를 들어 갑인일생(甲寅日生)이 경신(庚申)을 만나거나, 을묘일생(乙卯日生)이 신유(申酉)를 만나거나, 경술일생(庚戌日生)이 병진(丙辰)을 만나면 천충지충(天沖地沖)이 된다.

천충지충(天沖地沖)은 군주인 일주(日柱)를 노골적으로 공격하는 것인데, 불시에 쳐들어오니 손을 쓸 새도 없이 화를 당하고, 비록 싸운다고 해도 준비하지 못한 싸움이니 무력하게 당할 수밖에 없다. 지나가던 사람이 갑자기 강도로 변해서 내 손발을 묶어놓으니 그대로

당하는 것이다. 이럴 때는 모든 게 동결되어 새로운 길을 찾아야 하니 불가피하게 신상에 변동이 생길 수밖에 없다. 사업 변동과 좌충우돌의 격돌과 방해, 엉뚱한 제삼자의 개입으로 막대한 피해를 보고, 도난·횡액·노상봉변·교통사고·상해 등 뜻밖의 재난을 헤아릴 수가 없다.

또 하늘이 무너지고 땅이 꺼지는 격이니 부모의 이변과 처자 혹은 부자의 비운을 암시하고, 사면초가가 되어 고군분투하다 기운이 빠져 마침내 손을 들어버리는 패배를 면하기 어렵다. 천충지충(天沖地沖)이 되는 운에는 만사에 감정을 억제하면서 이성과 인내로 처리하고, 대인관계 사업을 일체 피하고 경제활동을 자중하면 무사할 수 있다.

그러나 건강에 이변이 생겨 질병에 걸리거나 근심과 걱정거리가 생긴다. 특히 가정과 배우자의 건강과 화목에 세심한 주의를 기울여야 하고, 혹 이사나 출가를 하면 이변을 대신할 수도 있다. 천지충(天地沖)이 되는 운에는 새로운 사업이나 업무확장은 금물이니 현상 유지만 해도 큰 성공이다.

3. 천합지합(天合地合)의 유년(流年)

천합지합(天合地合)은 천지합(天地合)이라고도 하는데, 일간(日干)도 합(合)이 되고 일지(日支)도 합(合)이 되는 것을 말한다. 예를 들면 유년(流年)에서 갑인일생(甲寅日生)이 기해(己亥)를 만나거나, 경술일생(庚戌日生)이 을묘(乙卯)를 만나면 천합지합(天合地合)이 된다. 지나가는 나그네가 유혹하며 정으로 감아묶어 꼼짝 못하게 된다. 도둑이 들어와 전부 훔쳐가도 정에 취해 모르니 어찌하겠는가. 남녀가 대낮에 정사를 벌이는 틈에 몽땅 도둑맞는 형상이니 반드시 후회할 일이 생긴다. 애인을 만난 게 화근이 되어 다정이 다병으로 변하는 것이다.

이처럼 천지합(天地合)이 되는 운에는 온갖 유혹이 몰아치고, 일확천금의 유혹에 빠져 큰 일을 저지르고 후회한다. 그러나 눈을 뜨고도 도둑을 맞는 격이니 어찌할 도리가 없다. 만사가 불성이니 실패하고 뜻하지 않은 갖가지 이변이 생긴다. 부모와 배우자의 이변도 암시하고, 자칫하면 생명에 중대한 이변이 생길 수도 있는 일생일대에 가장 큰 위기를 만난다. 신규사업이나 사업확장 등은 금물이고, 무엇을 하든 실패하니 가만히 있는 것이 상책이나 신상은 안전하다. 천지합(天地合)이 되는 운에 저지른 일은 좀처럼 치유하기 어렵고, 그 여파도 오래가기 쉽다.

4. 천동지충(天同地沖)의 유년(流年)

천동지충(天同地沖)이란 천간(天干)은 같고 지지(地支)는 충(沖)되는 것을 말한다. 예를 들면 갑인일생(甲寅日生)이 갑신운(甲申運)을 만나거나, 경술일생(庚戌日生)이 경진운(庚辰運)을 만나면 천동지충(天同地沖)이 된다. 천간(天干)은 같은데 지지(地支)가 충(沖)이 되니 두 사람이 어깨동무를 하고 가는데 발이 어긋나 전진하지 못하는 형상이니 정신적인 고통으로 가정에 근심걱정이 생기는 것이다. 이것은 동신이심에서 생기는 부작용이니 본인의 예상이나 기대가 어긋남을

암시한다. 특히 배우자의 이변이나 가출, 자신의 가출, 동업자와 관계
이변 등 대인관계를 세심하게 검토해야 한다.

5. 간합간충(干合干沖)의 유년(流年)

간합간충(干合干沖)이란 유년(流年)에서 사주의 일간(日干)을 합(合)
하거나 충(沖)하는 것을 말한다. 천지합(天地合)이나 천지충(天地沖)
에 비하면 가볍지만 그래도 심상치 않은 이변이 생기기 쉬우니 항상
조심해야 한다.

누군가가 나를 증오하면서 호시탐탐 노린다는 것은 손재와 상신을
암시하니 신규사업이나 사업확장은 불리하고, 동업 같은 것은 되도록
이면 하지 않는 것이 좋다. 특히 합(合)은 지나가는 멋쟁이를 넋을 놓
고 바라보다가 소매치기를 당하는 격이니 방심과 유혹은 금물이다.
마치 포승줄에 묶여 끌려가듯이 다른 사람에게 이끌려 투자하다가
큰 손해를 보는 것이니 인정이나 친절이 화근이 된다.

3. 육친(六親)으로 유년(流年)을 해설하는 방법

운세를 판단한다는 것은 어떤 육친(六親)이 어떻게 작용하는지를
관찰하는 것인데, 일주(日柱)의 강약(强弱)과 왕쇠(旺衰)로 희신(喜
神)과 기신(忌神)을 구분해서 판단한다.

1. 비견(比肩)과 겁재(劫財)

재다신약(財多身弱)이거나 관왕신쇠(官旺身衰)이면 비겁(比劫)이 용신(用神)이 된다.

① 비겁(比劫)이 용신(用神)인 년운(年運)이나 월운(月運)에는 친지의 지원을 받아 어렵고 막혔던 일이 해결된다. 재산이 늘고 기쁨과 안정이 찾아온다. 만사가 인인성사(人因成事)로 다른 사람과 동업이나 협동해서 큰 재물을 얻고, 대중의 지원을 받아 이름을 떨치며 발전한다.

② 비겁(比劫)이 기신(忌神)인 년운(年運)이나 월운(月運)에는 대인관계가 서투르고 불화하니 시비와 쟁송이 따르고, 중상과 모략으로 손재가 크다. 특히 가까운 친구나 형제와 다투고, 생리사별을 암시하기도 한다.

2. 식신(食神)과 상관(傷官)

① 식상(食傷)이 희용신(喜用神)인 년운(年運)이나 월운(月運)에는 얼었던 땅이 풀리고 만물의 싹이 올라오는 형상이 된다. 실직자는 취업하고, 자금난으로 휴업하던 사업가는 자금이 풀리고, 비운에 허덕이던 사람은 날개를 펴고, 병으로 고생하던 사람은 낫고, 혼기를 놓친 사람은 좋은 배우자를 만나 혼인하고, 무엇인가 기다리고 원하던 사람은 소원을 성취하게 된다. 식상(食傷)이 희신(喜神)인

데 식상운(食傷運)을 만나면 정신적인 기쁨과 안정을 되찾아 생기가 넘친다.

② 식상(食傷)이 기신(忌神)인 년운(年運)이나 월운(月運)에는 완고하며 어리석은 고집으로 하는 일마다 실패한다. 특히 유혹에 빠져 사기를 당하기 쉬우니 투자·신규사업·업무확장은 금물이다. 항상 수심이 가득하고, 식욕마저 잃으니 질병에 시달리기 쉽다.

3. 정재(正財)와 편재(偏財)

① 재성(財星)이 희용신(喜用神)인 년운(年運)이나 월운(月運)에는 한가하던 차량이 많은 화물을 위탁받는 격이니 활기가 넘치고 크게 발전한다. 만사가 순조롭고 소득도 만족하니 역량이 좋아져 능률도 향상된다. 대인관계가 원만하여 신규사업이나 업무확장으로 큰 재물을 얻는다. 자신의 역량을 마음껏 발휘해서 이름을 얻고, 미혼자는 좋은 배우자를 만나 산 같은 내조를 받는다.

② 재성(財星)인 기신(忌神)인 년운(年運)이나 월운(月運)에는 무리한 투자나 확장이나 욕심 때문에 크게 실패하고, 움직일 수 없는 함정에 빠진다. 돈이 있으면 향락에 빠져 낭비가 많아지고, 색정 문제가 생기기도 한다. 직장인은 실직하고, 사업가는 사기를 당하거나 자금 동결로 부도가 나고, 무리한 욕심으로 크게 파산한다. 재극인(財剋印)의 원리로 어머니를 극(剋)하니 어머니가 돌아가시기 쉽고, 인성(印星)을 극(剋)하니 문서상 재난이 생기고, 학생은 학업을 중단할 수도 있다.

4. 정관(正官)과 편관(偏官)

① 관살(官殺)이 희용신(喜用神)인 년운(年運)이나 월운(月運)에는 관권의 힘으로 크게 출세하고 이름도 얻는다. 자신을 알아주는 귀인을 만나니 의욕이 생겨 성실하게 근무에 임한다. 승진과 영전이 따르고, 사회적으로 두각을 나타내 명진사해할 운이다. 출마자는 당선하고, 구직자는 취업하고, 관청에서 받는 면허나 인허가도 성사되고, 재판도 승소한다.

② 관살(官殺)이 기신(忌神)인 년운(年運)이나 월운(月運)에는 허약한 노인이 무거운 짐을 지고 절벽을 기어오르는 격이 된다. 정신적인 불안과 번뇌가 몰아치고, 육체적으로는 질병이나 상해로 큰 손해를 보고, 관재구설이나 상해를 입기 쉽고, 윗사람 때문에 고통을 받기도 한다.

5. 정인(正印)과 편인(偏印)

① 인수(印綬)가 희용신(喜用神)인 년운(年運)이나 월운(月運)에는 다정한 어머니가 보살펴주는 격이니 힘과 의욕이 대단해진다. 문서와 주택상 즐거움도 있으니 사령장이나 계약서 등으로 기쁜 일이 생기고, 집을 늘리거나 새 집을 장만한다. 진학자는 합격증을 받고, 팔리지 않던 상품·주택·토지 등은 매매되고, 윗사람의 총애와 신임으로 요직에 발탁되고, 신규사업이나 기업을 일으켜 크게 발전한다. 인수(印綬)는 또 도장을 나타내기도 하니 문서 관계가

모두 원만하게 풀린다. 사령장·합격증·면허증·계약서·자격증·여권·등기부·소송 관계 서류는 모두 문서와 인장에 해당한다.

② 인수(印綬)가 기신(忌神)인 년운(年運)이나 월운(月運)에는 문서상 불리한 판결을 받거나, 문서 때문에 큰 손해를 보거나, 도장을 잘못 사용해서 재난을 당하기도 한다. 재정 보증을 해준 것이 문제가 되거나, 문서나 인장 관계로 재난이 생기거나, 계약이 이행되지 않아 매매가 성사되지 않거나, 주택에 문제가 생기거나, 나쁜 집으로 이사하거나, 직장에서 좌천이나 파직을 당한다. 진학·승진·면허·여권 등은 모두 막히거나 지연되고, 재판 문제도 불리해진다.

4. 포태법(胞胎法)으로 유년(流年)을 해설하는 방법

운은 기(氣)에서 비롯되고, 기(氣)는 십이운성(十二運星)에서 나오니, 십이운성(十二運星)으로 운세를 판단하는 것은 대자연의 이치라고 할 수 있다. 육친법(六親法)으로 운세를 판단할 때처럼 십이운성(十二運星)도 희신(喜神)과 기신(忌神)으로 나누어 세운(歲運)을 기준으로 판단한다.

포(胞)·절(絶)→태(胎)→양(養)→생(生)→욕(欲)→관(冠)→왕(旺)→쇠(衰)→병(病)→사(死)→묘(墓)·장(葬)

① 목(木) : 해(亥)에서 장생(長生)하고, 인(寅)에서 건록(建祿)하고, 사

(巳)에서 병(病)들고, 오(午)에서 사(死)하고, 미(未)에서 입묘(入墓)한다.

② 화토(火土) : 인(寅)에서 장생(長生)하고, 사(巳)에서 건록(建祿)하고, 신(神)에서 병(病)들고, 유(酉)에서 사(死)하고, 술(戌)에서 입묘(入墓)한다.

③ 금(金) : 사(巳)에서 장생(長生)하고, 신(申)에서 건록(建祿)하고, 해(亥)에서 병(病)들고, 자(子)에서 사(死)하고, 축(丑)에서 입묘(入墓)한다.

④ 수(水) : 신(申)에서 장생(長生)하고, 해(亥)에서 건록(建祿)하고, 인(寅)에서 병(病)들고, 묘(卯)에서 사(死)하고, 진토(辰土)에서 입묘(入墓)한다.

■ 사생지(四生地) : 인신사해(寅申巳亥)
인(寅)에서는 화토(火土)가 장생(長生)하고,
신(申)에서는 수(水)가 장생(長生)하고,
사(巳)에서는 금(金)이 장생(長生)하고,
해(亥)에서는 목(木)이 장생(長生)한다.

■ 사왕지(四旺地) : 자오묘유(子午卯酉)
자(子)에서는 수(水)가 왕(旺)하고
오(午)에서는 화토(火土)가 왕(旺)하고
묘(卯)에서는 목(木)이 왕(旺)하고
유(酉)에서는 금(金)이 왕(旺)한다.

■ **사묘지(四墓地) : 진술축미(辰戌丑未)**

진토(辰)에는 수토(水土)가 입묘(入墓)하고

술(戌)에는 화토(火土)가 입묘(入墓)하고

축(丑)에는 금(金)이 입묘(入墓)하고

미(未)에는 목(木)이 입묘(入墓)한다.

■ **사병지(四病地) : 신해인사(申亥寅巳) : 생지(生地)도 됨.**

신(申)에서는 화토(火土)가 병들고

해(亥)에서는 금(金)이 병들고

인(寅)에서는 수(水)가 병들고

사(巳)에서는 목(木)이 병든다.

■ **사지(死地) : 자오묘유(子午卯酉)**

자(子)에서는 금(金)이 사지(死地)에 들고

오(午)에서는 목(木)이 사지(死地)에 들고

묘(卯)에서는 수(水)가 사지(死地)에 들고

유(酉)에서는 화토(火土)가 사지(死地)에 든다.

포태법(胞胎法)을 충분히 활용하면 어느 육친(六親)이 언제 생기를 얻어 왕성해지고, 쇠하고 병들어 무덤으로 가는지를 예측할 수 있다. 희용신(喜用神)과 기신(忌神)의 행장을 살펴 간명하라. 특히 진술축미(辰戌丑未) 사묘지(四墓地)를 고장살(庫葬殺)이라고도 하는데, 고장살(庫葬殺)이 드는 해에는 상을 많이 당하고, 대형사고가 생긴다는 것을 염두하기 바란다.

1. 장생(長生)

① 장생(長生)이 희용신(喜用神)인 세운(歲運)에는 진실한 후견인과 지원자를 만나 뜻밖의 성공을 한다. 만사가 인인성사(人因成事)이 니 반드시 기쁜 소식을 듣고 인덕을 본다.
② 장생(長生)이 기신(忌神)인 세운(歲運)에는 배불리 먹고도 또 먹 는 격이니 소극적이 된다. 만사가 역겹고 순조롭지 못하니 막힘과 지체가 겹친다.

2. 목욕(沐浴)

① 목욕(沐浴)이 희용신(喜用神)인 세운(歲運)에는 정신적인 기쁨이 있고, 하는 일에 요령과 능률이 오르고, 미혼자는 혼담이 들어오 거나 연인이 생긴다.
② 목욕(沐浴)이 기신(忌神)인 세운(歲運)에는 공연히 마음이 들떠 변덕스러워지고, 신기루를 찾아 덮어놓고 날뛰다 크게 실패하고, 색정 문제가 생기기 쉽다.

3. 관대(冠帶)

① 관대(冠帶)가 희용신(喜用神)인 세운(歲運)은 소원이 이루어지는

운이다. 미혼자는 혼인하고, 실직자는 취업하고, 휴업자는 개업하고, 수험생은 합격한다.

② 관대(冠帶)가 기신(忌神)인 세운(歲運)에는 조심성과 치밀한 분석 없이 용기만 믿고 경험 없는 일에 뛰어들어 고생만 하다 실패한다. 이성에 눈이 멀어 서둘러 혼인하고는 크게 후회할 운이니 이성 문제는 되도록 미루는 게 좋다.

4. 건록(建祿)

① 건록(建祿)이 희용신(喜用神)인 세운(歲運)에는 벼슬에 올라 녹을 받고, 자립으로 재물을 얻고, 새로운 사업을 시작하고, 직장인은 영전한다.

② 건록(建祿)이 기신(忌神)인 세운(歲運)에는 힘이 있어도 기회가 없는 격이 된다. 만사가 막혀 재물을 얻기 어렵고, 손재나 손처가 되기 쉬울 운이다. 수입보다 지출이 많고, 사람 때문에 실패하기 쉬우니 대인관계를 신중하게 하는 것이 좋다.

5. 제왕(帝旺)

① 제왕(帝旺)이 희용신(喜用神)인 세운(歲運)은 정상에 오르는 운이다. 명성을 떨치고, 주가가 올라가고, 수완과 역량을 최대한 발휘하고, 주도권을 잡는다. 막혔던 일들이 일사천리로 해결되는 운이니 박력과 용기로 전진하면 성공할 수 있다.

② 제왕(帝旺)이 기신(忌神)인 세운(歲運)에는 지나치게 서두르거나 돌진하면 크게 실패한다. 너무 극성스러운 게 탈이 되어 유명무실한 것만을 취하니 손해가 크고, 극부극처도 암시하니 아버지와 아내의 건강이 염려되고, 권리다툼과 시비도 삼가야 한다. 영웅심 때문에 일을 그르치면서 불화와 반복을 초래하니 되는 일이 없다.

6. 쇠(衰)

① 쇠(衰)가 희용신(喜用神)인 세운(歲運)은 의기가 쇠퇴하는 운이다. 패배의식에 사로잡혀 매사에 소극적이고, 만사가 침체되고 막혀 부진해진다.
② 쇠(衰)가 기신(忌神)인 세운(歲運)에는 과격하고 흥분해서 불안했던 정신이 안정되어 정상적인 생활을 되찾기 시작한다.

7. 병(病)

① 병(病)이 희용신(喜用神)인 세운(歲運)에는 병든 병아리처럼 힘이 없고, 지위와 직장이 불안하고, 주거지와 주택도 흔들릴 운이다. 매사에 비관적이며 감상적이고 예민해진다. 무슨 일이든 흥분하고 오해하기 쉬우니 마음을 수양하는 게 상책이다. 건강도 좋지 않아 질병으로 고생하기 쉬운데, 특히 위장병을 조심해야 한다. 직업 문제와 주택·이동에도 타의적인 변화가 암시되는 운이다.
② 병(病)이 기신(忌神)인 세운(歲運)에는 다정다감하고 풍류적인 감

정이 어느 때보다 풍부해져 여행을 즐기고, 사회에 봉사할 운이다.

8. 사(死)

① 사(死)가 희용신(喜用神)인 세운(歲運)에는 무기력한 상태에서 의욕마저 잃을 운이다. 매사에 피동적이며 타의적이고, 우수가 깃들어 종교적인 인생관에 눈을 뜨나 현실은 타개할 수 없는 운이다. 현실에서 벗어나려고 애를 쓰지만 뜻대로 되는 일은 없다.

② 사(死)가 기신(忌神)인 세운(歲運)에는 그동안의 연구와 노력이 결실을 맺을 운이다. 실력을 과시하고, 지위가 오르고, 이름을 널리 알린다.

9. 묘(墓)

① 묘(墓)가 희용신(喜用神)인 세운(歲運)에는 경제가 막히고 활동무대가 막을 내리니 매사가 동결될 운이다. 인색하기가 소금보다 짜지만 경제적인 어려움은 가중될 뿐이다. 소견도 옹색하며 고집이 강하고, 세상물정에 어두워 처세가 원만하지 못하고, 만사가 침체될 운이니 답보 상태라고 할 수 있다.

② 묘(墓)가 기신(忌神)인 세운(歲運)에는 십 년 공이 결실을 맺을 운이다. 물질적으로 성공해 보금자리를 만들고 살림이 늘어난다. 삶의 터전을 닦는 성공의 관문으로 철이 들고 돈에 대한 관념도 갖게 된다.

10. 절(絕)

① 절(絕)이 희용신(喜用神)인 세운(歲運)에는 내림세로 돌아서는 운이다. 무모한 변동으로 곤두박질치고, 갈팡질팡 변덕이 심하고, 들뜬 기분으로 계획도 없이 변화를 감행하다 궁지에 빠져 재기하기 어려운 상태에 이른다. 거구영신(去舊迎新)의 변동기는 되나 대개 실패로 끝나고, 설상가상 색정 문제로 공든 탑이 무너지기 쉽다.

② 절(絕)이 기신(忌神)인 세운(歲運)에는 지금까지 지체되거나 부진했던 일이 청산되고, 새로운 희망과 성공의 길을 걷는 거구영신(去舊迎新)의 세운(歲運)으로 부동산을 매입하면 대길하다. 모든 흉액이 사라지고 소망이 이루어지는 새 출발의 관문이니 신규사업이나 전직·전업에 적합하다.

11. 태(胎)

① 태(胎)가 희용신(喜用神)인 세운(歲運)에는 불평불만을 아무에게나 털어놓다가 말썽을 일으키기 쉽고, 남의 청탁을 쉽게 받아들이고 실천하지 못해서 신용을 잃을 운이다. 덮어놓고 변동을 단행하다 크게 실패한다. 부부간에 이변이 생기고, 무모한 전직·전업·이사 등으로 곤경에 빠지기도 한다. 타의에 의한 변동으로 손해를 보고 결국에는 후회한다.

② 태(胎)가 기신(忌神)인 세운(歲運)에는 새로운 기운이 태동하는 시기로 바라던 변화가 이루어지고, 배우자를 잃은 사람은 재혼한

다. 변동은 무슨 일이든 좋아지니 심기일전하는 게 좋다.

12. 양(養)

① 양(養)이 희용신(喜用神)인 세운(歲運)에는 태아가 열 달이 되어 만삭이 되는 운이다. 실력이 완숙해져 시험에 합격하고, 온갖 꿈이 이루어지는 기회다. 자신감을 갖고 유연하게 전진하면 만사가 순조롭게 이루어질 것이다.

② 양(養)이 기신(忌神)인 세운(歲運)에는 마치 열 달이 된 태아가 사산되는 것처럼 십 년 공이 허사로 돌아간다. 시험이나 승진등 소망은 모두 수포로 돌아가고, 만사가 무기력해져 되는 일이 없다.

　

지금까지 십이운성(十二運星)인 포태법(胞胎法)으로 세운(歲運)을 판단하는 방법을 논했다. 장생(長生)·건록(建祿)·제왕(帝旺)·쇠(衰)·묘(墓)에는 뿌리가 있고, 욕(欲)·관대(冠帶)·병(病)·사(死)·절(絶)·태(胎)·양(養)에는 뿌리가 없다는 것을 알아야 간명하는 데 도움이 된다.

　

■ 목(木)의 유근처(有根處)

장생(長生) → 해(亥 : 戊甲壬)

건록(建祿) → 인(寅 : 戊丙甲)

제왕(帝旺) → 묘(卯: 甲乙)

쇠(衰) → 진(辰 : 乙癸戊)

묘(墓) → 미(未 : 丁乙巳)

■ 목(木)의 무근처(無根處)

목욕(沐浴) → 자(子 : 壬癸)

관대(冠帶) → 축(丑 : 癸辛己)

병(病) → 사(巳 : 戊庚丙)

사(死) → 오(午 : 丙己丁)

절(絶) → 신(申 : 戊壬庚)

태(胎) → 유(酉 : 庚辛)

양(養) → 술(戌 : 辛丁戊)

5. 십이신살(十二神殺)

십이신살(十二神殺)이란 겁살(劫殺)·재살(財殺)·천살(天殺)·지살(地殺)·년살(年殺)·월살(月殺)·망신살(亡身殺)·장성살(將星殺)·반안살·역마살(驛馬殺)·육해살(六害殺)·화개살(華蓋殺)을 말하는데, 공망(空亡)처럼 년주(年柱)로도 돌리고 일주(日柱)로도 돌린다.

■ 겁기법(劫起法)

① 신자진년생(申子辰年生)은 진(辰) 다음 사(巳)에서 시작해서 순행한다.

② 해묘미년생(亥卯未年生)은 미(未) 다음 신(神)에서 시작해서 순행

한다.

③ 인오술년생(寅午戌年生)은 술(戌) 다음 해(亥)에서 시작해서 순행
한다.

④ 사유축년생(巳酉丑年生)은 축(丑) 다음 인(寅)에서 시작해서 순행
한다.

3장. 간명비결

여기서는 간명비결을 정리한 것이니 『정법사주』를 탐독한 후 함께 응용한다면 사주를 추리하는 데 도움이 많이 될 것이다.

1. 형충파해(刑沖破害) 비결

1. 사주에 인사신(寅巳申) 삼형(三刑)이 있으면 남명은 판관이 많고, 여명은 고독하다.
2. 사주에 축술미(丑戌未) 삼형(三刑)이 있으면 성격이 냉혹하고 무정하며 망은망의한다. 특히 여명은 임신 중에 어려움이 있고, 난산이 따르기도 한다.
3. 사주에 자묘형(子卯刑)이 있으면 성격이 난폭하며 무정하다.
4. 사주에 자형(自刑)이 있으면 인내력이 부족하니 시작은 있으나 끝이 없고, 자존심도 약하고, 열성과 집착력도 약하다.

5. 년월(年月)이 상충(相沖)하면 일찍 고향을 떠나 자수성가할 명인데, 직업에 풍파가 많다.

6. 생월(生月)이 생년(生年)을 충(沖)하면 직업에 변동이 많으니 정착하는 데 어려움이 많다.

7. 년월시지(年月時支)가 부부궁인 일지(日支)를 충(沖)하면 부부간에 많이 싸우고, 심하면 이혼한다.

8. 시지(時支)가 부부궁인 일지(日支)를 충(沖)하면 반드시 2~3번 혼인한다.

9. 년월일주(年月日柱)가 자식궁인 시지(時支)를 충(沖)하면 자손이 가출하고, 자식덕도 없다.

10. 금년 태세(太歲)가 생년(生年)을 충(沖)하면 사회적으로 장애가 따르고, 직업에 변화가 생기고, 배신자가 생긴다.

11. 금년 태세(太歲)가 생월(生月)을 충(沖)하면 해당하는 육친(六親)과 이별하거나 이사하거나 분가한다. 그렇지 않으면 본인이 가출한다.

12. 금년 태세(太歲)가 부부궁인 일지(日支)를 충(沖)하면 부부싸움을 하고, 심하면 부부간에 이별한다.

13. 금년 태세(太歲)가 자식궁인 시지(時支)를 충(沖)하면 자식과 이별하거나 가출이나 질병이 따르고, 부하가 배신하거나 말썽을 부린다.

14. 남녀의 생년(生年)끼리 충(沖)하면 사회적인 장애가 생겨 출세하기 어렵다.

15. 남녀의 생월(生月)끼리 충(沖)하면 부모형제와 불평불만으로 언쟁을 많이 한다.

16. 남녀의 생일(生日)끼리 충(沖)하면 남녀가 서로 외정을 갖는다.

17. 남녀의 시지(時支)끼리 충(沖)하면 자녀 양육에 애로가 따르고, 불효불충하는 자식을 둔다.

18. 유년(流年)에서 일주(日柱)나 희용신(喜用神)을 천충지충(天沖地沖)하면 매사가 동결되어 신상에 변화가 생기고, 노상봉변 등 생명까지도 위험해진다.

19. 유년(流年)에서 일주(日柱)와 천동지충(天同地沖)이 되면 배우자와 동상이몽격이 되니 부부간에 이변이 생긴다.

20. 금년 태세(太歲)가 사주의 년지(年支)를 파(破)하면 낙직이나 관재구설이 따른다.

21. 금년 태세(太歲)가 사주의 월지(月支)를 파(破)하면 가운이 기울어진다.

22. 금년 태세(太歲)가 일지(日支)를 파(破)하면 부부간에 언쟁이 많고, 심하면 이혼한다.

23. 사주의 년지(年支)가 파(破)되면 조상이 무력하며 조상덕이 없다.

24. 사주의 월지(月支)가 파(破)되면 부모형제의 풍파로 본다.

25. 사주의 일지(日支)가 파(破)되면 부부간의 풍파로 본다.

26. 사주의 시지(時支)가 파(破)되면 처자의 풍파로 본다. 궁합과 동업운도 상충살(相沖殺)과 같게 본다.

27. 사주에 해살(害殺)이 있으면 건강이 좋지 않아 오랫동안 아프고, 상해나 불구를 암시한다.

28. 사주에 해살(害殺)이 이중으로 있으면 폐장이나 간장 질환을 조심해야 한다.

29. 사주에서 월지(月支)나 일지(日支)가 년지(年支)를 해(害)하면 고향을 떠나거나 부모를 일찍 잃으니 부모와 따로 사는 게 좋고, 부모가 본인을 낳고 질병이나 상해를 당한다.

30. 사주의 월지(月支)가 해(害)를 당하면 형제나 친구의 덕이 없고, 부하가 없다.

31. 사주의 일지(日支)가 해(害)를 당하면 건강이 좋지 않고, 부부연도 박하다.

32. 사주의 시지(時支)가 해(害)를 당하면 자손의 해로 끝을 기약할 수 없으니 말년이 고독하다.

33. 공망(空亡)을 충(沖)하면 공망(空亡)과 충(沖)이 모두 풀리니 화가 변하여 길해진다.

34. 유년(流年)에서 인사신(寅巳申) 삼형(三刑)을 만나면 관직자는 주색으로 몸을 다치고, 일반인은 해당하는 육친(六親)의 해나 아내에게 손태가 따른다.

35. 유년(流年)에서 자형(自刑)을 만나면 관직자는 직위를 잃고, 일반인은 관액·질병·이사 같은 일이 생긴다.

36. 사주에 삼형(三刑)을 모두 갖추면 금전 거래가 불량하다.

2. 남명 비결 112제

1. 남명이 사주에 비겁(比劫)과 양인(羊刃)이 많으면 초혼에 실패한 후 여러 번 결혼한다.

2. 남명이 사주에 비겁(比劫)이 많으면 군비(群比)가 쟁재(爭財)하니 손재손처한다.

3. 남명이 사주에 비겁(比劫)이 중첩되면 한쪽 부모를 일찍 잃는다.

4. 남명이 신강(身强)한데 살인(殺印)이나 관인(官印)이 상생(相生)하면 반드시 공을 세워 이름을 떨치고 영화를 누린다.

5. 남명이 사주에 양인(羊刃)과 칠살(七殺)이 같이 있으면 지방 관리나 무관으로 성공한다.

6. 남명이 칠살(七殺)을 제(制)하면 자녀가 비범하고 크게 출세한다.

7. 남명이 칠살(七殺)은 약한데 식신(食神)이 강해 신약(身弱)하면 자녀를 적게 두고 성격도 유약하다.

8. 남명이 년월일시지(年月日時支)에 모두 상관(傷官)이 있으면 자녀가 있어도 후사를 잇기 어렵다.

9. 남명이 신왕재왕(身旺財旺)하면 부명(富命)이 되고, 신왕관왕(身旺官旺)하면 귀명(貴命)이 된다.

10. 남명이 경신일생(庚辛日生)인데 정인(正印)이 힘이 있고 임계(壬癸) 상관(傷官)을 만나면 총명하며 재능이 많고, 문장으로 성공한다.

11. 남명이 병정일생(丙丁日生)인데 식상(食傷)을 만나거나, 임계일생(壬癸日生)인데 갑을(甲乙) 식상(食傷)을 만나면 콧대가 높고 거만하나 발전한다.

12. 남명이 갑을일생(甲乙日生)인데 인수(印綬)가 힘이 있고 병정(丙丁) 식상(食傷)을 만나면 소견이 넓고, 상당히 성공한다.

13. 남명이 신왕(身旺)한데 식상(食傷)과 재성(財星)이 있으면 부귀격(富貴格)을 이룬다.

14. 남명이 상관년(傷官年)에 일지(日支)와 행운(行運)의 지지(地支)가 형충(刑沖)되면 중병을 앓고 심하면 사망한다.

15. 남명이 정재(正財)와 겁재(劫財)가 병출(竝出)하면 아내 때문에 근심걱정이 많다.

16. 남명이 기토일간(己土日干)이면 갑목(甲木)이 자식인데, 관성(官星)이 욕패지(浴敗地)로 들어가는 자시생(子時生)이거나, 갑목(甲木)이 사지(死地)로 들어가는 오시생(午時生)이면 아들을 낳기 어렵고, 설령 낳는다고 해도 단명하기 쉽다.

17. 남명이 정재(正財)와 겁재(劫財)가 병출(竝出)하여 파재되거나, 정관(正官)과 상관(傷官)이 병출(竝出)하여 관성(官星)이 상했는데 신주(身主)가 약하면, 일생 가난을 면하지 못하고 늙도록 고생만 한다.

18. 남명이 신왕(身旺)하면 재관운(財官運)에 발전하고, 신약(身弱)하면 생부운(生扶運)에 발전한다.

19. 남명이 재왕관쇠(財旺官衰)하면 부(富)는 있으나 귀격(貴格)이 되기 어렵고, 관왕재쇠(官旺財衰)하면 귀(貴)는 있으나 부격(富格)이 되기 어렵다.

20. 남명이 재고(財庫)를 형충(刑沖)하면 크게 발전하고, 관고(官庫)를 형충(刑沖)하면 성공해도 오래가지 못한다.

21. 남명이 정재(正財)와 정관(正官)이 묘지(墓地)에 임하면 손처손자하고, 재성(財星)과 관성(官星)이 절지(絶地)에 임하면 만사불통이 되니 고생이 많다.

22. 남명이 재성(財星)과 관성(官星)이 공망(空亡)되면 상처상자할 염

려가 많다.

23. 남명이 상관(傷官)이 득령(得令)했는데 재성(財星)이 있으면 아내 덕으로 재산을 모은다.

24. 남명이 월간(月干) 정재(正財)가 절지(絶地)에 임하면 아내가 무력하다.

25. 남명이 시상(時上) 관성(官星)이 쇠약하면 자식이 있어도 무력하니 후사가 부실하다.

26. 남명이 신약(身弱)한데 재성(財星)과 간합(干合)하면 겉으로는 봄바람처럼 온화해 보여도 속은 간사하다.

27. 남명이 관살(官殺)이 많은데 왕성하면 난폭한 성격을 자제하지 못한다.

28. 남명이 인수(印綬)가 약해서 신약(身弱)해졌는데 재성(財星)을 만나면 재물을 얻는다고 해도 일장춘몽이 되고 만다.

29. 남명이 신왕(身旺)한데 생부운(生扶運)을 만나거나, 신약(身弱)한데 극설운(剋洩運)을 만나면 반드시 실패한다.

30. 남명이 사주는 좋은데 운이 흉하면 호마호차(好馬好車)가 험산 유곡에 부딪힌 격이 되고, 사주는 흉한데 운이 좋으면 폐차졸마(廢車拙馬)가 평탄대로를 만난 격이 된다.

31. 남명이 일지(日支)와 세지(歲支)가 삼합(三合)을 하면 좋은 기회를 만나지만, 사주에서 형충파해(刑沖破害)로 삼합(三合)을 깨면 실패한다.

32. 남명이 지지(地支)에 합(合)이 많으면 색정 문제가 많고, 실패와 손재가 많다.

33. 남명이 일지(日支)가 대운(大運)과 충(沖)하면 난관이 많고, 일지 (日支)와 대운(大運)이 형(刑)하면 제삼자가 질투하며 방해하고, 일지(日支)와 대운(大運)이 파(破)나 해(害)가 되면 건강이 나쁘거나 가정에 불화가 생긴다.

34. 남명이 일간(日干)과 세간(歲干)이 합(合)하면 큰 재난과 질액이 따른다.

35. 남명이 득령(得令)했는데 좋은 운을 만나면 공이 배가 된다.

36. 남명이 정관(正官)이나 편관(偏官)이 식신(食神)이나 상관(傷官)의 극제(剋制)를 많이 받으면 서출 자녀가 있는 것으로 본다.

37. 남명이 재성(財星)과 인성(印星)이 서로 싸우면 모처간에 불화가 그치지 않고, 재다신약(財多身弱)이면 부부가 해로하기 어렵다.

38. 남명이 정재(正財)가 득위(得位)하면 아내가 첩을 용납하지 않으니 첩을 두지 못한다.

39. 남명이 편재(偏財)가 득위(得位)하면 첩이 가권을 잡는다.

40. 남명이 재성(財星)이 왕성하면 아내가 가권을 잡고, 신약(身弱)한데 살(殺)이 왕성하면 공처가가 많다.

41. 남명이 재관(財官) 년월시(年月時)에 태어났으면 악처를 만나 고생한다.

42. 남명이 사주에 비견(比肩)과 겁재(劫財)가 많으면 군비(群比)가 쟁재(爭財)하니 속성속패한다.

43. 남명이 사주에 비견(比肩)과 겁재(劫財)가 많으면 이복형제가 있는 것으로 본다.

44. 남명이 관살(官殺) 토(土)가 있는데 수목(水木)이 매우 왕성하면

익사하는 자녀가 있다.

45. 남명이 신강(身强)한데 재성(財星)과 관성(官星)이 왕성하면 반드시 부귀격(富貴格)을 이룬다.

46. 남명이 사주에 비겁(比劫)이 매우 왕성하면 극부·극처·손재하고, 자식덕도 없다.

47. 남명이 사주에 상관(傷官)이 매우 왕성하면 자식이 없거나, 있어도 덕이 없다.

48. 남명이 사주에 재성(財星)이 없으면 재성운(財星運)에 혼인하고, 재성(財星)이 있으면 식재운(食財運)에 혼인한다.

50. 남명이 사주에 식상(食傷)은 강하고 관성(官星)은 약한데 상관운(傷官運)을 만나면 자식과 직위를 잃는다. 만일 여명이면 남편과 별거한다.

51. 남명이 인성(印星)이 강해서 도식(到食)이 되면 가난하고 천대를 받는다.

52. 남명에게 편관(偏官)은 아들이고 정관(正官)은 딸인데 양관살운(陽官殺運)에 결합하면 아들을 낳을 확률이 높고, 음관살운(陰官殺運)에 결합하면 딸을 낳을 확률이 높다.

53. 남명이 비겁(比劫)이 매우 왕성하면 혼인운이 늦게 들어온다.

54. 남명이 시상(時上) 편재(偏財)가 살왕(殺旺)하면 악처를 만나 고생한다.

55. 남명이 관귀(官鬼)가 중중하면 소실 몸에서 아들을 낳는다.

56. 남명이 사주에 인수(印綬) 역마(驛馬)가 있으면 외국유학을 한다.

57. 남명이 목화통명(木火通明)을 이루면 성격이 명랑하다.

58. 남명이 정관(正官)이 암합(暗合)하면 딸이 부정하며 재가한다.

59. 남명이 식상(食傷)이 암합(暗合)하면 손녀가 부정하며 재가한다.

60. 남명이 관인(官印)이 상생(相生)하면 공직에 오른다.

61. 남명이 식신(食神)이 재성(財星)을 생(生)하면 식품업에서 성공한다.

62. 남명이 일지(日支)에 년살(年殺)이 임하면 첩을 둔다.

63. 남명이 비겁(比劫)이 도화(桃花)에 해당하면 처첩의 송사로 집안이 망한다.

64. 남명이 인수(印綬)가 재살(財殺)에 해당하면 출감한 후에 이름이 난다.

65. 남명이 종살귀격(從殺貴格)이면 정치계에서 입신한다.

66. 남명이 봄이나 여름 갑을일생(甲乙日生)이면 교직에서 성공한다.

67. 남명이 재록(財祿)과 도화(桃花)가 있으면 애인덕이 있다.

68. 남명이 오음(五陰) 사일생(巳日生)인데 인신형(寅申刑)이 있으면 의약업에 종사한다.

69. 남명이 오양(五陽) 인신형(寅申刑)이 있으면 의약업에 종사한다.

70. 남명이 관살(官殺)이 많은데 신주(身主)와 합(合)하면 적자와 서자를 둔다.

71. 남명이 일간(日干)이 약한데 시상(時上)에 재살(財殺)이 있으면 공처가가 된다.

72. 남명이 비겁(比劫)·도화(桃花)·형(刑)이 모두 있으면 처첩이 송사를 벌인다.

73. 남명이 군비(群比)가 쟁재(爭財)하면 의처증이 있다.

74. 남명이 양인(羊刃)이 있으면 강한 고집이 흠이 된다.

75. 남명이 신왕(身旺)한데 재관인(財官印)이 모두 있으면 평탄대로를 달린다.

76. 남명이 사주에 인사(寅巳) 역마(驛馬)를 놓으면 항공계로 나간다.

77. 남명이 사주에 신해(申亥) 역마(驛馬)를 놓으면 해운계로 나간다.

78. 남명이 인수(印綬)가 용신(用神)이면 정치계로 나간다.

79. 남명이 인수(印綬)가 사절운(死絶運)에 들면 되는 일이 없다.

80. 남명이 인수(印綬)가 재성운(財星運)을 만나면 재극인(財剋印)으로 인수(印綬)가 깨지니 만사가 이루어지지 않는다.

81. 남명이 사주에 인수(印綬)는 많은데 관성(官星)이 없으면 청고한 기술자나 예술가에 지나지 않는다.

82. 남명이 사주에 인수(印綬)가 많은데 관성(官星)이 없으면 학문과 재예는 있으나 벼슬에 오르지 못하니 외로운 선비에 불과하다.

83. 남명이 사주에 인수(印綬)가 중중한데 관살(官殺)은 없고 도화살(桃花殺)만 있으면 풍류를 즐기다 가산을 탕진한다.

84. 남명이 사주에 재성(財星)이 많은데 재왕지(財旺地)로 들어가면 인수(印綬)가 깨지니 대기발령 상태가 되거나 퇴직한다.

85. 남명이 인수(印綬)가 많아 신왕(身旺)하고 식상(食傷)이 용신(用神)인데 인수운(印綬運)을 만나면 행복도 잠깐 도식(到食)으로 도산한다.

86. 남명이 가상관격(假傷官格)인데 인수운(印綬運)을 만나면 파료상관(破了傷官)이 되어 반드시 죽음에 이른다.

87. 남명이 진상관격(眞傷官格)인데 인수운(印綬運)을 만나면 발전하나, 상관운(傷官運)을 만나면 패망한다.

88. 남명은 정재(正財)가 상하지 않아야 관성(官星)을 생(生)할 수 있어 귀격(貴格)이 된다.

89. 남명이 재다신약(財多身弱)이면 재물을 지키기 어려우니 가난을 면하기 어렵다.

90. 남명이 비다신강(比多身强)에 재성(財星)이 약하면 군비쟁재(群比爭財)가 되어 결국은 패망한다.

91. 남명이 종재격(從財格)이면 부명(富命)을 이루지만, 인비운(印比運)을 만나면 패망한다.

92. 남명이 정미일생(丁未日生)이나 무오일생(戊午日生)인데 신왕(身旺)하면 정력가로 이처 삼처 거느린다.

93. 남명이 신왕재약(身旺財弱)한데 재성운(財星運)을 만나면 부귀격(富貴格)을 이룬다.

94. 남명이 재다신약(財多身弱)이면 재성(財星)이 관살(官殺)을 생(生)하여 신주(身主)를 치니 평생 신음하며 고생한다.

95. 남명이 병오일생(丙午日生)인데 신강(身强)하고 재성(財星) 금(金)이 투출(透出)하면 십중팔구 부명(富命)이 된다.

96. 남명이 편재(偏財)가 용신(用神)인데 비겁운(比劫運)을 만나면 문전옥답 날라가고 병고만 남는다.

97. 남명이 편재(偏財)가 용신(用神)인데 사주에 정관(正官)이 있으면 겁재(劫財)를 만나도 두려워하지 않는다.

98. 남명에서 식신유기(食神有氣)에 승재관(勝財官)이란 신강(身强)한데 식신(食神)이 왕성하면 재성(財星)보다 좋다는 말이다.

99. 남명이 편인(偏印)이 식신(食神)을 극(剋)하면 도식(到食)이 되어

신고가 그치지 않는다.

100. 남명에서 식신(食神)을 양명지본(養命之本)이라고 하는 것은 식신(食神)이 재성(財星)을 생(生)하여 생활을 윤택하게 해주고, 칠살(七殺)을 막아 명을 보호해주기 때문이다. 그래서 수성(壽星)이라고 한다.

101. 남명은 식신(食神)이 손상되지 않아야 팔자가 좋아진다.

102. 사주를 간명할 때 오행(五行)의 강약(强弱)만으로는 많이 부족하니 병약(病藥)과 조후(調候)를 살펴 판단해야 한다.

103. 남명이 왕성한 병신(病神)을 섣불리 충(沖)하면 큰 화를 당한다.

104. 남명에서 잡기재관격(雜氣財官格)의 3변이란 ① 진술축미월(辰戌丑未月)에 태어나고 ② 재성(財星)과 관성(官星)이 투출(透出)하고 ③ 형충(刑沖)을 만나 장축(藏蓄)된 재성(財星)과 관성(官星)을 투출(透出)시키는 것을 말한다. 사주에 이 3변이 있거나 운에서 1변을 만나 형충(刑沖)되면 뱀이 용으로 변하는 격인데, 반드시 신강(身强)해야 한다.

105. 남명이 진술축미월(辰戌丑未月)에 태어났는데 재성(財星)이 투간(透干)하면 부명(富命)이 되고, 관성(官星)이 투간(透干)하면 귀명(貴命)이 되고, 인수(印綬)가 투간(透干)하면 길명(吉命)이 된다.

106. 남명 사주에 양인(羊刃)이 있다고 흉하다고 보지마라. 재다신약(財多身弱)이면 득비이재(得比利財)로 좋아진다.

107. 남명이 사주에 양인(羊刃)이 있는데 년월시(年月時)에서 또 만나면 시간(時干)에 관살(官殺)이 있어도 귀관(貴官)이 될 수 없다.

왜냐하면 신왕관쇠(身旺官衰)가 되기 쉽고, 중중한 겁(劫)은 군비쟁재(群比爭財)가 되어 관성(官星)의 뿌리인 재성(財星)을 빼앗으니 관성(官星)이 있어도 관성(官星) 행세를 하지 못하기 때문이다.

108. 남명 사주에서 양인(羊刃)은 관살(官殺)을 만나면 좋아한다. 왜냐하면 정관(正官)은 양인(羊刃)을 극(剋)하여 재성(財星)을 보호하고, 편관(偏官)은 양인(羊刃)과 합거(合去)하여 신주(身主)를 극(剋)하지 않아서다.

109. 남명이 신약(身弱)한데 양인(羊刃)을 충(沖)하면 매우 두려워한다. 왜냐하면 아우에게 의지하는데 아우인 양인(羊刃)이 충거(沖去)되면 방어선이 무너지기 때문이다.

110. 남명이 양인(羊刃)이 충파(沖破)되었는데 재성운(財星運)을 만나면 두려워한다. 왜냐하면 양인(羊刃)인 겁재(劫財)가 충파(沖破)되면 왕성한 재성(財星)을 제압하지 못하니, 재성(財星)이 관살(官殺)을 생(生)하여 신주(身主)를 공격하기 때문이다. 양인(羊刃)이 재성(財星)을 제압해서 관살(官殺)을 도와줄 수 없게 한 양인(羊刃)이 충파(沖破)되면 재성(財星)을 제압할 수 없으니, 그 재성(財星)은 능히 관살(官殺)을 생(生)하여 그 관살(官殺)로 신주(身主)를 치니 큰 화가 닥친다.

111. 남명이 신약(身弱)한데 양인(羊刃)이 있으면 도와주니 길하고, 신강(身强)한데 양인(羊刃)이 있으면 탈재·극부·극처첩하니 흉하다.

112. 남명이 사주에 양인(羊刃)이 많으면 아버지와 아내를 극(剋)하니 아버지를 일찍 여의고, 혼인도 2~3번 한다.

3. 여명 비결 112제

1. 남명은 신왕(身旺)해야 길명(吉命)이 되지만, 여명은 신약(身弱)해
   야 길명(吉命)이 된다.
2. 여명이 일지(日支) 정관(正官)에 재성(財星)이 있는데 상관(傷官)이
   없으면 총명하며 부귀한 명이 된다.
3. 여명은 정관(正官)이 없어도 재성(財星)이 왕성하면 관성운(官星
   運)에 발달해서 부귀를 이룬다.
4. 여명이 식신(食神)이 득령(得令)했는데 재성(財星)이 있으면 부창자
   영(夫昌子榮)한다.
5. 여명이 정재(正財)와 겁재(劫財)가 병출(竝出)하거나, 정관(正官)이
   절지(絕地)에 임하거나, 식신(食神)이 쇠지(衰地)에 앉으면 남편과
   자식이 무력하다.
6. 여명이 재성(財星)이나 관성(官星)이 왕성한데 식신(食神)이 강하
   면 남편과 자식이 창영하고 이름을 크게 떨친다.
7. 여명이 정관(正官)이 묘지(墓地)에 앉으면 남편을 먼저 보낼 명이
   니 과부가 된다.
8. 여명은 관고(官庫)만 있어도 남편과 일찍 사별하고 재혼한다. 이것
   을 복부지명(複夫之命)이라고 한다.
9. 여명이 년월(年月)에 식신(食神)이 병출(竝出)하면 일찍 발달했다가
   일찍 쇠퇴한다.
10. 여명이 정관(正官)과 식신(食神)이 공망(空亡)되면 남편과 자식이
    무력하고 장수하기 어렵다.

11. 여명이 경금일생(庚金日生)인데 천간(天干)에 계수(癸水) 상관(傷官)이 투출(透出)하거나, 신금일생(辛金日生)인데 천간(天干)에 임수(壬水) 상관(傷官)이 투출(透出)하면 얼굴이 구슬처럼 예쁘다.

12. 여명이 재성(財星)과 인수(印綬)가 병출(竝出)하면 정숙하고, 내조가 산과 같아 남편을 성공시킨다.

13. 여명이 편인(偏印)과 식상(食傷)이 병출(竝出)하면 남편·자식과 사별하고 일생 불행하지만, 재성(財星)이 있으면 반길하다.

14. 여명이 재관인(財官印) 삼기(三奇)와 식신(食神)이 병출(竝出)하면 최고로 좋은 명이 된다.

15. 여명이 계수일생(癸水日生)인데 사주에 무토(戊土) 정관(正官)이 있으면 어려서 나이 많은 짝을 만나야 행복하다.

16. 여명이 사주의 간지(干支)가 암합(暗合)하는데 천을귀인(天乙貴人)이 많으면 경박하며 색을 좋아하고, 창기의 명이 된다.

17. 여명이 일시지(日時支)에서 묘목(卯木)과 유금(酉金)이 충(沖)하면 남편과 자식이 있어도 월하통정을 면하기 어렵다.

18. 여명이 음일생(陰日生)인데 묘일(卯日) 유시(酉時)에 태어났거나, 유일(酉日) 묘시(卯時)에 태어났으면 딸만 내리 낳는다.

19. 여명이 역마(驛馬)나 지살(地殺)이 상관(傷官)이 되어 관성(官星)을 극(剋)하면 타국에서 남편을 잃고, 본인도 교통사고로 숨진다.

20. 여명이 임계일생(壬癸日生)인데 관살(官殺) 토(土)가 용신(用神)이면 백두낭군과 인연맺고 오순도순 살아간다.

21. 여명이 왕성한 재성(財星)이 인성(印星)을 극(剋)하면 출가 후에 친정이 패한다.

22. 여명이 음일(陰日) 양시(陽時)에 태어났으면 첫딸을 낳은 다음에 아들을 낳는다.

23. 여명이 관살(官殺) 토(土)가 있고 수목(水木)이 매우 왕성한데 약한 관성(官星)을 충극(沖剋)하면 아들을 낳은 후 남편과 별거한다.

24. 여명이 관살(官殺) 토(土)가 있는데 수목(水木)이 매우 왕성하면 남편이 물에 빠져 죽는다.

25. 여명은 관살(官殺)이 혼잡해도 천간(天干)에 투출(透出)하지 않으면 남편운이 나쁘지 않다.

26. 여명이 재성(財星)이 정관(正官)을 생(生)하면 혼인한 후 남편이 발전한다.

27. 여명이 관성(官星)과 식상(食傷)이 싸우면 부부싸움이 그칠 날이 없다.

28. 여명이 상관살(傷官殺)이 왕성한데 관성운(官星運)을 만나면 남편과 헤어진다.

29. 여명 사주가 양팔통(陽八通)이면 부모와 인연이 전혀 없으니 일찍 고향을 떠나고, 남편과도 인연이 끊어지니 홀로 눈물짓는다.

30. 여명이 비겁(比劫)과 식상(食傷)이 매우 왕성한데 재성(財星)과 관성(官星)이 없으면 혼인하기 힘들고, 하더라도 재성(財星)이 없으니 관성(官星)을 생(生)할 수 없어 남편과 친밀하지 못하다.

31. 여명이 식상(食傷)은 강하고 관성(官星)은 약한데 상관운(傷官運)을 만나면 남편과 헤어진다. 그러나 인성(印星)이 있으면 식상(食傷)을 억제해서 관성(官星)을 구제한다.

32. 여명은 관성운(官星運)에 혼인하는데, 재성(財星)이 있으면 관성

(官星)을 생(生)하니 재성운(財星運)에도 혼인할 수 있다.

33. 여명이 관성(官星)과 식신(食神)이 모두 있는데 신주(身主)와 합(合)하면 부정한 임신을 한다.

34. 여명이 아들을 낳고 싶다면 양(陽) 년월일시에 결합하라. 자신의 나이를 3으로 나누어 홀수가 남으면 1·3·5월에 임신할 확률이 높다.

35. 여명에서 신유금(辛酉金)은 유방에 해당하는데 신유금(辛酉金)이 약하거나 형충(刑沖)되면 유방암이 따른다.

36. 여명이 관살(官殺)이 혼잡하면 관성(官星)이 기신(忌神)이 되는데, 정관(正官)이 힘이 없고 편관(偏官)이 힘이 있으면 남편이 미워지고 편부를 좋아한다.

37. 여명이 관성(官星)에 역마(驛馬)나 지살(地殺)이 임하면 외국으로 시집간다.

38. 여명이 관살(官殺)에 역마(驛馬)나 지살(地殺)이 임하면 남편이 운수업에 종사한다.

39. 여명이 사주에 합(合)이 많으면 정도 많은데 관성(官星)과 암합(暗合)하면 연애결혼한다.

40. 여명이 계수일생(癸水日生)인데 무토(戊土) 관성(官星)을 만나면 늙은 남자한테 시집간다.

41. 여명에서 역마(驛馬)와 지살(地殺)은 관성(官星)에 해당하는데 일주(日柱)와 합(合)하면 국제결혼하고, 그렇지 않으면 운수업 종사자와 일가를 이룬다.

42. 자매강강(姉妹强强) 소실지명(小室之命) 이녀동부(二女同夫) 싸

움한다.

43. 여명이 사주에 비견(比肩)이 중첩되면 소실의 명이 된다.

44. 여명이 일시(日時)에서 효신(梟神)을 만나면 자식을 두기 어렵다.

45. 여명이 신강(身强)하면 혼인해도 시부모를 모시지 않는다.

46. 여명이 식상(食傷)이 형충(刑沖)되면 자궁수술을 한다.

47. 여명이 을사일(乙巳日)·신사일(辛巳日)·계사일(癸巳日)·정사일(丁巳日)·정해일(丁亥日)에 태어났는데 관성(官星)이 투간(透干)하면 자식을 낳고 살다가도 정부따라 잘도 간다.

48. 여명이 재성(財星)이 왕성한데 관성(官星)이 많으면 명암부집(明暗夫潗)이 되니 편부에게 빠져 사랑 주고 뺨도 맞고 거지되니 억울하기 짝이 없다.

49. 여명이 상관(傷官)이 재성(財星)을 생(生)하면 남편과 사별한 후 재물을 이룬다.

50. 여명이 혼잡한 관살(官殺)과 암합(暗合)하면 의처증이 심한 남편을 만난다.

51. 여명이 자식성이 암합(暗合)하면 부정한 자식을 둔다.

52. 여명이 을사일(乙巳日)·신사일(辛巳日)·계사일(癸巳日)·정사일(丁巳日)·정해일(丁亥日)에 태어났는데 천간(天干)과 지지(地支)가 암합(暗合)하면 의처증이 심한 남편을 만난다.

53. 여명이 사주에 정관(正官)이나 편관(偏官)이 많아도 투출(透出)하지 않으면 무방하다.

54. 여명이 관살(官殺)과 식상(食傷)이 싸우면 부부가 불화하는데 재성운(財星運)을 만나면 통관(通關)이 되니 자연히 평온해진다.

55. 여명이 식신(食神)이 재성(財星)을 생(生)하면 음식 솜씨가 일품
    이니 식품업으로 나가면 성공한다.
56. 여명이 식신(食神)이 재성(財星)을 생(生)하거나 합(合)하면 음식
    이나 식품 사업으로 수만금을 얻으니 오행(五行)의 이치를 어길
    손가.

    시 일 월 년
    戊 丙 庚 戊
    子 申 申 辰

  본명은 시상(時上)의 식신(食神) 무토(戊土)가 일지(日支)의 신금(申
金) 재성(財星)과 자신합(子申合)을 하고, 년간(年干)의 무토(戊土) 식
신(食神)이 월지(月支)의 신금(申金) 재성(財星)과 합(合)을 하니, 식신
(食神)이 재성(財星)을 생(生)하고 식신(食神)과 재성(財星)이 합(合)
이 되었다.

57. 여명이 식신(食神)과 상관(傷官)이 첩첩하면 과부가 된 뒤 이름을
    얻는다.
58. 여명이 상관(傷官)이 왕성하고 관성(官星)이 없는데 관성운(官星
    運)을 만나면 남편과 사별한다.
59. 여명이 기명종살격(棄命從殺格)이면 순조롭게 가문을 잇고 부귀
    를 이룬다.
60. 여명이 갑을일생(甲乙日生)인데 금(金)은 약하고 수(水)가 많거나,

무기일생(戊己日生)인데 목(木)은 약하고 수(水)는 많으면 남편이 술에 취해 돌아오다 물에 빠져 죽는다.

61. 여명이 관살(官殺)이 혼잡한데 관성(官星)이 암합(暗合)하면 정사 맹세 끌어안고 자살을 기도한다.

62. 여명이 사주에 관성(官星)이 없으면 청춘에 성욕에 굶주린다.

63. 여명이 신강(身强)한데 관성(官星)이 약하면 남편을 그리며 눈물 흘린다.

64. 여명이 일주(日柱)가 강왕(强旺)하면 왕성한 성욕이 걱정이다.

65. 여명이 관살(官殺)이 절지(絶地)에 앉으면 성생활 불만으로 남편을 바꾼다.

66. 여명이 많은 재성(財星)이 인성(印星)을 극(剋)하여 관성(官星)을 생(生)하면 친정은 쇠퇴하고 시집은 흥한다.

67. 여명이 왕성한 재성(財星)이 인성(印星)을 극(剋)하면 혼인한 후 친정은 쇠퇴하고 시집 살림은 늘어난다.

68. 여명이 역마(驛馬)나 지살(地殺)이 관성(官星)이 되어 삼형살(三刑殺)을 이루면 남편이 교통사고로 죽는다.

69. 여명이 관살(官殺) 금(金)이 가라앉으면 남편이 술에 빠져 사니 일생이 한심하다.

70. 여명이 신해일생(辛亥日生)인데 식신(食神)이 재성(財星)을 생(生)하면 손맛이 일품이다.

71. 여명이 사주에 비견(比肩)이나 겁재(劫財)가 많으면 두 여자가 한 남자를 두고 다툴 팔자다.

72. 여명이 남편성이 묘지(墓地)에 들면 원앙이 짝을 잃은 격이니, 남

명에 관성(官星)인 자식이 묘지(墓地)에 들면 자식이 죽는다.

73. 여명에 관고(官庫)가 있으면 복부지명(複夫之命)이니 남편은 이미 황천객이 되었더라.

74. 여명이 세운(歲運)에서 남편성인 절지(絕地)에 들면 원앙이 따로 날아가는 격이 된다.

75. 여명이 대운(大運)에서 관귀(官鬼)가 묘지(墓地)에 들었는데 재성(財星)이 절지(絕地)에 앉으면 부부가 사별하거나 생별한다.

76. 여명에 삼기(三奇)가 있으면 반드시 장부 남편을 만난다. 삼기(三奇)란 새성(財星)·관성(官星)·인성(印星)을 말한다.

77. 여명이 신주(身主)가 매우 강한데 삼기(三奇)가 득위(得位)하면 귀부인이 된다.

78. 여명이 월령(月令)에 도화(桃花)를 놓으면 담장 안의 꽃이고, 일시(日時)에 놓으면 담장 밖의 꽃이니 임자가 많다.

79. 여명이 사주에 도화살(桃花殺)과 역마살(驛馬殺)이 같이 있으면 정부 따라 가출한다.

80. 여명에서 도화(桃花)가 정관(正官)과 만나면 복록이 많고, 편관(偏官)과 만나면 박복하다.

81. 여명이 월령(月令)에 도화(桃花)나 망신살(亡身殺)이 있는데 인수(印綬)가 혼잡하거나, 인수(印綬)가 신주(身主)와 합(合)하면 후처 소생이다.

82. 여명이 식상(食傷)이 도화살(桃花殺)에 해당하면 명예를 잃는다.

83. 여명이 도화살(桃花殺)이 형살(刑殺)이 되면 성병으로 고생한다.

84. 여명이 음일(陰日) 사유시생(巳酉時生)이면 딸만 내리 낳는다.

85. 여명이 일시(日時)에 인수(印綬) 효신(梟神)이 있는데 식신(食神)
   이 충극(沖剋)하면 자식을 두기 어렵다.

86. 여명이 자식성이 역마(驛馬)이면 그 자식이 외국으로 이민간다.

87. 여명이 관성(官星)이 많은데 암합(暗合)하면 의처증 있는 남편을
   만난다.

88. 여명이 일시(日時)에 원진(怨嗔)을 놓으면 부부금실이 전혀 없다.

89. 여명이 식상(食傷)이 왕성한데 관성운(官星運)을 만나면 남편과
   별거하고, 식신(食神)과 상관(傷官)이 중중하면 과부가 된다.

90. 여명이 종살지명(從殺之命)이면 귀부인이 되고, 종아지명(從我之
   命)이면 천한 부인이 된다.

91. 여명이 식신(食神)이 재성(財星)을 생(生)하면 자식을 낳고 부자
   가 된다.

92. 여명이 상관(傷官)이 재성(財星)을 생(生)하면 남편과 사별한 후
   부자가 된다.

93. 여명이 식신(食神)이 재성(財星)을 합(合)하면 음식 솜씨가 일품
   이다.

94. 여명이 인수(印綬)나 역마(驛馬)가 신주(身主)와 합(合)하면 외국
   유학을 한다.

95. 여명이 신강(身强)한데 토(土) 재성(財星)이 있으면 피복이나 지
   물로 성공한다.

96. 여명이 신강(身强)한데 양인(羊刃)이 있으면 고집불통이다.

97. 여명이 자묘형(子卯刑)이 있으면 정조관념이 희박하다.

98. 여명이 관성(官星)이 다른 주(柱)와 간합(干合)하면 남편을 빼앗

기고 혼자 산다. 하나 있는 관성(官星)이 유년(流年)에서 비견(比肩)과 합거(合去)해도 마찬가지다.

99. 여명이 도화(桃花)가 삼합(三合)하면 색정으로 남편의 의심을 받는다.

100. 여명이 일지(日支)에 장성살(將星殺)이 있으면 남편을 바꾼다.

101. 여명이 신왕(身旺)한데 관성(官星)이 쇠약하면 무기력한 남편을 만난다.

102. 여명이 명암부집(明暗夫潗)을 놓으면 색난이 있으니 이성을 멀리하라.

103. 여명이 괴강일생(魁罡日生)이면 남편운이 불길하니 늦게 혼인하고 내궁에 신경써라.

104. 여명이 관성(官星)이 재성(財星)을 만나고, 지지(地支)에 관성(官星)이 건록(建祿)이나 장생(長生)을 얻어 뿌리가 있고, 관(官) 식신(食神)을 얻으면 귀부인의 명이니 평생 행복하게 살아간다.

105. 여명이 식상(食傷)이 관성(官星)을 극(剋)하고, 관성(官星)이 실령(失令)하고, 사절지(死絶地)에 들어 힘을 잃고, 괴강(魁罡)이나 양인(羊刃)이 중첩하거나 관살(官殺)이 혼잡하면 고생을 많이 한다.

106. 여명이 식신(食神)이 득령(得令)하고, 장생(長生)을 얻어 힘이 있고, 식신(食神)의 재관(財官)을 얻으면 자식덕이 있다.

107. 여명이 식신(食神)이 실령(失令)했는데 병사묘절지(病死墓絶地)에 들면 자식덕이 없다.

108. 여명이 신강(身强)하고 관성(官星)이 약한데 재성(財星)마저 없

으면 남편이 힘이 없으니 방종하기 쉽다.

109. 여명이 관성(官星)이 약한데 재성(財星)이 없고 식상(食傷)이 많으면 호색음탕하다.

110. 여명에서 식상(食傷)은 극부성(剋夫星)이니 사주에 식상(食傷)이 지나치게 많으면 남편이 없는 상이 되어 자녀에게 의지해서 살아간다.

111. 여명이 인성(印星)이 많아 신강(身强)해졌는데 관성(官星)이 모두 인성(印星)으로 변하면 남편이 허약하다.

112. 여명은 신왕관쇠(身旺官衰)하고 명암부집(明暗夫溱)이 되면 가장 꺼린다.

4. 남녀 비결 112제

1. 남녀 모두 사주에서 약한 것은 방조(幇助)하고, 강한 것은 설상(洩傷)해서 중화시키는 것이 용신(用神)을 정하는 근본 정신이다.

2. 남녀 모두 방조(幇助)와 설상(洩傷)에는 4가지 법칙이 있다.

   ① 신왕(身旺)한데 재성(財星)과 관성(官星)이 미약하면 재성(財星)이나 관성으로 용신(用神)을 삼는다. 만일 식상(食傷)이 용신(用神)이면 관성(官星)을 손상시켜 해롭다.

   ② 비겁(比劫)이 많아 신강(身强)해졌을 때는 관살(官殺)로 다스리는 것보다 식상(食傷)으로 설기(洩氣)하는 게 더 좋다. 비겁(比劫)은 관살(官殺)과 상극(相剋)이라 심하게 싸우기 때문에 그

강세를 순하게 설(洩)하는 게 유리한 것이다.

③ 재성(財星)이 많아 신약(身弱)해졌을 때는 비겁(比劫)으로 도와 주는 게 좋다. 재성(財星)의 극(剋)을 당하는 인수(印綬)가 용신(用神)이면 탐재괴인(貪財壞印)이 되어 일주(日柱)를 생(生)할 수 없기 때문이다.

④ 관살(官殺)이 많아 신약(身弱)해졌을 때는 인수(印綬)로 관살(官殺)을 인화(印化)시켜 일주(日柱)를 돕는 게 좋다. 도와주는 비겁(比劫)은 관성(官星)이 극(剋)하니 무정해져 불리하기 때문이다.

3. 남녀 모두 신약(身弱)한데 일주(日柱)가 극(剋)하는 것이 있으면 그것이 용신(用神)이다.

4. 남녀 모두 재성(財星)이 많아 신약(身弱)해졌으면 비견(比肩)을 만나야 많은 재성(財星)을 다스릴 수 있다. 이것을 득비이재(得比利財)라 하는데, 이런 사주는 공동사업이 좋다.

5. 남녀 모두 군비((群比)가 쟁재(爭財)하면 관살운(官殺運)은 좋아하지만, 비겁운(比劫運)은 매우 싫어한다.

6. 남녀 모두 득비이재(得比利財)가 되었으면 인비운(印比運)은 좋아하지만, 재관운(財官運)은 싫어한다.

7. 득비이재(得比利財)가 되면 형제가 힘을 얻는데, 남녀 모두 운에서 겁(劫)이 깨지면 반드시 재앙이 따른다.

8. 남녀 모두 일주(日柱)에 병(病)이 있으면 일주(日柱)의 강약을 떠나 약(藥)이 되는 것을 용신(用神)으로 삼아야 한다.

9. 남녀 모두 사주에 병(病)이 있으면 약신(藥神)을 만나 제거하면 큰

부귀가 따르지만, 병(病)이 중한데 약(藥)이 없으면 목숨이 위태로 워진다.

10. 남녀 모두 사주에 병(病)이 있는데 병운(病運)에 그 병을 다스리지 못하면 일찍 죽는다.

11. 남녀 모두 해자축월(亥子丑月)에 태어난 사람은 화(火)를 만나야 따뜻해져 만물이 잘 자란다.

12. 남녀 모두 해자축월(亥子丑月) 동목(冬木)은 화(火)로 조후용신(調候用神)으로 삼아야 한다. 왜냐하면 화(火)가 목(木)을 설기(洩氣)하는 게 아니라, 추위에서 구해주는 화생목(火生木)이 되기 때문이다.

13. 남녀 모두 통관용신(通關用神)이란 관성(官星)과 상관(傷官)이 싸울 때 재성(財星)으로 소통시켜주고, 재성(財星)과 인성(印星)이 교차할 때는 관성(官星)으로 용신(用神)을 삼고, 재성(財星)이 겁인(劫刃)을 만났을 때는 식상(食傷)으로 용신(用神)을 삼는 것을 말한다.

14. 남녀 모두 토금수목(土金水木)이 해자축월(亥子丑月)에 태어났으면 조후용신(調候用神)으로 회춘시켜야 한다.

15. 남녀 모두 용신(用神)에는 진신(眞神)과 가신(假神)이 있는데, 득령(得令)했으면 진신(眞神)이라 하고, 실령(失令)했으면 가신(假神)이라 한다.

16. 남녀 모두 식상(食傷)이 용신(用神)이면 총명하며 재능이 많다.

17. 남녀 모두 희용신(喜用神)이 사주의 기반이 되면 평생 성공하기 어렵다.

18. 남녀 모두 간합(干合)이나 지합(支合)이 되어 길신(吉神)으로 변하면 명리가 따르지만, 기신(忌神)으로 변하면 재해가 따른다.

19. 남녀 모두 희용신(喜用神)은 천간(天干)에 있으면 상하기 쉬우니 불리하고, 지지(地支)에 있는 게 안전하며 좋다.

20. 남녀 모두 흉신(凶神)은 천간(天干)에 노출되는 것이 좋고, 길신(吉神)은 지지(地支)에 암장(暗藏)되어야 겁탈당하지 않아 좋다.

21. 남녀 모두 용신(用神)이나 희신(喜神)에 해당하는 대운(大運)이나 년운(年運)을 만나면 재물을 모은다.

22. 남녀 모두 용신(用神)을 극파(剋破)하는 대운(大運)이나 년운(年運)을 만나면 죽음에 이른다.

23. 남녀 모두 식신(食神)이 간합(干合)하여 변한 오행(五行)이 묘운(墓運)에 들면 재앙이 따르는데, 심하면 죽음에 이른다.

24. 남녀 모두 대운(大運)의 지지(地支)가 월지(月支)를 충파(沖破)하면 격(格)이 깨져 매우 흉하다.

25. 남녀 모두 용신(用神)이 대운(大運)에서 묘운(墓運)을 만나고, 년(年)이나 월(月)에서 사절(死絕)을 거듭 만나면 사망한다.

26. 남녀 모두 용신(用神)을 극해(剋害)하는 흉신(凶神)이 강한데 다시 흉신운(凶神運)을 만나면 사망한다.

27. 남녀 모두 용신(用神)이 약한데 강한 흉신(凶神)이 충(沖)하고, 대운(大運)의 지지(地支)가 재차 격(格)을 충(沖)하면 사망한다. 그러나 이때 구신(救運)을 만나면 구사일생으로 살아남는다.

28. 남녀 모두 도화(桃花)·함지(咸池)·양인(羊刃)·칠살(七殺)을 모두 만나면 가산을 탕진하고 색난으로 죽는다.

29. 남녀 모두 사주에 백호대살(白虎大殺)이 있는데 천을귀인(天乙貴人)이나 천월덕귀인(天月德貴人)이 없고, 유년(流年)에서 다시 백호대살(白虎大殺)을 만나거나 충(沖)하면 비명횡사·수술·뜻밖의 사고를 당한다.

30. 남녀 모두 가상관격(假傷官格)인데 인수운(印綬運)을 만나면 상관(傷官)을 극파(剋破)하여 설기(洩氣)하지 못하니 반드시 황천객이 된다.

31. 남녀 모두 진상관격(眞傷官格)인데 다시 상관운(傷官運)으로 가면 심하게 설기(洩氣)하니 만사가 침체되고 사망에 이른다.

32. 남녀 모두 사주에 수(水)가 많으면 공포증·요통·견비통이 따른다.

33. 남녀 모두 간담과 인(仁)에 속하는 목(木)이 강하면 성품이 어질다.

34. 남녀 모두 목(木)이 병들면 목소리가 크고, 폭언·분노·시기·질투심이 폭발하니 어질지 못하다. 그러나 수목(水木) 길신(吉神)을 만나면 어진 천성을 되찾는다.

35. 남녀 모두 갑목(甲木)은 담과 머리에 해당하고, 을목(乙木)은 목과 간장에 해당하고, 인목(寅木)은 손과 발에 해당하고, 묘목(卯木)은 손가락과 발가락에 해당한다.

36. 남녀 모두 심장과 예(禮)에 속하는 화(火)가 강하면 예의를 안다.

37. 남녀 모두 화(火)가 병들면 버릇이 없고 천방지축이 된다.

38. 남녀 모두 심장에 해당하는 정화(丁火)가 약하면 겁이 많아 잘 놀라고, 눈병이 자주 걸린다.

39. 남녀 모두 정화일간(丁火日干)이 신강(身强)한데 신금(辛金)이 약하고 대운(大運)이나 세운(歲運)에서 화운(火運)을 만나면 99%

폐결핵에 걸린다. 그러나 수운(水運)을 만나면 회복할 수 있다.

40. 남녀 모두 심장과 눈을 주관하는 정화(丁火)가 약하면 시력이 약하다.

41. 남녀 모두 정화(丁火)가 약하면 어깨·허리·무릎이 아프고, 꿈도 잘 맞고, 영감이 뛰어나 역술인이나 무속인이 제격이다.

42. 남녀 모두 정신에 해당하는 오화(午火)가 약한데 자수(子水)의 충(沖)을 받으면 정신이 혼미해지고, 심하면 정신분열이 온다.

43. 남녀 모두 얼굴에 해당하는 사화(巳火)가 약한데 해수의 충(沖)을 받으면 얼굴에 경련이 자주 온다. 이때 목(木)이 해수(亥水)를 설기(洩氣)하고 사화(巳火)를 도와주면 치료할 수 있으니 목(木)이 약신(藥神)이다.

44. 남녀 모두 사주에 수(水)가 왕성해서 소장과 어깨를 주관하는 병화(丙火)가 약해지면 어깨가 무겁고 아프다. 이때 약신(藥神)인 목(木)을 만나면 회복할 수 있다.

45. 남녀 모두 무토(戊土)는 위장·옆구리·발, 진토(辰土)는 피부, 기토(己土)는 비장·복부, 축토(丑土)는 발·무릎, 미토(未土)는 팔·허리에 해당한다.

46. 남녀 모두 비장과 신(信)에 속하는 토(土)가 강하면 신뢰감이 있다.

47. 남녀 모두 토(土)가 약하면 신용이 없고, 허세를 부리고, 호언장담을 잘한다.

48. 남녀 모두 토(土)가 약하면 의심이 많고, 의처증이나 의부증이 따른다.

49. 남녀 모두 토(土)가 약하면 잠이 많고 게으르다.

50. 남녀 모두 폐장과 의(義)에 속하는 금(金)이 병들면 불의와 타협한다.

51. 남녀 모두 경금(庚金)은 대장·배꼽, 신금(申金)은 근골, 신금(辛金)은 폐·다리·허벅지, 유금(酉金)은 유방·기관지에 해당한다.

52. 남녀 모두 신금(辛金)이 매우 약한데 정화(丁火)의 극(剋)을 받으면 폐결핵으로 고생한다. 병화(丙火)는 합(合)이 되니 무방하다.

53. 남녀 모두 경금일간(庚金日干)이 화국(火局)을 만나면 치질이나 임질로 고생한다.

54. 남녀 모두 신장과 지(智)에 속하는 임수(壬水)가 강하면 지혜롭다.

55. 남녀 모두 임수(壬水)는 방광과 정강이, 계수(癸水)는 신장과 생식기, 해수(亥水)는 머리카락, 자수(子水)는 자궁과 귀에 해당한다.

56. 남녀 모두 사주에 목(木)이 없으면 의지가 약하고 규율이 없다.

57. 남녀 모두 사주에 목(木)이 많으면 성격은 유순하나 결단력이 부족하고 질투심이 있다.

58. 남녀 모두 사주에 화(火)가 없으면 둔하고 누차 재가한다.

59. 남녀 모두 사주에 화(火)가 많으면 몸에 병이 있는데 신강(身强)하면 총명하며 화려한 것을 좋아한다.

60. 남녀 모두 사주에 토(土)가 많으면 자신감은 있으나 집착과 의심이 많고, 유순하나 남에게 후하지 않다.

61. 남녀 모두 사주에 토(土)가 없으면 정착하기 어려우니 셋방을 면하기 어렵고, 없어도 있는 척한다.

62. 남녀 모두 사주에 금(金)이 많으면 강기와 결단력은 있으나 망설임이 있고 행동이 확고하지 못하다.

63. 남녀 모두 사주에 금(金)이 없으면 어질고 생각은 깊으나 기회를 잃고 후회를 많이 한다.

64. 남녀 모두 사주에 수(水)가 많으면 정은 많으나 변명을 잘하는 게 결점이고, 규율성도 부족하고, 변심도 잘한다.

65. 남녀 모두 사주에 수(水)가 없으면 처세는 잘 하나 친절하지 않고, 건강도 약하고 정도 없다. 특히 남명은 집이나 아내와 이별할 상이다.

66. 남녀 모두 사주에 인수(印綬)와 식신(食神)이 모두 있으면 문예 방면에서 출세한다.

67. 남녀 모두 사주에 역마(驛馬)나 지살(地殺)이 인수(印綬)에 해당하면 외국어에 능통하고, 외국유학을 한다.

68. 남녀 모두 인수(印綬)가 힘이 있으면 학업성적이 우수한데, 재성(財星)이 많아 인성(印星)을 극(剋)하면 성적이 떨어진다.

69. 남녀 모두 인수성(印綬星)은 학문에 해당하는데 재성(財星)이 극(剋)하면 학업성적이 좋지 않아 재수 삼수해도 낙방한다.

70. 남녀 모두 상관성(傷官星)은 식신(食神)보다 표현력이 뛰어나고 두뇌도 명석하다.

71. 남녀 모두 재성(財星)을 생(生)하는 힘이 식신(食神)만은 못하지만, 사주에 상관성(傷官星)이 있으면 두뇌가 명석하고 언변이 청산유수다.

72. 남녀 모두 상관(傷官)은 정관(正官)의 칠살(七殺)이 되는데, 특히 여명이 상관(傷官)이 왕성하면 남편을 잃는다. 그러나 사주에 관성(官星)이 없으면 작용은 반감된다. 『위경론(渭經論)』에 '상관불견

관성(傷官不見官星) 유위정결(猶爲貞潔)'이라는 말이 있다.

73. 남녀 모두 상관(傷官)이 관성(官星)을 만나면 평생 벼슬 없이 쓸 쓸하게 보낸다.

74. 남녀 모두 식상(食傷)이 매우 왕성한데 격(格)을 이루지 못하면 고용인이나 백정 팔자다.

75. 상관성(傷官星)은 남명에게는 자식을 극(剋)하는 별이 되고, 여명에게는 남편을 극(剋)하는 별이 된다.

76. 남녀 모두 사주 천간(天干)에 경신임계(庚辛壬癸) 금수(金水)가 있으면 한냉하고, 지지(地支)에 신유해자(申酉亥子) 금수(金水)가 있으면 한습(寒濕)하다.

77. 남녀 모두 천간(天干)에 무기토(戊己土)가 있으면 한난의 중간이 되고, 지지(地支)에 술미토(戌未土)가 있으면 메마르고, 축진토(丑辰土)가 있으면 습하다.

78. 남녀 모두 천간(天干)에 갑을병정(甲乙丙丁) 목화(木火)가 있으면 사주가 따뜻하고, 지지(地支)에 인묘사오(寅卯巳午) 목화(木火)가 있으면 사주가 메마르다.

79. 남녀 모두 가을과 겨울생은 한습(寒濕)한 사주로 보고, 봄과 여름생은 난조(暖燥)한 사주로 본다.

80. 남녀 모두 사주가 너무 한습(寒濕)하면 난조(暖燥)한 운으로 가야 형통한다.

81. 남녀 모두 사주가 너무 난조(暖燥)하면 한습(寒濕)한 운으로 가야 형통한다.

82. 남녀 모두 사주가 너무 한습(寒濕)하거나 난조(暖燥)하면 억부

(抑扶)나 병약(病藥) 용신(用神)을 쓰지 않고, 조후용신(調候用神)을 따른다는 것을 명심해야 한다.

83. 남녀 모두 한습(寒濕) 조화란 지나치게 난조(暖燥)하면 우로로 윤택하게 해주고, 지나치게 한습(寒濕)하면 태양으로 따뜻하게 해주는 것을 말한다.

84. 남녀 모두 월령(月令)이 공망(空亡)되었는데 재살(財殺)이 지나치게 많으면 형제가 고독해진다.

85. 남녀 모두 일주(日柱)와 월주(月柱)가 원진(怨嗔)이 되면 형제가 불목하고, 일주(日柱)와 시주(時柱)가 원진(怨嗔)이 되면 부부간에 해로하기 어렵다.

86. 남녀 모두 비견(比肩)과 겁재(劫財)가 혼잡하면 이복형제가 있고, 속성속패를 면하기 어렵다.

87. 남녀 모두 일시(日時)에 원진(怨嗔)이나 귀문관살(鬼門關殺)이 있으면 부부간에 불화하고, 일시(日時)가 상충(相沖)하면 부부간에 이별한다.

88. 남녀 모두 사맹(四孟)과 사충(四沖)이 싸우면 부부간에 풍파가 많고, 주색과 음란으로 패가망신한다.

89. 남명은 겁재운(劫財運)에 손재손처하고, 여명은 상관운(傷官運)에 남편과 이별한다.

90. 남녀 모두 원진(怨嗔)이 되는 대운(大運)이나 년운(年運)에 혼인하면 원만하지 못해서 원망하는 일이 생긴다.

91. 남녀 모두 인수성(印綬星)은 명예를 상징하고, 재성(財星)은 이(利)를 상징하니 인성(印星)과 재성(財星)을 명리로 본다.

92. 남명에서 아내궁을 볼 때는 재성(財星)의 구애를 받지 않는다.

93. 남명이 아내궁인 일지(日支)에 희신(喜神)이 있는데 충(沖)을 만나면 부부가 해로하기 어렵다.

94. 남명이 아내궁인 일지(日支)에 기신(忌神)이 있는데 충(沖)을 만나면 오히려 이로워진다.

95. 남명이 재성(財星)이 희용신(喜用神)이면 아내덕이 산과 같지만, 기신(忌神)이면 매사에 방해꾼이 있다.

96. 남녀 모두 재성(財星)은 천간(天干)에 있는 것보다 지지(地支)에 있는 게 좋다.

97. 남명이 갑일생(甲日生)인데 기토(己土) 재성(財星)과 간합(干合)하고, 다시 지지(地支)에서 자축합토(子丑合土)하면 첩이 있는 것으로 본다.

98. 여명이 갑을일생(甲乙日生)인데 화(火)가 많아 신약(身弱)해졌고, 사주에 자묘형(子卯刑)이 있으면 무모(無毛)로 고민한다.

99. 남녀 모두 축술형(丑戌刑)은 암합(暗合)도 되고 암충(暗沖)도 되니 사주에 있으면 변덕이 심하고, 이성도 번개처럼 만났다가 번개처럼 헤어진다.

100. 남녀 모두 사주에 축술미(丑戌未) 삼형(三刑)을 놓으면 외모는 아름다우나 인덕이 없고, 입만 벌리면 거짓말이다.

101. 남녀 모두 진술축미(辰戌丑未) 사묘(四墓)를 갖춘 명은 선대의 묘를 잘못 썼으니 활인공덕을 생활화하라.

102. 남녀 모두 사주에 인사신(寅巳申) 삼형(三刑)이 있으면 호언장담을 잘하고, 부부궁이 불리하고, 일찍 성공하나 쉽게 패망한다.

103. 남녀 모두 사주에 축오(丑午) 원진(怨嗔)이나 육해(六害)나 귀문(鬼門)이 있으면 의부증·의처증·변태·신경쇠약·정신이상이 따른다.

104. 남녀 모두 식신(食神)이 재성(財星)을 합(合)하거나 생(生)하면 식품업에서 성공한다.

105. 남녀 모두 월령(月令)에서 인수(印綬)를 만나면 교직에서 성공한다.

106. 남녀 모두 역마(驛馬) 식신(食神)이 힘이 있으면 국외영업으로 성공한다.

107. 남녀 모두 수목일간(水木日干)에 술해시생(戌亥時生)이면 법관이 되는 경우가 많다.

108. 남녀 모두 일주(日柱)에 형(刑)이나 수옥살(囚獄殺)이 있으면 경찰관으로 나간다.

109. 남녀 모두 사주에 인사(寅巳) 역마(驛馬)나 지살(地殺)이 있으면 항공계로 나간다.

110. 남녀 모두 사주에 역마(驛馬)나 지살(地殺)이 중중하면 이국만리로 떠난다.

111. 남녀 모두 사주에 신해(申亥) 역마(驛馬)나 지살(地殺)이 있으면 해운계로 나간다.

112. 남녀 모두 해자축월(亥子丑月) 경신일생(庚辛日生)은 식상(食傷)이 매우 왕성하니 구술업이나 교육자로 나가면 이름을 얻는다.

5. 112요결

하도수리(河圖數理)

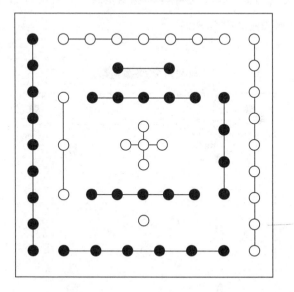

1. 하도(河圖)의 수리(數理)에서처럼 1과 6은 수(水)로 북방의 겨울을 상징하고, 오상(五常)으로는 지혜, 오색(五色)으로는 흑색, 오기(五氣)로는 한(寒)에 속한다.

2. 3과 8은 목(木)으로 동방의 봄을 상징하고, 오상(五常)으로는 인(仁), 오색(五色)으로는 청색, 오기(五氣)로는 풍(風)에 속한다.

3. 2와 7은 화(火)로 남방의 여름을 상징하고, 오상(五常)으로는 예(禮), 오색(五色)으로는 적색, 오기(五氣)로는 열(熱)에 속한다.

4. 5와 10은 토(土)로 중앙과 사계를 상징하고, 오상(五常)으로는 신(信), 오색(五色)으로는 황색, 오기(五氣)로는 습(濕)에 속한다.

5. 4와 9는 금(金)으로 서방의 가을을 상징하고, 오상(五常)으로는 의

(義), 오색(五色)으로는 백색, 오기(五氣)로는 조(燥)에 속한다.

6. 하도(河圖)는 수리(數理)에 따라 음양(陰陽)·오행(五行)·방위·간지(干支)를 배열하고, 순행으로 상생(相生)이 되니 오행상생도(五行相生圖)라고 할 수 있다.

낙서기수(洛書氣數)

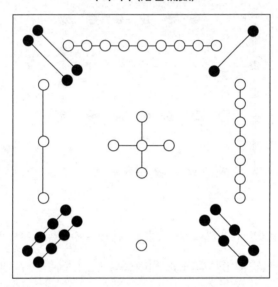

7. 낙서(洛書)의 기수(氣數)와 같이 1을 뒤로 하고, 3을 왼쪽으로 하고, 7을 오른쪽으로 하고, 2와 4를 양 어깨로 하고, 6과 8을 양 발로 하여 5를 가운데로 하니 낙서(洛書)는 수리(數理)에 따라 음양(陰陽)·오행(五行)·방위·간지(干支)를 배열하고, 역행으로 상극(相剋)이 되니 오행상극도(五行相剋圖)라고 할 수 있다.

8. 『계사전(繫辭傳)』에 '태극(太極)이 양의(兩儀)를 낳고, 양의(兩儀)가 사상(四象)을 낳고, 사상(四象)이 팔괘(八卦)를 낳는다'고 했다. 이

것을 도표로 나타낸 것이 복희팔괘도(伏羲八卦圖)다.

복희팔괘도(伏羲八卦圖)

八卦	1	2	3	4	5	6	7	8
八卦體	☰	☱	☲	☳	☴	☵	☶	☷
八卦名	乾	兌	離	震	巽	坎	艮	坤
四象	太 陽		少 陰		少 陽		太 陰	
兩儀	陽				陰			
太 極								

9. 문왕팔괘(文王八卦)의 생성 차례는 건부(乾父)와 곤모(坤母)가 교
   감하여 여섯 자녀를 낳는다.

■ 곤모(坤母)가 건부(乾父)의 홀수를 받으면 아들이다.
초효(初爻)를 받으면 진(震)으로 장남,
이효(二爻)를 받으면 감(坎)으로 중남,
상효(上爻)를 받으면 간(艮)으로 소남이 된다.

■ 곤모(坤母)가 건부(乾父)의 짝수를 받으면 딸이다.
초효(初爻)를 받으면 손(巽)으로 장녀,
이효(二爻)를 받으면 이(離)로 중녀,
상효(上爻)를 받으면 태(兌)로 소녀가 된다.

10. 양(陽) 중에는 태양(太陽)과 소음(少陰)이 있고, 음(陰) 중에는 태
    음(太陰)과 소양(少陽)이 있다. 양(陽) 중에도 음(陰)이 있고, 음
    (陰) 중에도 양(陽)이 있는 것이다.

문왕팔괘도(文王八卦圖)

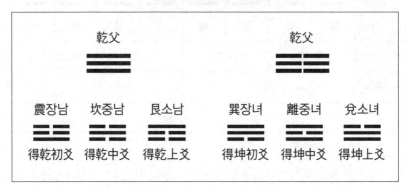

11. 목(木)은 생명체와 미래를 상징한다.

12. 화(火)는 진취·정열·화려함을 상징한다.

13. 토(土)는 정직과 신용을 상징한다.

14. 금(金)은 혁신과 의협심을 상징한다.

15. 수(水)는 응집력과 지혜를 상징한다.

16. 상생(相生)이란 서로 도우면서 공생공존하는 것을 말한다.

17. 상극(相剋)이란 공격·파괴·자극을 말한다.

18. 통관(通關)이란 상극(相剋)을 상생(相生)으로 만드는 것이다.

19. 갑(甲)은 십간(十干)의 첫 글자로 시작과 우두머리를 상징한다.

20. 갑목(甲木)은 뻗어오르는 기질이 있어 웬만해서는 굽히지 않는다.

21. 을목(乙木)은 끈질긴 생명력과 뚫고 나가는 힘이 있다.

22. 병화(丙火)는 양(陽) 중에 양(陽)으로 태양을 상징한다.

23. 정화(丁火)는 인공적인 불로 등촉이나 용광로에 비유한다.

24. 무토(戊土)는 성단(城壇)이나 큰 산에 비유한다.

25. 기토(己土)는 윤택한 흙으로 전원의 흙으로 본다.

26. 경금(庚金)은 제련하지 않은 무쇠덩이와 고철에 비유한다.

27. 신금(辛金)은 금은동이나 세공한 보석에 비유한다.

28. 임수(壬水)는 강·호수·바다에 비유한다.

29. 계수(癸水)는 우로나 음천에 비유한다.

30. 자수(子水)와 오화(午火)는 체(體)는 양(陽)이나 용(用)은 음(陰)이다.

31. 사화(巳火)와 해수(亥水)는 체(體)는 음(陰)이나 용(用)은 양(陽)이다.

32. 년간(年干) 중심의 사주학을 일간(日干) 중심으로 체계화한 시대는 송나라 때이고, 그 책은 『연해자평(淵海子平)』이다.

33. 우리가 현재 쓰는 역서는 개국(開國) 504년 을미년(乙未年) 10월 26일 고종황제의 칙명으로, 그해 음력 11월 17일을 개국(開國) 505년 건양(建陽) 원년으로 하여 1월 1일로 삼았다. 이것이 태양력(太陽曆)을 시행한 시초다.

34. 입춘절은 한 해의 시작과 인월(寅月)이 시작되는 계절이다.

35. 현재 우리나라에서 사용하는 시간은 동경의 표준 시간을 기준으로 한 것이다. 그러니 서울에서 태어난 사람은 30분 정도 늦춰 시주(時柱)를 정해야 한다.

36. 서머타임 실시 기간에 태어난 사람은 1시간 늦춰 시주(時柱)를

정한다.

37. 서머타임을 적용한 기간은 다음과 같다.

① 1948년 5월 31일 자정~9월 22일 자정(재조선 미육군사령부령)

② 1949년 4월 3일 자정~9월 30일 자정(대통령령 74호)

③ 1950년 4월 1일 자정~9월 10일 자정(대통령령 182호)

④ 1955년 5월 5일 개시(국무원 공고 58호)

⑤ 1956년 5월 20일 자정~9월 29일 자정(국무원 공고 52호)

⑥ 1959년 5월 3일 0시~9월 19일 24시(국무원 공고 74호)

⑦ 1961년 5월 1일 국무원령 250호로 폐지

38. 갑목(甲木)이 기토(己土)와 합(合)하려고 하는데 중간에 갑목(甲木)이 또 있으면 쟁합투합(爭合鬪合)이라 하여 합(合)으로 보지 않는다.

39. 갑목(甲木)이 기토(己土)와 합(合)하려고 하는데 중간에 경금(庚金)이 있으면 합(合)이 되지 않는다.

40. 자축합(子丑合)은 북극합(北極合)이라고도 하는데, 동토(凍土)와 같아 수(水)로 볼 때도 있다.

41. 인해합(寅亥合)은 육합(六合)이면서 파(破)도 되므로 합(合)의 원리를 적용한 후 파(破)의 역할을 살펴서 통변해야 한다.

42. 삼합(三合)이 되면 합(合)되기 전의 지지(地支)의 독자성이나 개성은 약해지고, 합(合)되는 오행(五行)의 국세에 동화되거나 귀속된다.

43. 삼합(三合)은 자오묘유(子午卯酉) 사정(四正)이 있어야 완전한 합(合)이 된다. 그렇지 않으면 준삼합(準三合)이나 가합(假合)으로

본다.

44. 삼합(三合)이 형충(刑沖)되면 합(合)이 깨진다.

45. 삼합(三合)이 완전하면 공망(空亡)이 있어도 해공(解空) 혹은 탈공(脫空)이라 하여 공망(空亡)으로 보지 않는다.

46. 삼합(三合)을 구성하는 지지(地支)가 하나라도 월지(月支)에 있어야 합(合)이 강력하다.

47. 암합(暗合)은 겉으로 드러나는 명합(明合)보다 치밀하며 조직적이다.

48. 근합(近合)은 원합(遠合)보다 강해서 길흉작용도 강하다.

49. 자화간합(自化干合)이란 일간(日干)과 일지(日支)에 암장(暗藏)된 것이 몰래 합(合)하는 것으로, 사주에 있으면 부부 사이가 좋고 복록이 후하다고 본다. 을사(乙巳)·정해(丁亥)·사해(巳亥)·신사(辛巳)·계사(癸巳)·임오(壬午)·무자(戊子) 일생이 여기에 속한다.

50. 투합(鬪合)이나 쟁합(爭合)하는 운에는 갈피를 잡지 못해 망설이니 진퇴가 분명하지 않다. 만사에 인내해야 하는 때다.

51. 충(沖)은 모인 것을 해산시키거나 분리시켜 변화를 일으키는 작용을 한다.

52. 원충(遠沖)은 힘이 약하니 동요 정도로 본다.

53. 강한 기신(忌神)이 약한 희신(喜神)을 충(沖)하면 재물 손해나 부상이 따른다.

54. 천간(天干)이 충(沖)되면 지지(地支)도 영향을 받고, 지지(地支)가 충(沖)되면 천간(天干)도 영향을 받는다.

55. 자오충(子午沖)이 심하면 심장이나 신경 계통 질병에 시달릴 수 있는데, 수화기제(水火旣濟)나 수화미제(水火未濟)에 따라 작용

이 달라진다.

56. 인신충(寅申沖)은 역마충(驛馬沖)이라고도 하는데, 활동성은 좋으나 서두르는 경향이 있고 변동이 심하다.

57. 형살(刑殺)이란 형벌이란 뜻으로, 사회 질서를 유지하기 위해 필요한 각종 규범이나 제재에 해당한다.

58. 형(刑)이란 새로운 목적을 위해 어느 정도 희생을 감수하면서 잘못된 곳을 도려내는 것과 같다.

59. 형(刑)은 삼합(三合)을 방해하거나 깨는 역할을 한다.

60. 여명은 일지(日支) 식상(食傷)이 형살(刑殺)에 해당하면 자연유산이나 자궁수술이 따른다.

61. 해살(害殺)은 육합(六合)을 방해하며 깨는데, 인사(寅巳)와 신해(申亥)가 이에 해당한다.

62. 공망(空亡)이란 부실하거나 무력하다는 뜻으로 비어있거나 공허한 것과 같다. 꽃이 있어도 열매를 맺지 못하는 형상이다.

63. 금(金)이 공망(空亡)되면 종이나 악기 같은 소리가 나는 것으로 해석한다.

64. 시지(時支)가 공망(空亡)되면 자식과 인연이 약해서 말년이 고독하거나 자식과 별거하기 쉽다.

65. 공망(空亡)도 득령(得令)하면 강하고, 실령(失令)하면 약하다.

66. 겁살(劫殺)은 외부에서 뜻밖의 화를 당한다는 뜻으로, 적장이나 역모 주동자 같은 역할을 한다.

67. 년살(年殺)은 풍류와 예술적인 재능 역할을 한다.

68. 역마살(驛馬殺)은 여행·이사·이동·운송수단·통신수단을 담당

하니 희신(喜神)이 되면 활동력이 있고 외국과 인연이 좋다.

69. 화개살(華蓋殺)은 예술성·종교성·참모성이라고도 하는데, 희신(喜神)이 되면 참모나 비서에게 큰 도움을 받는 것으로 본다.

70. 화개살(華蓋殺)이 공망(空亡)되면 종교나 도학에 빠지기 쉽다.

71. 천을귀인(天乙貴人)은 일간(日干)을 중심으로 보는데, 신살(神殺) 중에서 가장 길신(吉神) 역할을 한다.

72. 천을귀인(天乙貴人)이 식신(食神)에 해당하면 의식이 풍족하며 장수하고, 외교에도 능하다고 본다.

73. 년살(年殺)이 기신(忌神)에 해당하면 주색잡기에 빠지니 방탕해진다.

74. 진술(辰戌)은 천문(天門)을 파괴한다고 하여 귀인이 임하지 않는다.

75. 사주에 삼기성(三奇星)이 있으면 총명하며 학문과 재능이 탁월하다. 만일 사주까지 좋으면 국가나 사회의 인재가 된다.

천상삼기(天上三奇)는 갑무경(甲戊庚), 지하삼기(地下三奇)는 을병정(乙丙丁), 인중삼기(人中三奇)는 신임계(辛壬癸)를 말한다.

갑목일간(甲木日干)이 무월생(戊月生)이면 경금(庚金)이 삼기귀인(三奇貴人)이 되는데, 일월성(日月星)이 기귀(奇貴)한 것이니 삼기(三奇)는 년월일(年月日)이나 월일시(月日時) 순으로 나란히 있으면 더 좋다.

삼기성(三奇星)은 사주에 술해(戌亥) 천문(天門)이 있어야 귀기(貴奇)의 정격이 된다. 만일 술해(戌亥)가 없으면 비록 일월성(日月星)이 있다고 해도 기귀(奇貴)하기는 어렵다. 삼기(三奇)가 흐트러지면 성패가 따르고, 진술축미(辰戌丑未)의 충(沖)이나 원진(怨

嗔)이나 함지(咸池)가 있으면 무용지물이 된다.

삼합회국(三合會局)이 있으면 거물이 되고, 공망(空亡)되면 세속적이지 않고, 천월덕(天月德)이나 천을귀인(天乙貴人)이 있으면 박학다능하며 평생 흉액이 없다고 한다.

76. 사주에 문창성(文昌星)이 있으면 기억력·연구력·창의력·발표력이 뛰어나 학문·교수·작가로 명성을 떨친다.

77. 양인살(羊刃殺)은 아버지나 아내를 극(剋)하거나 재물을 빼앗는 힘이 겁재(劫財)보다 극렬하다.

78. 양인(羊刃)은 독립심과 개척심이 강하고, 다른 사람을 제압하며 이끄는 통솔력이 있고, 매사에 의욕과 자신감이 넘친다. 그러나 독선적이며 고집이 세고, 속마음을 드러내지 않고, 냉혹한 면도 있다.

79. 사주를 분석하고 판단할 때는 일간(日干)과 월지(月支)에 중점을 두어야 한다.

80. 일간(日干)이 월지(月支)의 기(氣)를 얻으면 득령(得令), 인비(印比)의 도움을 많이 받으면 득세(得勢), 지지(地支)에 일간(日干)의 동기(同氣)가 암장(暗藏)되어 있으면 득지(得地)라고 한다.

81. 격국(格局)이란 사주 주인의 몸과 같고, 부귀와 빈천을 정하는 그릇으로 사주를 대표하는 것과 같다. 운명의 근본으로 사주의 짜임새를 말한다.

82. 격국(格局)은 월지(月支)에 암장(暗藏)된 것 중에서 천간(天干)에 투출(透出)한 것을 일간(日干)과 대비해 육신(六神)으로 따져서 정한다. ① 본기가 투간(透干)한 것으로 정한다. ② 본기가 투간(透

干)한 게 없으면 있는 것 중에서 투간(透干)한 것으로 정한다. ③ 가장 힘이 있는 것으로 정하는데 비겁(比劫)만은 취하지 않는다.

83. 월지(月支)에 암장(暗藏)된 것 중에서 여기(餘氣)와 중기(中氣)가 함께 투간(透干)했으면 강한 것을 우선으로 하는데, 비견(比肩)과 겁재(劫財)는 투출(透出)했어도 취하지 않는다.

84. 용신(用神)은 사주에서 가장 필요한 것으로 사람에 비유하면 정신과 같다.

85. 기신(忌神)이란 용신(用神)을 극파(剋破)하거나 사주에서 가장 큰 병(病)이 되는 육신(六神)을 말한다.

86. 격국(格局)이 가정이라면 용신(用神)은 가장이나 세대주와 같고, 격국(格局)이 나라라면 용신(用神)은 통치자와 같다.

87. 격국(格局)이 자동차라면 용신(用神)은 운전기사와 같이 중대한 책임자라고 할 수 있다.

88. 억부용신(抑扶用神)을 알려면 먼저 사주의 강약을 알아야 한다.

① 인성(印星)이 많아 신강(身强)해졌으면 재성(財星)이 용신(用神)이다.

② 비견(比肩)이 많아 신강(身强)해졌으면 관살(官殺)이나 식상(食傷)이 용신(用神)이다.

③ 식신(食神)이 많아 신약(身弱)해졌으면 인성(印星)이 용신(用神)이다.

④ 재성(財星)이 많아 신약(身弱)해졌으면 비겁(比劫)이 용신(用神)이다.

⑤ 관성(官星)이 많아 신약(身弱)해졌으면 인성(印星)이 용신(用

神)이다.

89. 비견(比肩)이 많아 신강(身强)해졌는데 재성(財星)과 관성(官星)이 미약하면 식상(食傷)이 용신(用神)이다.

90. 군비(群比)가 쟁재(爭財)하면 아버지나 아내를 극(剋)하거나 재물이 파괴되니 동업이나 금전대출업은 하지 말라.

91. 득비이재(得比利財)란 재다신약(財多身弱) 사주가 일주(日柱)가 많은 재성(財星)을 다스릴 능력이 없을 때 비겁(比劫), 즉 형제나 친구의 힘을 빌려 재성(財星)을 다스리는 것을 말한다. 이런 사주는 동업이나 주식회사 같은 공동사업이 길하다.

92. 탐재괴인(貪財壞印)이란 재성(財星)이 왕성하면 인성(印星)이 약해져 파괴된다는 뜻으로, 인성(印星)이 용신(用神)인데 재성운(財星運)을 만나는 것을 말한다. 이럴 경우 학자나 문인이 재물을 탐내면 명예가 실추된다. 특히 인수(印綬) 용신(用神)으로 입신한 공무원이나 직장인은 재성운(財星運)에 뇌물죄를 범하기 쉬우니 조심해야 한다.

93. 모자멸자(母慈滅子)란 어머니의 인자함이 오히려 아들을 망친다는 뜻으로, 사주에 인성(印星)이 매우 왕성하면 사주가 탁해져 불길하다. 예를 들면 목일간(木日干)이 어머니인 인성(印星) 수(水)가 매우 왕성하면 부목(浮木)이 되니 흉하다. 수다부목(水多浮木), 목다화식(木多火食), 화다토조(火多土燥), 토다금매(土多金埋), 금다수탁(金多水濁)의 원리와 같다.

94. 모쇠자왕(母衰子旺)이란 어머니는 약한데 태아가 너무 커서 산고를 겪는다는 뜻으로, 어머니인 일주(日柱)는 약한데 자식인 식상

(食傷)이 왕성한 사주를 말한다.

95. 거유서배(去留墠配)란 관살(官殺)이 혼잡해서 거할 자는 거하고, 유할 자는 유하여 짝이 되는 자는 짝을 지어 관살(官殺)이 잘 조정되어 있다는 뜻이다. 관살(官殺)이 혼잡한 여명도 거유서배(去留墠配)가 잘 이루어지면 부귀는 물론 행복을 누린다.

96. 조후용신(調候用神)이란 한난조습(寒暖燥濕)을 참작해서 용신(用神)을 정하는 것을 말한다.

97. 제습(除濕)이란 사주에 금수(金水)가 많아 지나치게 습할 때 화토(火土)로 건조시키는 것을 말한다. 제습(除濕)의 반대는 윤습(潤濕)이라고 할 수 있다.

98. 통관용신(通關用神)은 극제(剋制)를 당해서 약해진 육신(六神)을 다시 살리는 역할을 한다.

99. 통관용신(通關用神)이 다른 오행(五行)과 합(合)하면 제 역할을 하지 못한다.

100. 통관용신(通關用神)이 멀리 있으면 그 작용도 약해진다.

101. 전왕용신(專旺用神)은 왕성한 세력을 따르는 것을 원칙으로 하지만, 왕성한 세력을 설기(洩氣)하는 것도 대단히 좋다.

102. 전왕용신(專旺用神)이란 하나의 오행(五行)이 사주의 전권을 장악했을 때, 그것으로 용신(用神)을 삼는 것을 말한다.

103. 구신(仇神)이란 희용신(喜用神)이나 일주(日柱)를 극해(剋害)하거나, 기신(忌神)을 생조(生助)하는 신(神)을 말한다.

104. 여명에 재성(財星)이 없는데 관성(官星)도 약하면 남편에게 만족하지 못한다.

105. 여명이 일지(日支)에 상관(傷官)이 왕성한데 재성(財星)이 없으면 부부가 해로하기 어렵다.

106. 여명이 식상(食傷)이 형충(刑沖)되면 자궁수술이 따르고, 그릇도 잘 깨고, 음식 솜씨도 없다.

107. 부부궁은 남명은 재성(財星)으로 보고, 여명은 관성(官星)으로 보는데, 부부궁인 일지(日支)를 잘 살펴야 한다.

108. 신왕(身旺)한데 일지(日支)에 비겁(比劫)이나 양인(羊刃)이 있으면 배우자 때문에 손재·구설·이별수가 따른다.

109. 여명이 비겁(比劫)이 매우 왕성한데 관살(官殺)이 비겁(比劫)과 합(合)하면 남편이 첩을 두거나 본인이 삼각관계로 시달릴 수 있다.

110. 남명이 군비(群比)가 쟁재(爭財)하면 부부가 해로하기 어렵다.

111. 남명이 일지(日支)에 있는 재성(財星)이 용신(用神)이면 아내덕이 하늘 같은데, 천을귀인(天乙貴人)이 되면 배가 된다.

112. 여명이 관성(官星)이 약하고 조열하면 부부가 해로하기 어렵다.

4장. 육친론(六親論)

1. 정인(正印)

정인(正印)은 어머니에 해당하는 길성(吉星)으로 은사님이나 후원자로도 보고, 내 근원인 뿌리나 출발점으로도 본다. 정인(正印)은 또 사물의 본체를 확인한다는 뜻에서 인장·문서·학문·진리·지식으로도 본다. 그러므로 정인(正印)이 힘이 있으면 탐구심이 강한 학자가 되지만, 지나치게 정통성을 따지거나 보수적인 경향이 있다.

1) 정인운(正印運)을 만나면
① 정인(正印)이 희용신(喜用神)인데 정인운(正印運)을 만나면 학술이 발전하고, 매매가 좋아지는 등 문서 관계가 순탄해진다.
② 정인(正印)이 기신(忌神)인데 정인운(正印運)을 만나면 문서 관계가 모두 불리해져 큰 손해를 보고, 윗사람에게까지 피해를 준다. 특히 노약자는 질병을 조심해야 한다.

2. 편인(偏印)

편인(偏印)은 식신(食神)을 극(剋)하고 겁재(劫財)를 돕는다는 뜻으로, 도식(倒食) 혹은 효신(梟神)이라고도 한다. 편인(偏印)의 성격은 고집불통이며 자기 중심적이다.

1) 편인운(偏印運)을 만나면

① 편인(偏印)이 희용신(喜用神)인데 편인운(偏印運)을 만나면 정인(正印)과 비슷하니 학술이 발전하며 명예가 올라가고, 시험에 합격하며 취업이 되고, 모든 문서 관계가 좋아진다.

② 편인(偏印)이 기신(忌神)인데 편인운(偏印運)을 만나면 문서 관계가 모두 불리해지니 사기를 조심해야 하고, 질병도 조심해야 한다.

2) 사주에 정인(正印)과 편인(偏印)이 혼잡하면

① 식상(食傷)을 극제(剋制)해 재성(財星)을 생(生)할 능력이 없어지니 투기업이나 서비스업은 맞지 않는다.

② 사주에 편인(偏印)이 많으면 여명은 자식을 낳기 어렵고, 남명도 관생인(官生印)으로 관성(官星)이 모두 인성(印星)으로 변하니 자손궁이 불리하다.,

③ 사주에 정인(正印)이나 편인(偏印)이 혼잡한데 정재(正財)나 편재(偏財)가 없으면 정재운(正財運)이나 편재운(偏財運)에 급속히 재물을 패하거나 악사한다.

3. 비견(比肩)

비견(比肩)은 형제·친구·동업자를 뜻하는데, 사주에 비견(比肩)이 많으면 이별로 변할 때도 있다.

1) 비견운(比肩運)을 만나면

① 비견(比肩)이 희용신(喜用神)인데 비견운(比肩運)을 만나면 매사에 자신감과 활력이 넘치고, 대인관계가 원만하다. 형제나 친구와 협력하거나 도움을 받는 운이니 협업이나 동업을 하면 길하다. 직장을 옮기거나 분가하기에도 좋은 기회다.

② 비견(比肩)이 기신(忌神)인데 비견운(比肩運)을 만나면 군비(群比)가 쟁재(爭財)하니 손재·손처·극부(剋父)하는 운이 된다. 가정불화·분실·도난 등이 따르고, 청소년은 불량한 친구와 어울려 싸움에 가담하거나 가출하고, 학생은 학업을 중단할 수도 있다.

4. 겁재(劫財)

겁재(劫財)는 아버지가 다르거나 어머니가 다른 형제로 보는데, 양일간(陽日干)의 겁재(劫財)는 양인(羊刃)이라고 한다. 사주에 양인(羊刃)이 많으면 고집이 세고 독선적이며 권위적이고, 한쪽 부모를 일찍 잃거나 아내를 극(剋)하는 명으로 배우자가 바뀌는 경향이 있다.

1) 사주에 비견(比肩)과 겁재(劫財)가 혼잡하면

① 사주에 비견(比肩)과 겁재(劫財)가 많으면 개척정신과 자립정신이
    강하지만, 독선적이라 다른 사람의 조언을 무시하는 경향이 있다.

② 사주에 비견(比肩)과 겁재(劫財)가 많으면 의처증이나 의부증이
    있고, 부부간에 불만이 많아 결혼생활에 문제가 많다.

③ 사주에 비견(比肩)과 겁재(劫財)가 많으면 아버지를 일찍 여의고,
    부자간에 함께 살면 사이가 나빠지니 분가하는 게 좋다.

5. 식신(食神)

식신(食神)은 의식주를 해결하는 육체활동이나 경제활동에 해당한
다. 여명에게는 자식에 해당하고, 유방이나 자궁 같은 생식 기능으로
도 본다. 또 일간(日干)을 극상(剋傷)하는 칠살(七殺)을 극제(剋制)해
생명을 지켜주므로 수명성(壽命星)이라고도 한다.

1) 식신운(食神運)을 만나면

① 식신(食神)이 희용신(喜用神)인데 식신운(食神運)을 만나면 식신
    (食神)이 재성(財星)을 생(生)하니 자금이 원활해져 사업이 활발
    해지고, 창안이나 연구에도 좋은 성과를 올린다. 특히 여명은 출
    산의 기쁨이 있다.

② 식신(食神)이 기신(忌神)인데 식신운(食神運)을 만나면 유흥으로
    바람이 나고, 구설수가 따르며 건강도 나빠진다.

6. 상관(傷官)

　상관(傷官)은 일간(日干)을 설기(洩氣)하는 것인데, 말솜씨와 상상력이 뛰어나고, 다재다능하다. 사주에 상관(傷官)이 지나치게 많으면 글자 그대로 벼슬이 상한다. 고로 사주에 상관(傷官)이 많으면 남명은 벼슬이나 자식과 인연이 약하고, 여명은 남편과 인연이 박하다.

1) 상관운(傷官運)을 만나면
① 상관(傷官)이 희용신(喜用神)인데 상관운(傷官運)을 만나면 상관(傷官)이 재성(財星)을 생(生)하니 재산이 늘어나고, 독신남은 재혼한다.
② 상관(傷官)이 기신(忌神)인데 상관운(傷官運)을 만나면 상관(傷官)은 관성(官星)을 극파(剋破)하니 직위에서 물러난다. 또 손재와 중상, 송사도 따를 수 있으니 항상 조심해야 한다.

2) 사주에 식신(食神)과 상관(傷官)이 혼잡하면
① 남녀 모두 자식궁이 불리하다. 특히 여명은 자연유산이나 자궁외 임신 등 출산에 문제가 많이 생긴다.

7. 정재(正財)

　정재(正財)는 정당한 대가로 받는 재물에 해당한다. 신용과 책임감이 있고, 절약과 검소한 생활 자세가 특성이다.

1) 정재운(正財運)을 만나면

① 정재(正財)가 희용신(喜用神)인데 정재운(正財運)을 만나면 재산이 늘어나 생활이 윤택해지고, 부부 사이가 좋아지고, 아내덕으로 좋은 일이 생기고, 미혼남은 연인이 생기거나 혼인한다. 또 재성(財星)이 관성(官星)을 생(生)하니 실직자는 취업하고, 재직자는 승진한다.

② 정재(正財)가 기신(忌神)인데 정재운(正財運)을 만나면 손재나 손처할 운으로 신용이 떨어지고 사업이 축소된다. 특히 남명은 여자나 돈 때문에 몸을 다치고 명예가 떨어진다.

8. 편재(偏財)

편재(偏財)는 편법이나 투기로 얻은 재물이나 불로소득으로 본다. 매사에 요령과 수단이 뛰어나고, 성격이 다정다감하며 사교성이 있어 대인관계가 원만하다.

1) 사주에 정재(正財)와 편재(偏財)가 혼잡하면

① 재다신약(財多身弱) 사주는 욕심이 많아져 자신의 여건이나 능력을 생각하지 않고 분수에 넘치는 일을 저지른다. 특히 남명은 악처를 만나는 경우가 많다.

② 학업성적이 부진하며 중간에 전공을 바꾸는 경우가 많은데, 심하
  면 학업을 중단할 수도 있다.

9. 정관(正官)

 정관(正官)은 관리한다는 뜻으로, 가정·사회·국가를 유지하는데
필요한 도덕·질서·제도·법으로 본다. 준법정신이 강하고, 재물보다
명예를 중요하게 여기고, 원리원칙을 고수하는 특성이 있다. 남명에
게는 자식에 해당하고, 여명에게는 남편에 해당한다.

1) 정관운(正官運)을 만나면
① 정관(正官)이 희용신(喜用神)인데 정관운(正官運)을 만나면 응시
  자는 합격하고, 실직자는 취업하고, 직장인은 영전이나 승진한다.
  또 지연되던 인허가 문제도 해결된다.
② 정관(正官)이 기신(忌神)인데 정관운(正官運)을 만나면 관(官)의
  화를 만나 가업이 기울고 명예가 떨어진다.

10. 편관(偏官)

 남명에게는 아들과 딸에 해당하고, 여명에게는 남편·남자친구·혼
외 남편·애인에 해당한다. 자연현상으로는 천재지변인 폭염·혹한·

홍수·폭설 등에 해당하고, 인사상으로는 무관에 해당하니 무력이나 형벌권을 행사하는 경찰·검찰·군인에 해당한다.

1) 편관운(偏官運)을 만나면

① 편관(偏官)이 희용신(喜用神)인데 편관운(偏官運)을 만나면 실직자는 취업하고, 직장인은 승진하고, 독신녀는 재혼한다.

② 편관(偏官)이 기신(忌神)인데 편관운(偏官運)을 만나면 싸울 일이 생기고, 관재와 구설이 따르고, 이별수가 있다. 그렇지 않으면 병으로 고생한다.

2) 사주에 정관(正官)과 편관(偏官)이 혼잡하면

① 정관(正官)도 많으면 편관(偏官) 칠살(七殺) 노릇을 하니 흉하다.

② 자신감과 독립심이 약해서 남에게 의지하려는 경향이 많다.

③ 여명은 결혼생활이 원만하기 어렵고, 심하면 여러 번 결혼한다.

④ 일간(日干)이 신약(身弱)하면 비겁(比劫)은 편관(偏官)과 합(合)을 하니 도움이 된다.

⑤ 식상(食傷)이 있으면 왕성한 칠살(七殺)을 억제하니 도움이 된다.

⑥ 인성(印星)은 왕성한 관살(官殺)을 설기(洩氣)시켜 일간(日干)을 도와주니 길하다.

⑦ 재성(財星)은 관살(官殺)을 생(生)하니 매우 꺼린다.

⑧ 남명은 적자와 서자를 두는 것으로 본다.

5장. 성품론

사람의 성품이란 본래 천부지심(天賦之心)이라 하여 선천적으로 타고난다고 했다. 선천적인 성품은 사주 구성에 있고, 강함과 부드러움은 대운(大運)과 세운(歲運), 환경에 따라 변할 수 있으니 수양해서 단점을 보완한다면 살아가는 데 많은 도움이 되리라고 본다.

1. 오행(五行)으로 본 성품

오행(五行)은 저마다 독특한 성격이 있는데, 일간(日干)을 중심으로 분석한다. 오행(五行)의 성격은 사주를 통변하는데 아주 중요하니 다음의 설명을 숙지해서 잘 활용하기 바란다.

1. 수일생(水日生)

① 수일생(水日生)이 해자월(亥子月)이나 신유월(申酉月)에 태어나면

신왕(身旺)한데, 총명하며 학문과 연구를 좋아하니 교육자나 학자의 성품이다.

② 수일생(水日生)이 사주에 비겁(比劫)인 수(水)가 매우 왕성하면 방랑 기질이 있고, 색을 좋아하는 편이고, 임기응변과 모사에 능하고, 잔인한 면이 있다. 그러나 사주에 인성(印星)인 금(金)이 없으면 정결한 성품으로 변한다.

③ 수일생(水日生)이 사주에 식상(食傷)인 목(木)이 많으면 인색한 편이면서도 낭비하는 버릇이 있고, 완고하며 배짱이 없고, 말이 많은 편이다.

④ 수일생(水日生)이 사주에 재성(財星)인 화(火)가 많으면 예의를 중시하고, 사물에 지나치게 집착해 침울해지기 쉽다.

⑤ 수일생(水日生)이 사주에 관살(官殺)인 토(土)가 많으면 내성적이고, 신의가 있고, 인내심이 강하다. 겉으로는 어리석어 보이나 감수성이 빠르고, 결단력이 약하고, 남을 미워하는 마음이 강하다.

⑥ 수일생(水日生)이 사주에 인수(印綬)인 금(金)이 많으면 의리를 존중하나 내실보다는 형식에 치중하고, 뜻은 크나 색을 좋아해 이성 문제로 파란이 많고, 지모는 있으나 실천력이 부족하고, 의존심이 많다.

⑦ 수일생(水日生)이 비겁(比劫)과 인성(印星)으로 태강(太强)해졌으면 방랑 기질이 있고, 색을 좋아한다.

⑧ 수일생(水日生)이 태약(太弱)하면 우유부단하고, 계획성이 없고, 지모가 부족하고, 일관성이 없고, 버릇도 아주 없다.

2. 목일생(木日生)

① 목일생(木日生)이 인비월(印比月)에 태어나 신왕(身旺)하면 총명하며 어질고, 도량이 넓고, 동정심이 있어 베풀기를 좋아한다.

② 목일생(木日生)이 신왕(身旺)하면 외골수이고, 마음이 좁쌀처럼 잘고, 말이 많고, 질투심이 강하다.

③ 목일생(木日生)이 태약(太弱)하면 인색하고, 매사에 질서가 없어 생활이 불규칙하고, 품위가 없고, 비천하다.

④ 목일생(木日生)이 사주에 인수(印綬)인 수(水)가 많으면 안정성과 침착성이 없고, 떠도는 낙엽처럼 이동이 많다.

⑤ 목일생(木日生)이 사주에 비겁(比劫)인 목(木)이 많으면 총명하나 독선적이며 허영심이 많고, 학문은 높으나 결실을 맺기 어렵고, 교제는 넓으나 매듭이 없다.

⑥ 목일생(木日生)이 사주에 식상(食傷)인 화(火)가 많으면 총명하며 학문을 좋아하나 의지와 실천력이 약하다. 간혹 나쁜 줄 알면서도 지능적인 범죄를 저지르기도 한다.

⑦ 목일생(木日生)이 사주에 재성(財星)인 토(土)가 많으면 검소하지만 인색하지 않고, 인상도 좋고 사교성도 좋아 매사에 자신을 갖고 행동하니 다른 사람에게 존경받는다.

⑧ 목일생(木日生)이 사주에 관성(官星)인 금(金)이 많으면 자제력은 강하나 의지와 결단력 약해서 매사에 갈피를 잡지 못하고 변동이 많다.

3. 화일생(火日生)

① 화일생(火日生)이 왕상월(旺相月)에 태어나면 사리가 분명하고, 말솜씨와 표현력이 풍부해 임기응변은 멋지나 학술적인 실력은 부족하다.

② 화일생(火日生)이 매우 왕성하면 과격하고, 희로애락의 감정을 그대로 드러내고, 인정도 없고 잔인하다.

③ 화일생(火日生)이 태약(太弱)하면 교활하며 경솔하고, 말은 청산유수이나 결단력과 실천력이 부족하다.

④ 화일생(火日生)이 사주에 인수(印綬)인 목(木)이 많으면 독선적인 경향이 있으나 선악과 시비를 분명히 가린다.

⑤ 화일생(火日生)이 사주에 비겁(比劫)인 화(火)가 많으면 예의는 아나 의리가 없고, 겉으로는 총명해 보이나 실제로는 우둔하고, 행동이 거칠다. 용두사미격으로 만사가 시작은 있으나 끝이 없다.

⑥ 화일생(火日生)이 사주에 식상(食傷)인 토(土)가 많으면 어리석고 완고하지만 마음이 약하며 착하고, 행동은 대담하게 하는 편이다.

⑦ 화일생(火日生)이 사주에 재성(財星)인 금(金)이 많으면 매사를 자기 기분대로 처리하고도 반성할 줄 모르고, 예의가 없다.

⑧ 화일생(火日生)이 사주에 관살(官殺)인 수(水)가 많으면 자기꾀에 자기가 넘어가고, 신뢰를 얻기 어렵다.

4. 토일생(土日生)

① 토일생(土日生)이 진술축미월(辰戌丑未月)이나 사오월(巳午月)에 태어나 신왕(身旺)하면 신앙심과 신의가 있고, 효성이 지극하고, 언행이 침착하고, 매사에 충실하다.

② 토일생(土日生)이 매우 왕성하면 흙처럼 완고하고, 융통성도 없고 어리석다.

③ 토일생(土日生)이 태약(太弱)하면 인색하며 난폭하고, 대인관계가 원만하지 못하고, 마음속에 독기가 있다.

④ 토일생(土日生)이 사주에 인수(印綬)인 화(火)가 많으면 경제관념이 부족하고, 낭비하면서도 남에게는 인색하고, 겉으로는 현명해 보이나 속은 우둔하다.

⑤ 토일생(土日生)이 사주에 비겁(比劫)인 토(土)가 많으면 침착하며 도량이 넓고, 약속을 잘 지키고, 비밀을 소중히 여기고, 은인에게는 충실하지만 적에게는 잔인한 면이 있다.

⑥ 토일생(土日生)이 사주에 식상(食傷)인 금(金)이 많으면 신의는 있으나 지나치게 강직하며 고집이 있고, 침착하지 않으면서 말이 많다.

⑦ 토일생(土日生)이 사주에 재성(財星)인 수(水)가 많으면 진취적이지만 공명을 탐하고, 마음이 바르지 못하다.

⑧ 토일생(土日生)이 사주에 관살(官殺)인 목(木)이 많으면 뜻은 크나 실행력과 주체성이 약해서 다른 사람의 영향을 받기 일쑤고, 신의가 없고, 약속을 지키지 않는다.

5. 금일생(金日生)

① 금일생(金日生)이 신유월(申酉月)이나 진술축미월(辰戌丑未月)에
   태어나 신왕(身旺)하면 성품이 격한 편으로 명예욕과 의협심이 강
   하고, 결단력과 위엄과 의지도 강하다.
② 금일생(金日生)이 매우 왕성하면 용기는 있으나 모사가 서툴고, 고
   집이 강하며 욕심이 많고, 의협심이 없고, 호색과 살생을 즐긴다.
③ 금일생(金日生)이 신약(身弱)하면 생각은 깊으나 결단력이 없고,
   쓸데없는 일에 사로잡혀 뜻이 꺾이기 쉽고, 의로움을 즐기나 마음
   뿐이라 매사가 용두사미격이다.
④ 금일생(金日生)이 사주에 인수(印綬)인 토(土)가 많으면 의리를 존
   중한다고 하나 말뿐이고, 매사가 지연되어 명성을 얻기 어렵다.
⑤ 금일생(金日生)이 사주에 비겁(比劫)인 금(金)이 많으면 강직하며
   용맹하고, 의를 위해서는 끝까지 싸우고, 설사 실패해도 후회하지
   않고, 예의를 중시하고, 남에게 지는 것을 싫어한다.
⑥ 금일생(金日生)이 사주에 식상(食傷)인 수(水)가 많으면 총명하며
   말재주가 좋고, 베풀기를 좋아하나 은혜를 모른다.
⑦ 금일생(金日生)이 사주에 재성(財星)인 목(木)이 많으면 사리가 분
   명하고, 이해타산이 빠르고, 인덕이 없어 남에게 베풀고도 원망을
   들을 때가 많다. 기분에 치우쳐 실리를 외면하는 경우가 많으니
   손재가 많다.

2. 용신(用神)으로 본 성품

일간(日干) 오행(五行)의 개성으로 성품을 아는 것처럼 용신(用神)으로도 성품을 분별할 수 있다. 군주국에서 임금은 종신제이지만 재상은 수시로 바뀌는 것처럼 용신(用神)도 고정되어 있지 않다. 형편에 맞게 재상을 바꿀 수 있다는 사실을 감안한다면 용신(用神) 일변도인 사주론도 변동할 수 있음을 암시하니, 성품도 용신(用神)의 변화에 따라 변할 수 있는 것이 아니겠는가. 그것은 사람의 성품도 소년기·청년기·노년기를 비교해볼 때 결코 고정 불변한 것이 아니라 상황에 따라 바뀔 수도 있고 변할 수도 있다.

1) 정인(正印)이 용신(用神)이면

정인(正印)의 특성처럼 인의와 자비심이 많고, 품행이 단정하며 침착하고, 덕을 숭상하며 윗사람을 섬기고, 도량이 넓으며 이해력이 빠르다. 그러나 수완이 부족한 편이다.

2) 편인(偏印)이 용신(用神)이면

섬세하며 주도면밀하고, 총명하며 재치가 있다. 눈치가 빠르고 수완과 인기도 있다. 그러나 변덕이 있어 매사 시작은 있으나 끝이 없다. 만일 사주에 편인(偏印)이 많으면 야비하고 인색하며 품위도 없다.

3) 비견(比肩)이 용신(用神)이면

온건하며 평화적이고, 협동심과 인정이 많으며 아량이 넓고, 우정과 우애도 깊다. 그러나 사주에 비견(比肩)이 많으면 성격이 모가 나고 독선적이라 다른 사람들과 화합하기 어렵다.

4) 겁재(劫財)가 용신(用神)이면

솔직하며 담백하고, 무슨 일이든 열심히 하며 진취적이고, 주는 것도 좋아하지만 받는 것도 좋아하고, 호기심이 있어 투기와 모험도 좋아한다. 그러나 사주에 겁재(劫財)가 많으면 우둔하며 어수선해서 늘 어만 놓고 매듭이 없다.

5) 식신(食神)이 용신(用神)이면

착하고 온후하며 너그럽고, 항상 모나지 않아 누구에게나 호감을 주고, 인정이 많고 이해심과 사교성도 풍부하다. 그러나 사주에 식신(食神)이 많으면 완고하며 고지식하고 융통성이 없다.

6) 상관(傷官)이 용신(用神)이면

총명하며 재능이 많다. 그러나 성격이 날카롭고, 바른말을 잘하고, 시비를 너무 따지니 다른 사람들과 화합하기 어렵고, 권위적이며 비판을 즐긴다. 만일 사주에 상관(傷官)이 많으면 거만하며 유아독존 기질이 있다.

7) 정재(正財)가 용신(用神)이면

근면하며 성실하고, 투기와 모험을 좋아하지 않고, 인정과 신임이 두텁고, 준법정신과 책임감도 강하다. 그러나 사주에 정재(正財)가 많으면 유유부단하며 겁이 많아 망설이다 좋은 기회를 놓친다.

8) 편재(偏財)가 용신(用神)이면

 다정다감하며 민첩하고, 수완과 사교성이 뛰어나 대인관계가 원만하다. 기분에 살고 기분에 죽는 화끈파로 돈에 시달리면서도 폼나게 쓰는 것을 좋아하고, 능수능란하며 융통성도 비범해 무슨 일이든 시원하게 처리한다. 그러나 사주에 편재(偏財)가 많으면 풍운아 기질이 있어 심하게 낭비하다 손재로 패망한다.

9) 정관(正官)이 용신(用神)이면

 지식도 풍부하지만 언행이 단정하고, 법을 지키며 도리를 다하고, 공명정대하며 도량도 넓어 군자 같으나 수완은 부족한 편이다. 만일 사주에 정관(正官)이 많으면 중심이 흔들려 천방지축이 되기 쉽다.

10) 편관(偏官)이 용신(用神)이면

 호탕하고 영웅적이며 의협심이 강하지만 누구에게나 이기려 들고, 의리를 위해서는 희생을 아끼지 않으나 실속을 차리지 못한다. 만일 사주에 편관(偏官)이 많으면 쇠힘줄처럼 질긴 면이 있어 한번 손을 대거나 싸움을 시작하면 끝을 본다.

3. 일간(日干)의 강약(强弱)으로 보는 성품

1) 신왕(身旺)하면

 신왕(身旺) 사주는 총명하고 너그러우며 실력도 많다. 매사에 주도 면밀하며 융통성으로 초지일관하니 성공할 확률이 높은 편이다.

2) 신강(身强)한데 제(除)하는 것이 있으면

 사주가 신강(身强)하면 자기 멋대로 하는 버릇이 있다. 그러나 관성 (官星)이 힘이 있어 강함을 억제하거나, 식상(食傷)으로 강함을 설기 (洩氣)해서 중화시키면 유능하며 학문이 높고, 도량이 넓으며 의리가 있고, 용감하면서도 분수와 도리를 지킨다.

3) 신강(身强)한데 제(除)하는 것이 없으면

 신강(身强)한데 관성(官星)이나 식상(食傷)이나 재성(財星)이 없으 면 난폭하며 싸움을 좋아하고, 한번 화가 나면 자제할 줄 모르고, 자 기 멋대로 행동하며 모험을 즐긴다. 강자에게는 비굴할 정도로 약하 고, 약자에게는 호랑이 노릇을 하며 괴롭힌다. 주먹을 잘 써 왕초노 릇을 하고, 이익이 되는 일 앞에서는 물불을 가리지 않는다.

4) 신약(身弱)한데 인성(印星)이나 비겁(比劫)이 도와주면

 신약(身弱)한데 사주에서 인성(印星)이나 비겁(比劫)이 생조(生助) 해주면 사주가 중화되어 길하다. 이런 사주는 사리가 깊고, 배움이 많고, 검소하고, 언행이 단정하고, 약속과 책임을 잘 지키고, 분수를 알고, 남에게 베푸는 것을 좋아하고, 은혜에 보답할 줄 알고, 남을 공경하는 마음이 지극하다.

5) 신약(身弱)한데 도와주는 것이 없으면

신약(身弱)한데 사주에 도와주는 인성(印星)이나 비겁(比劫)이 없으면 사고무친으로 사면초가격이 된다. 능력도 아량도 성실성도 없고, 거짓말을 식은 죽 먹듯이 하고, 시기심과 질투심이 많고, 박력과 결단력이 없어 우물쭈물하고, 남에게 의지하거나 신세지는 것을 당연하게 여기고, 만사를 잘못 판단해서 일을 저지른다. 완고하며 고지식하고, 융통성과 사교성이 없고, 소견도 좁아 잘 노하고, 마음속에 항상 독기를 품고 있다.

6장. 궁합론

세간에서 통용되는 궁합법은 생년(生年)을 기준으로 삼합(三合)·육합(六合)·납음오행(納音五行)의 상생상극(相生相剋)을 위주로 보는데, 이것은 매우 피상적인 방법이다. 진정한 궁합이란 남녀 사주의 음양(陰陽)과 오행(五行)의 중화에서만 알 수 있다. 남녀의 사주가 아무리 삼합(三合)이나 육합(六合)이 된다고 해도 음양(陰陽)과 한난조습(寒暖燥濕)이 편중되면 결코 해로하기 어렵다. 남녀궁합법을 구체적으로 살펴보자.

1) 좋은 신랑감 사주
① 양(陽) 사주이며 신강(身强)하고, 오행(五行)이 하나라도 빠진 것이 없이 골고루 있어야 한다.
② 사주에 재관인(財官印) 삼기(三奇)가 모두 있고, 여러 가지 살(殺)이 없어야 한다.
③ 사주에 군비쟁재(群比爭財)가 없어야 한다.

2) 좋은 신부감 사주

① 음(陰) 사주이며 약간 신약(身弱)해야 한다.

② 사주에 식상(食傷)이 태과(太過)하거나 교집(交集)되지 않아야 한다.

③ 사주에 재관인(財官印) 삼기(三奇)가 모두 있고, 관살(官殺)이 혼 잡하지 않고, 괴살(魁殺)이 없어야 한다.

3) 좋은 궁합

① 남녀의 일주(日柱)끼리 천덕지합(支合)이 되어야 한다.

② 남녀의 사주 16자에 오행(五行)이 골고루 있어야 한다.

③ 남녀의 일주(日柱)끼리 간합(干合)이나 지합(支合)이 되어야 한다.

④ 월일시지(月日時支)가 삼합(三合)이나 육합(六合)을 이루어 변한 오행(五行)이 상대방에게 희용신(喜用神)이 되어야 한다.

⑤ 명궁(命宮)이 같거나 반합(半合)이나 지합(支合)을 이루어야 한다.

4) 나쁜 궁합

① 상대방의 사주가 불량하면 좋은 궁합이 될 수 없다. 예를 들면 남 명은 재성(財星)이 교집(交集)되거나, 군비(群比)가 쟁재(爭財)하면 좋지 않다. 여명은 관살(官殺)이 혼잡하거나, 비겁(比劫)이 매우 왕성해 재성(財星)과 다투거나, 식상(食傷)이 태과(太過)하면 좋지 않다.

② 본인 사주에서 기신(忌神)인 오행(五行)이 상대방 사주에 많으면 나쁜 궁합으로 본다.

③ 남녀의 일주(日柱)끼리 천충지충(天沖地沖)이 되면 나쁜 궁합으로

본다.

④ 남녀의 일간(日干)끼리 충극(沖剋)하면 나쁜 궁합으로 본다.

⑤ 남녀의 일지(日支)끼리 형충파해(刑沖破害)나 원진(怨嗔)이 되면 나쁜 궁합으로 본다.

⑥ 남녀의 사주끼리 형충파해(刑沖破害)나 원진(怨嗔)이 되면 나쁜 궁합으로 본다.

⑦ 남녀의 일지(日支)에 태(胎)가 있거나, 여명의 일지(日支)에 장성살(將星殺)이 있으면 해로하기 어렵고 일찍 혼인하면 불리하다.

⑦ 여명에 남편성이 공망(空亡)되거나, 남명에 아내성이 공망(空亡)되면 이성운이 불리하고, 유정하지 못하니 해로하기 어렵다.

5) 오행(五行)으로 보는 궁합

① 목화(木火)가 왕성하면 금수(金水)가 왕성한 사람을 택하라. 봄생은 가을생을, 여름생은 겨울생을 만나야 중화된다.

② 수(水)가 왕성한데 수(水)가 왕성한 사람을 만나거나, 목(木)이 왕성한데 목(木)이 왕성한 사람을 만나거나, 화(火)가 왕성한데 화(火)가 왕성한 사람을 만나거나, 토(土)가 왕성한데 토(土)가 왕성한 사람을 만나거나, 금(金)이 왕성한데 금(金)이 왕성한 사람을 만나면 서로 싫어하니 불리한 궁합이 된다.

③ 양(陽)은 양(陽)을 싫어하고 음(陰)은 음(陰)을 싫어하듯이, 금(金)은 금(金)을 싫어하고, 수(水)는 수(水)를 싫어하고, 목(木)은 목(木)을 싫어하고, 화(火)는 화(火)를 싫어하고, 토(土)는 토(土)를 싫어한다.

④ 금(金)이 왕성하면 화(火)로 다스리거나, 수(水)로 설기(洩氣)하거나, 목(木)으로 분산시켜야 한다. 따라서 화(火)나 수(水)나 목(木)이 많은 사람과 인연이 좋다.

⑤ 수(水)가 많으면 토(土)로 덜어내거나, 목(木)으로 설기(洩氣)하거나, 화(火)로 분산시켜야 한다. 따라서 토(土)나 목(木)이나 화(火)가 많은 사람을 만나면 좋은 궁합이 된다.

⑥ 목(木)이 왕성하면 금(金)으로 억제하거나, 화(火)로 설기(洩氣)하거나, 토(土)로 분산시켜야 한다. 따라서 금(金)이나 화(火)나 토(土)가 많은 사람과 인연이 좋다.

⑦ 화(火)가 왕성하면 수(水)로 다스리거나, 토(土)로 설기(洩氣)하거나, 금(金)으로 분산시켜야 한다. 따라서 수(水)나 토(土)나 금(金)이 많은 사람을 만나면 해로할 수 있다.

⑧ 토(土)가 왕성하면 목(木)으로 다스리거나, 금(金)으로 설기(洩氣)하거나, 수(水)로 분산시켜야 한다. 따라서 목(木)이나 금(金)이나 수(水)가 많은 사람을 만나면 해로할 수 있다.

⑨ 남명이 비겁(比劫)이 매우 왕성하면 식상(食傷)이 많은 여자를 만나고, 여명이 태약(太弱)하면 인성(印星)이나 비겁(比劫)이 많은 남자를 만나면 행복하게 해로할 수 있다.

이상은 상대방 사주에 자신의 희용신(喜用神)이 많으면 좋은 궁합이고, 기신(忌神)이 많으면 불리한 궁합이라는 말이다. 이러한 이치는 남녀의 궁합만이 아니라 동업이나 대인관계, 직원 채용할 때도 적용하면 도움이 많이 될 것이다.

7장. 직업과 전공론

　직업은 희신(喜神)과 용신(用神)에 해당하는 육친(六親)의 성격으로 본다. 가령 정관(正官)이 용신(用神)이면 공직이나 직장생활을 하게 되고, 편재(偏財)가 용신(用神)이면 상업이나 기업을 하게 된다. 그런데 시(時)는 대문 밖의 사회를 나타내므로, 같은 육친(六親)이라도 시상(時上)에 있는 것이 직업을 나타낸다.

1. 육친(六親)으로 보는 직업

① 시상(時上)의 정인(正印)이 용신(用神)이면 관공직·교육자·정치인이 좋고, 종교·철학·학자도 적합하다. 만일 사주에 정인(正印)과 식상(食傷)이 많으면 연예계가 좋고, 정인(正印)이 3개 이상 있으면 외모가 아름다운 경우가 많다.

② 시상(時上)에 편인(偏印)이 있으면 서비스업·인기업·약업·자유업

이 좋고, 문화계·배우·성우·인장업·세공업·작가·발명·종교·철학도 적합하다. 만일 편인(偏印)이 용신(用神)이면 의사·역술업·기술·언론계가 좋다.

③ 시상(時上)에 비견(比肩)이 있으면 자유업·무역업·해외진출·경쟁업이 좋다. 만일 비견(比肩)이 용신(用神)이면 공동업·기업가·지점·출장소가 좋은데, 사주에 삼합(三合)이나 지합(支合)이 있으면 더욱더 좋다. 그러나 기신(忌神)이 되면 독립사업이 길하다.

④ 시상(時上)에 겁재(劫財)가 있으면 투기나 자유업이 좋고, 밀수·도박·개척사업·체육·흥행업도 적합하다. 만일 겁재(劫財)가 용신(用神)이면 앞의 ③과 같이 보고, 형충파해(刑沖破害)나 공망(空亡)으로 무력해졌으면 봉급생활이 좋고, 월지(月支)에 건록(建祿)이 있으면 국영기업체가 적격이다.

⑤ 시상(時上)에 식신(食神)이 있으면 봉급생활이 좋고, 식품가공업·생산업·운수업도 적합하다. 만일 식신(食神)이 용신(用神)이면 의식주 관련 사업이 좋고, 사주에 재성(財星)이 있으면 금융업이나 기술사업이 좋고, 관살(官殺)이 있으면 구류업이 좋다.

⑥ 시상(時上)에 상관(傷官)이 있으면 시상(時上)에 상관(傷官)이 있으면 성격이 날카로우니 법관·사법관·수사직이 좋고, 기자·평론가·예술가·작가 같은 자유업도 적합하다. 만일 상관(傷官)이 용신(用神)이면 기술·예술·발명·생산업·구술업·교육·종교인이 좋고, 사주에 재성(財星)이 있으면 기술사업이나 경제부처의 관리가 좋다.

⑦ 시상(時上)에 정재(正財)가 있으면 봉급생활이 좋은데 경리직이나

금융업계가 적합하다. 만일 정재(正財)가 용신(用神)이면 성실과
신용을 바탕으로 하는 업무나 금융업이 좋고, 사주에 관살(官殺)
이 있으면 봉급생활·관공서·기업가·실업가·대기업 사원도 좋다.

⑧ 시상(時上)에 편재(偏財)가 있으면 무역업·운수업·대금업·상업이
좋고, 봉급생활로는 경리직이 좋다. 만일 편재(偏財)가 용신(用神)
이면 무역·외교·통신·교통·부동산·투기성 사업이 적격이다. 신
흥재벌에서 간혹 본다.

⑨ 시상(時上)에 정관(正官)이 있으면 공직이 좋은데 행정계나 정치
계가 적성이다. 만일 정관(正官)이 용신(用神)이면 9급공무원에서
총리에 이르는 문관, 재계나 학계의 고위직, 기업체의 참모나 기획
실 근무가 적격이다.

- 목(木)이 정관(正官)이면 행정·사법·총무 계통의 관리로 본다.

- 화(火)가 정관(正官)이면 문화·교육·예술 계통의 관리로 본다.

- 토(土)가 정관(正官)이면 농림·토목 계통의 관리로 본다.

- 금(金)이 정관(正官)이면 경제·재정·문관·무관·예술·오락 분
  야의 관리로 본다.

- 수(水)가 정관(正官)이면 수산업이나 상공업의 지능적인 업무가
  적격이다.

⑩ 시상(時上)에 편관(偏官)이 있으면 무관·사법관·언론인·정치·의
술·역술·미술 등이 좋고, 외부활동에도 적격이다. 편관(偏官)이
용신(用神)이면 말단 경찰에서 검찰계 수뇌부, 군 하사관에서 장
성, 예술과 기술 분야 고위직에 오르는 예가 많다. 그러나 관살(官
殺)이 혼잡하면 평생 빈천을 면하기 어렵다. 특히 여명은 음란하

며 평생 직장생활을 하고, 남편에게 천대받는다.

2. 희용신(喜用神)으로 보는 직업

주로 사주의 외격(外格)과 체용(體用)이 깨졌을 때 희용신(喜用神)으로 직업을 판단한다.

① 목(木)이 희용신(喜用神)이면 목재 계통인 농림·펄프·제지 분야, 의류, 교육, 사회 사업이 좋다.

② 화(火)가 희용신(喜用神)이면 연료사업·용접·열관리·주물공장·컴퓨터·미장원이 좋다.

③토(土)가 희용신(喜用神)이면 토건·농림·제지·종교인이 좋다.

④ 금(金)이 희용신(喜用神)이면 금속과 관계있는 철공·기계 운전·기기 취급이나 정비 사업이 좋다.

⑤ 수(水)가 희용신(喜用神)이면 유동적인 사업으로 수산업·주류업·외교·외근·유통업이 좋다.

3. 육친(六親)으로 보는 전공

전공은 월지(月支)에 있는 육친(六親)으로 보니, 진로를 선택할 때 참고하면 적성에 맞지 않는 길로 갔다가 방황하는 일은 없을 것이다.

이것은 실제로 감정하면서 나온 결과를 바탕으로 한 것이다. 더 정확한 것은 사주를 종합해서 판단한 후 결정하는 것이 좋다.

① 월지(月支)에 비견(比肩)이 있으면 정치학·사회학·인류학·인구학·노동문제연구학·사회단체학이 좋다.

② 월지(月支)에 겁재(劫財)가 있으면 사회복지학·범죄학·청년문제학·고용문제학·채권·외교문제학·심문방송학이 좋다.

③ 월지(月支)에 식신(食神)이 있으면 식품영양학·요리학·경영학·경제학·농림학·사육학·육아보육학·교육학이 좋다.

④ 월지(月支)에 상관(傷官)이 있으면 교육학·심리학·언어학·신문방송학·관광학·통신전자학·음악학·기상학·철학이 좋다.

⑤ 월지(月支)에 정재(正財)가 있으면 경제학·회계학·재정학·경리학·통계학·경영학이 좋다.

⑥ 월지(月支)에 편재(偏財)가 있으면 경제학·경영학·재정학·무역학·금융학·화폐학·부동산학이 좋다.

⑦ 월지(月支)에 정관(正官)이 있으면 행정법·형법·민법·조세법·노동법·의학·철학이 좋다.

⑧ 월지(月支)에 편관(偏官)이 있으면 군사학·형법학·조세법학·노동법학·의학·철학이 좋다.

⑨ 월지(月支)에 정인(正印)이 있으면 국문학·역사학·고고학·심리학·정치학·논리학·동식물학·천문지리학·해양학·기상학이 좋다.

⑩ 월지(月支)에 편인(偏印)이 있으면 이공학·교육학·예체능학·기능공학·의학·예술학·연극영화학·무용학·음악학이 좋다.

4. 대운(大運)으로 보는 전공

① 두 번째 대운(大運)에서 인신사해(寅申巳亥)를 만나면 과학 계통
이 좋다. 신해(申亥)를 만나면 이과가 좋고, 인사(寅巳)를 만나면
문과가 좋다.

② 두 번째 대운(大運)에서 자오묘유(子午卯酉)를 만나면 수학 계통
이 좋다. 자유(子酉)를 만나면 이과가 좋고, 오묘(午卯)를 만나면
문과가 좋다.

③ 두 번째 대운(大運)에서 진술축미(辰戌丑未)를 만나면 어학 계통
이 좋다. 축진(丑辰)을 만나면 이과가 좋고, 술미(戌未)를 만나면
면 문과가 좋다.

④ 단 두 번째 대운(大運)에서 괴강(魁罡)이나 백호대살(白虎大殺)을
만나면 지방이나 특수 학교가 좋다.

8장. 십이지론(十二支論)

1. 자수(子水)

① 자(子)는 지극한 음한지수(陰寒之水)로 일양(一陽)이 시작되는 곳이다.

② 자수(子水)에는 임수(壬水)가 암장(暗藏)되어 있으니 자잉(滋孕)이다. 잉(孕)은 지하수의 음극처(陰極處)이며 양(陽)의 시생지(始生地)이니 음양(陰陽)의 교차점으로 위는 양(陽)이고, 아래는 음(陰)으로 계곡의 물에 해당하는데 큰 강물로 본다.

③ 상(象)은 검은 것이고, 방위는 북이고, 수는 1과 6이다.

④ 자수(子水)는 신금(申金)과 진토(辰土)를 만나면 큰 바다가 되어 파도가 일어나니 해수(亥水)를 문해(文海)라 하여, 자일(子日) 해시생(亥時生)이면 두 마리 물고기가 바다에서 논다고 하여 문장에 소질이 있는 것으로 본다. 해수(亥水)는 바다라 하며 출수방(出水方)으로 본다.

⑤ 11월인 자월(子月)은 육음(六陰)이 다하고 일양(一陽)이 시작되는 때이니 축월(丑月)을 맞이하면 절처봉생(絶處逢生)이 된다.

⑥ 자수(子水)는 지하에서 흐르는 차가운 물로 그 상(象)은 흑지(黑池)다. 신진(申辰)이나 해수(亥水)를 만나면 강이나 호수가 되어 파도가 일어난다.

⑦ 신자진(申子辰) 삼합(三合)을 충(沖)하면 파도 소리가 요란해진다.

⑧ 자수(子水)가 묘목(卯木)을 만나면 형살(刑殺)이 되지만, 자수(子水)는 천간(天干)으로 보면 계수(癸水)이니 묘목(卯木)이 생지(生地)가 되어 유정한 형(刑)으로 본다.

⑨ 자일(子日) 계해시생(癸亥時生)은 쌍어해유(雙魚亥遊)라 하여 문장가로 본다.

⑩ 천령(天令)이 자수(子水)에 이르면 만물을 닫고 감춰 헤아리니 규(揆)라고 한다.

⑪ 자수(子水)가 인목(寅木)을 만나면 욕패지(浴敗地)에 들고 격각(隔角)이 되는데, 축토(丑土)가 협공(挾供)을 받는다.

⑫ 자수(子水)가 축토(丑土)를 만나면 근합(近合)이 되지만, 축토(丑土)가 자수(子水)를 만나면 복이 가볍다.

⑬ 자수(子水)는 밤에 눈이 빛나니 낮에는 활동하기 싫어한다.

⑭ 자일(子日) 미시생(未時生)이면 원진(怨嗔)이 되는데 묘지(墓地)에 들면 죽음에 이른다.

⑮ 대자연의 생기는 땅 속을 돌면서 만물을 자양하는 것이다.

⑯ 자수(子水)가 유금(酉金)을 만나면 파(破)가 되고 병지(病地)에 드니 패절이나 교정수술로 본다.

⑰ 자수(子水)는 몸이 왜소하지만 어두운 곳에서 성실하게 저축한다.

⑱ 신자진(申子辰) 삼합(三合)을 하면 신금(申金)은 자수(子水)를 생(生)하지만 자수(子水)가 사지(死地)가 되고, 자수(子水)는 진(辰) 중 을목(乙木)을 생(生)하지만 진토(辰土)에서 입묘(入墓)한다.

⑲ 사주는 수(水)가 생(生)하는 것과 설기(洩氣)하는 것이 있어야 청길해진다.

⑳ 수(水)의 성품은 총명하며 지혜롭고 기억력이 좋으나 냉정하다.

㉑ 사주에 수(水)가 많으면 경거망동한다.

1) 쥐띠 성격

자월(子月)은 지상의 냉기가 지하의 따뜻한 열기를 동반하는 때이니, 비로소 일양(一陽)이 생(生)하는 동지(冬至)의 기운을 만든다. 따라서 불굴의 투지력과 새롭게 출발하는 기상이 있으니, 새로움을 추구하며 개성과 야성미를 발휘한다. 그러나 교만하며 남을 업신여기는 습성이 있고, 인격이 이중적인 편이다. 여름생은 근면하며 성실하고, 기지를 발휘해서 자식 번성에 힘을 쓴다. 겨울생은 활동에 장애가 따라 쾌락과 낙천으로 흐르기 쉽다.

2) 쥐띠 직업

쥐는 앞뒤가 다른 동물이라 매사에 전념하지 못하니 직업을 여러 번 바꾼다. 그러나 적성에 맞는 직업을 골라 오래도록 근면성실하게 유지하면 성공할 확률이 높다. 쥐는 잠시도 쉬지 않고 입으로 깎고 다듬는 특성이 있으니 어학·아나운서·법률·교육자·출판·조각가·비밀을 요하는 직업·음양학·야간업·요식업·밀매업 등과 인연이 있는 것으로 본다.

3) 쥐띠 부부연

외궁으로 보면 여름생은 축년생(丑年生)·진년생(辰年生)·신년생(申年生)이 좋고, 겨울생은 신년생(申年生)·진년생(辰年生)·축년생(丑年生)이면서 사오미월생(巳午未月生)이 좋다. 그러나 궁합법을 떠나서는 안 된다.

2. 축토(丑土)

① 축토(丑土)는 방파제 혹은 유안(柳岸)이라고도 하는데, 토금(土金)의 묘고(墓庫)가 된다.

② 축토(丑土)는 얼어붙은 땅이라 눈서리를 두려워하지만, 천기가 축토(丑土)로 바뀌어 이양(二陽)을 생(生)하니, 축(丑) 중의 기토(己土)가 온기를 받아 능히 만물을 생(生)할 수 있다.

③ 축토(丑土)는 미토(未土)와 술토(戌土)로 개고(開庫)하니 축일(丑日) 미시생(未時生)이면 달빛이 버드나무 가지에 비친다 하여 상격으로 본다.

④ 사주가 조열해서 조후(調候)할 때는 먼저 축토(丑土)를 쓰고, 그 다음에 진토(辰土)를 쓴다.

⑤ 축토(丑土)는 얼어붙은 땅이니 눈서리를 두려워한다.

⑥ 축토(丑土)는 방파제 혹은 유안(柳岸)이라고도 한다. 축(丑) 중의

금수(金水)가 언덕이 되고, 축토(丑土)로 수(水)를 막아 목(木)을 생(生)하기 때문이다.

⑦ 축(丑) 중의 계신(癸辛)은 술토(戌土)나 미토(未土)로 창고를 열어야 유용해진다. 그러나 술토(戌土)로 창고를 여는데 진토(辰土)가 술토(戌土)를 충(沖)하면 축(丑) 중의 계신(癸辛)은 무용지물이 된다.

⑧ 계축일주(癸丑日柱)가 기미시생(己未時生)이면 달빛이 버드나무 가지를 비추는 상이니 상격으로 본다.

⑨ 축토(丑土)는 술토(戌土)를 형(刑)하고, 술토(戌土)는 미토(未土)를 형(刑)하므로, 축술미(丑戌未) 삼형(三刑)은 무은지형(無恩之刑)이라 하여 은혜를 배반하는 것으로 본다.

⑩ 여명이 병정일생(丙丁日生)이면 축토(丑土)가 식상(食傷)으로 자식인데 얼어붙은 땅이니 자식이 발전하기 어렵다.

⑪ 여명이 임계일생(壬癸日生)이면 축토(丑土)가 관성(官星)으로 남편인데 얼어붙은 땅이니 남편 구실을 못한다.

⑫ 남명이 병정일생(丙丁日生)이면 축(丑) 중 계수(癸水)가 자식이 되는데 술토(戌土)가 개고(開庫)하면 자식을 둘 수 있다.

⑬ 축월(丑月)은 동결된 계절이지만 이양(二陽)의 기(氣)가 있어 유안(柳岸)이라고 하는 것이다.

⑭ 축오(丑午) 원진(怨嗔)은 소와 말이 싸우는 격이니 외상을 입는 것으로 본다.

⑮ 축술형(丑戌刑)은 신장이나 위장 수술로 본다.

⑯ 자축합(子丑合)은 가벼운 복으로 보고, 축자합(丑子合)은 두터운 복으로 본다.

⑰ 자미(子未) 원진(怨嗔)은 자축합(子丑合)을 방해하며 자수(子水)와 축토(丑土)를 상해한다.

⑱ 축토(丑土)는 조후(調候)하지 않으면 만물이 살 수 없다. 남명이 갑을일(甲乙日) 축월생(丑月生)이면 축토(丑土)가 재성(財星)으로 아내가 되는데, 얼어붙은 땅이니 아내가 구실을 못하고, 건강도 좋지 않고, 자식도 정상으로 키우기 어렵다.

⑲ 축토(丑土)는 음토(陰土)로 12월에 음기(陰氣)가 다 지난 계절로 동결되니 만물을 생(生)하지 못한다.

1) 소띠 성격

소는 비대하며 행동이 느리고, 말이 없고, 입은 쉬지 않고 되새김질을 하고, 근면성실한 편이고, 먹기를 좋아하고, 순종하는 형이다. 우둔한 면이 있으나 어떤 시련이라도 이겨내는 투지력이 있고, 매사에 시종일관으로 큰 뜻을 이룬다. 그러나 고독한 면이 있고, 친한 친구에게도 마음을 터놓고 상의하지 못하는 결점이 있으니 이러한 점을 보완하면 좋을 것이다. 매사에 앞서가면 언젠가는 불행을 초래할 수 있으니 항상 남의 의견을 존중하며 융화하는데 힘을 쓰면 결코 좌절은 없을 것이다. 소띠의 특성은 고집과 자만심이 강하다.

2) 소띠 직업

투지력이 강하고 순종하는 형이라 작은 자금으로도 크게 성공할 수 있는 기질이 있다. 적성에 맞는 직업을 택해서 시종일관하면 정상에 오를 수 있다. 그러나 한번 실패하면 재기하기 어려운 게 소띠의 특징이다. 업종은 종교가·법률가·연구직·경찰·검찰·언론·금융·음악·교육자·세균학자가 좋다. 여름생이면 음료수·냉동업·정수기·냉장고·가전제품·귀금속·골재업·농축산업·양식업·점술업이 길하다.

3) 소띠 부부연

  외궁으로 보면 자년생(子年生)·사년생(巳年生)·유년생(酉年生)이 좋다. 만일 겨울생이면 사년생(巳年生)이 좋고, 여름생이면 해년생(亥年生)이나 자년생(子年生)이 무난하나 궁합법을 떠나서는 안 된다.

3. 인목(寅木)

① 인월(寅月)은 삼양(三陽)으로 음(陰)이 쇠퇴하고 양(陽)이 상승하는 때이니 만물이 번성하는 시기라 하여 연(演)이라고도 한다. 간산(艮山)·황곡(黃谷)·대림(大林)·농장으로 춘색을 발하면 만물이 암동한다.

② 인시생(寅時生)은 인(寅) 중의 병화(丙火)를 생(生)하고, 신금(申金)을 만나면 춘색을 파괴하고 절지(絶地)에 임한다.

③ 인목(寅木)은 간산(艮山)이라 병화(丙火)와 무토(戊土)의 장생지(長生地)가 된다. 무토(戊土)는 높은 산이고, 높은 산에는 큰 범이 살고 있으니, 무진시생(戊辰時生)이면 호소산곡(虎嘯山谷) 위명만리(威名萬里)라 하여 사방에 이름을 알린다고 한다.

④ 초봄의 인(寅) 중 갑목(甲木)은 땅 속의 싹, 들판의 말, 농장, 목장

이 된다.

⑤ 인월(寅月)은 삼양절(三陽節)이라 춘색을 띠는데, 금(金)을 만나면 서리가 되어 춘색이 파괴된다. 병신합수(丙辛合水), 인신충(寅申沖), 갑경충(甲庚沖), 묘유충(卯酉沖), 을신충(乙辛沖)이 여기에 해당한다.

⑥ 인목(寅木)은 간산(艮山)으로 무토(戊土)의 장생지(長生地)이니 황곡(黃谷)에 큰 범이 있는 상으로 명성과 명망이 따른다.

⑦ 인목(寅木)은 사화(巳火)를 형(刑)하고, 사화(巳火)는 신금(申金)을 형(刑)하는데, 신금(申金)이 사화(巳火)를 만나면 합(合)이 된다.

⑧ 인사신(寅巳申)과 신인사(申寅巳)는 완전한 삼형(三刑)이다.

⑨ 인신사해(寅申巳亥)는 사생지(四生地)라고 하는데 사주에 모두 있으면 남명은 사방에 이름을 날린다. 그러나 여명은 천격(賤格)이 되거나 신체에 장애가 생긴다.

⑩ 인오술(寅午戌)에 묘(卯)와 미(未)는 한 가족이지만 국(局)이 혼잡되니 친족끼리 골육상쟁을 벌인다.

⑪ 인신충(寅申沖)은 녹(祿)을 파괴하는데, 인(寅) 중의 병화(丙火)와 무토(戊土)를 쓰면 유용해진다.

⑫ 인(寅) 중의 갑목(甲木)이 용신(用神)이면 신금(申金)의 충(沖)을 매우 꺼린다.

⑬ 경인일생(庚寅日生)은 인(寅) 중의 병무(丙戊)가 인(寅)에서 장생(長生)하니 살인상생(殺印相生)이 된다.

⑭ 인(寅)은 호랑이지만 명리학에서는 달리는 큰 짐승에 해당하니 우마차·농장·목장으로 본다.

⑮ 인목(寅木)이 사화(巳火)를 형(刑)하면 심장질환과 고질병이 따른다.

⑯ 인오술(寅午戌)은 3대의 합(合)으로 보는데, 인목(寅木)은 조부, 오
화(午火)는 어머니, 술토(戌土)는 자식에 해당한다. 인목(寅木)은
오화(午火)를 생(生)하나 사지(死地)가 되고, 오화(午火)는 무토
(戊土)를 생(生)하나 묘지(墓地)가 된다.

⑰ 인목(寅木)이 유금(酉金)을 만나면 원진(怨嗔)이 된다. 새벽닭이
울면 호랑이가 활동할 수 없기 때문이다.

⑱ 인목(寅木)과 진토(辰土)는 묘목(卯木)을 협공(挾供)해서 방국(方
局)을 이루지만, 격각(隔角)이 되어 진토(辰土)를 해치니 상문(喪
門)이 된다.

⑲ 인목(寅木)과 신금(申金)이 상충(相沖)하는데 해수(亥水)나 자수
(子水)가 소통시켜 구해주고, 신금(申金)이 축토(丑土)에 입묘(入
墓)하면 충(沖)이 되지 않는다.

⑳ 인목(寅木)은 만물이 시작된다는 의미에서 연(演)이라고 한다.

㉑ 인월(寅月) 목(木)이 금(金)을 만나면 어린 싹이 눈서리를 만난 격
이니 평생 형처극자(刑妻剋子)한다.

㉒ 인목(寅木)이 해수(亥水)를 만나면 합(合)하여 목(木)이 되지만, 해
수(亥水)가 인목(寅木)을 만나면 병지(病地)로 들어가니 합(合)보
다 파괴하는 힘이 더 강하다.

㉓ 오월생(午月生)이 인오술(寅午戌) 삼합(三合)이 모두 있으면 오년
생(午年生) 자식은 발전하기 어려우나 술년생(戌年生) 자식은 잘
된다.

㉔ 인목(寅木)과 해수(亥水)가 합(合)하면 목(木)은 생지(生地)가 되지

만, 인(寅) 중 병화(丙火)와 술토(戌土)가 해수(亥水)로 가면 절지
(絕地)로 들어간다.

1) 범띠 성격

고상한 인품과 권세를 타고났고, 마음속에 항상 높은 웅지가 있고,
형이상학적인 추리와 과학적인 지혜가 있다. 또 남들은 상상하지 못
하는 한계에 도전하려는 야심과 놀라운 추리력이 있다.

2) 범띠 직업

인월(寅月)은 깊은 땅 속에서 온기가 올라오는 시기로 수목의 싹이
움트는 때다. 업종은 생물학·광학·태양열 연구·전기전자·발전기·
열기구·경찰·검찰·의술·외교·교육계가 좋고, 운송업·무역업·야간
업도 무난하다.

3) 범띠 부부연

외궁으로 보면 해년생(亥年生)·오년생(午年生)·술년생(戌年生)이
무난하다. 만일 겨울생이면 오년생(午年生)이 좋고, 여름생이면 인년
생(寅年生)이나 술년생(戌年生)이 좋으나 궁합법을 떠나서는 안된다.

4. 묘목(卯木)

① 묘(卯)는 중춘에 해가 뜨는 시간이니 양기(陽氣)가 무성해져 화초

들이 청록색을 띠고, 음(陰)이 시작되는 5월이면 갑목(甲木)의 사지(死地)인 오(午) 중의 기토(己土)에서 자라 무성해진다.

② 묘목(卯木)이 유금(酉金)과 충(沖)하면 서리가 내리기 전에 잎이 떨어진다. 신유금(辛酉金)은 서리가 되지만 묘목(卯木)이 해묘미(亥卯未) 삼합(三合)을 이루면 유금(酉金)이 충(沖)해도 두려워하지 않는다.

③ 묘(卯)는 하늘에서는 바람에 해당하고, 땅에서는 활초목이나 넝쿨화초에 해당한다. 중춘에 무성한 청색 숲이니 무(茂)라고도 한다.

④ 묘목(卯木) 화초는 계수(癸水) 우로 덕으로 자라지만, 겨울에는 계수(癸水)가 눈서리가 되니 꺼린다.

⑤ 묘목(卯木)은 상강(霜降) 전인 유월(酉月)에 낙엽이 되어 절지(絶地)에 임한다.

⑥ 묘목(卯木)이 뜨거운 화로인 사화(巳火)를 만나면 욕패지(浴敗地)로 들어가고, 화고(火庫)인 술토(戌土)를 만나면 묘지(墓地)로 들어간다.

⑦ 묘월(卯月)은 초목이 왕성하고, 진월(辰月)은 만화방창하니 벌과 나비가 오고간다.

⑧ 묘목(卯木)은 용궁(龍宮)인 진토(辰土)의 앞자리이니 묘(卯)와 진(辰)은 해(害)가 되고, 진궁(辰宮)을 움직여 뇌성을 내니 뇌문(雷門)이라 한다.

⑨ 3월인 진(辰) 중의 을목(乙木)은 홍염초목이니 총천연색을 띠고, 의상이나 포목 같은 화초다.

⑩ 묘목(卯木)이 자수(子水)를 만나면 형(刑)이 되지만 상생(相生)도

되니 유정하다고 본다.

⑪ 묘목(卯木)이 신금(申金)을 만나면 원진(怨嗔)이 된다. 을목(乙木)과 경금(庚金)이 암합(暗合)하여 지엽이 상하기 때문이다.

⑫ 묘목(卯木)과 술토(戌土)가 만나면 봄과 가을의 합(合)인데, 화(火)가 희신(喜神)이면 문장이 탁월하다. 특히 남명은 우아하지만 여명은 고독하다.

⑬ 묘미합(卯未合)은 초목이 따뜻한 땅을 만나는 격이니 화초·분재·온실 속의 채소나 과수로 본다.

⑭ 해묘미(亥卯未) 삼합(三合)은 갑목(甲木)을 만드는데, 악살이 되면 위장암이 따른다.

⑮ 해묘합(亥卯合)을 하면 해수(亥水)는 을목(乙木)의 사지(死地)가 되고, 묘목(卯木)은 임수(壬水)의 사지(死地)가 된다. 이때 수(水)가 왕성하면 을목(乙木)이 물에 떠다니고, 목(木)이 왕성하면 해수(亥水)가 죽는다.

⑯ 묘목(卯木)이 오화(午火)를 만나면 파(破)가 되는데, 남명은 여자의 집을 파괴하고, 여명은 음천해진다.

⑰ 을일(乙日) 묘월생(卯月生)이 해묘미(亥卯未) 삼합(三合)을 놓으면 형제가 없다.

⑱ 을해일(乙亥日) 묘월생(卯月生)은 본인이 태어난 후 어머니가 돌아가신다.

⑲ 을목(乙木)과 묘목(卯木)은 계수(癸水)를 좋아하지만, 을목(乙木)이 왕성한 물인 임수(壬水)를 만나면 부목(浮木)이 되니 매우 꺼린다.

⑳ 묘미합(卯未合)이나 해묘합(亥卯合)이 있는데 인목(寅木)을 만나면 방혼국(方混局)이라 하여 한 집 사람이나 성국(成局)을 방해한다.

㉑ 묘목(卯木)은 눈서리를 만나면 말라죽으니, 신월생(申月生)이나 유월생(酉月生)이 묘목(卯木)이 희신(喜神)이면 외상을 입거나 일생이 불행하다.

㉒ 을목(乙木)은 유금(酉金)과 술토(戌土)를 꺼리지만 삼합(三合) 목국(木局)이 있으면 두려워하지 않는다.

1) 토끼띠 성격

온순하며 부드러우나 인격이 이중적인 면이 있고, 운명이 극에서 극으로 달리는 경향이 있다. 주변의 사랑을 많이 받으면서도 어쩐지 고독하고, 영적이며 직감력이 뛰어나고, 이해심과 포용심이 깊고, 이상이 화려하다. 이상을 놓지 않으려는 끊임없는 욕구가 성공의 길로 유도한다고 볼 수 있다.

2) 토끼띠 직업

묘목(卯木)은 화초나무이니 봄과 여름생은 화원·조화·약초·의류업이 좋고, 가을과 겨울생은 화가·소설가·극작가·연예인·디자이너·모델·의약업·미용업·음식업·점술업이 좋다.

3) 토끼띠 부부연

외궁으로 보면 술년생(戌年生)·해년생(亥年生)·미년생(未年生)이 좋다. 만일 여름생이면 해년생(亥年生)이 좋고, 겨울생이면 미년생(未

年生)이 좋으나 궁합법을 떠나서는 안 된다.

5. 진토(辰土)

① 진(辰)은 오양(五陽)으로 만물을 정성을 다해 키우니 진(震)이 된
다. 좋은 땅에 물의 창고가 있으니 바다라고도 한다. 진토(辰土)는
초봄의 땅으로 땅의 왕이다.

② 진토(辰土)는 만물을 자라게 하니 술토(戌土)가 충(沖)하면 좋아
한다. 만일 충(沖)이 없으면 진(辰) 중의 을목(乙木)과 계수(癸水)
를 쓸 수 없다. 임수(壬水)의 묘지(墓地)인 진토(辰土)에 계수(癸
水)가 뿌리를 내려 음양(陰陽)의 기(氣)가 바뀌는 것과 같다.

③ 진(辰)은 바다이며 좋은 땅이니 만물이 살아갈 수 있다. 그러나
사주에 수목(水木)이 많은데 금수운(金水運)을 만나면 진토(辰
土)는 무너져버린다.

④ 진토(辰土)는 을목(乙木)과 계수(癸水)를 간직하고 있으니 수목
(水木)의 창고다.

⑤ 진토(辰土)는 봄의 땅이라 습하지만 오양절(五陽節)이라 온기가
많으니 만물을 기를 수 있다.

⑥ 진토(辰土)는 갑목(甲木)에게는 쇠지(衰地)이고 을목(乙木)에게는
관대지(冠帶地)이니 갑목(甲木)의 양인(羊刃)이 된다.

⑦ 진월(辰月)은 양기(陽氣)가 절반이라 물진(物盡)하니 진(震)이라고
한다.

⑧ 지구에서는 술토(戌土)가 위이니 아래인 진토(辰土)로 기울어지므로 해수(亥水)를 출수방(出水方)이라 하고, 진토(辰土)는 수(水)가 돌아오는 곳이니 용궁(龍宮) 혹은 바다라고 한다.

⑨ 수고(水庫)인 진토(辰土)는 술토(戌土)로 충(沖)해서 열지만, 술(戌) 셋이 진(辰) 하나를 충(沖)하면 수고(水庫)가 깨지니 내용물을 쓸 수 없다.

⑩ 진(辰) 중 을목(乙木)과 계수(癸水)가 아내성이 되면 술년생(戌年生) 아내를 만난다.

⑪ 진(辰)은 물 위를 달리는 용이니 수(水)가 왕성해야 길명(吉命)이 된다.

⑫ 진(辰)은 용이고 사(巳)는 뱀이니 사(巳)가 진(辰)을 만나면 진(進)이라 하고, 진(辰)이 사(巳)를 만나면 퇴(退)라고 한다.

⑬ 일시지(日時支)에 진사(辰巳)가 있으면 지망살(地網殺)이 된다. 지망살(地網殺)이란 앞길에 그물이 있다는 뜻으로, 남녀 모두 배우자를 극(剋)하니 고독한 명이 된다.

⑭ 진술(辰戌)은 천라지망(天羅地網)이라 하는데, 고독을 주도하며 귀인을 만나지 못한다. 특히 여명에 있으면 과숙살(寡宿殺)이라고 한다.

⑮ 진(辰) 중의 을목(乙木)과 계수(癸水)는 술토(戌土)로 열어 사용하는데, 자수(子水)나 신금(申金)을 만나도 쓸 수 있다.

⑯ 진진(辰辰)은 자형(自刑)으로 물이 넘치는 격이니 폭포수나 수해로 본다.

⑰ 진토(辰土)가 축토(丑土)를 만나면 살이 깨지니 내부수리·이동·

교정수술로 본다.

⑱ 진토(辰土)와 해수(亥水)는 원진(怨嗔)인데, 진토(辰土)는 해수(亥水)를 싫어하고, 해수(亥水)는 진토(辰土)로 들어간다.

⑲ 여명이 병정일생(丙丁日生)이면 해수(亥水)가 남편인데, 진토(辰土)가 옆에 있으면 남편과 여러 번 사별하고, 연애 중에 복상사하기도 한다.

⑳ 진토(辰土)가 유금(酉金)을 합(合)하면 복이 가볍고, 유금(酉金)이 진토(辰土)를 합(合)하면 복이 두텁다.

㉑ 진(辰) 중의 을목(乙木)은 벌나비가 모여드는 춘삼월의 화초라 화려함을 의미하니 섬유·피복·화원·채소상·미술품·관광업으로 재물을 모은다.

㉒ 자월생(子月生)이 신자진(申子辰) 삼합(三合)을 이루면 여러 번 결혼하고, 진년생(辰年生) 자식을 낳으면 생사이별한다.

㉓ 진토(辰土)와 유금(酉金)이 합(合)을 하는데 진토(辰土)를 또 만나면 쟁합(爭合)이 되니 진퇴가 불분명하고 망설임이 많아진다.

㉔ 진토(辰土)는 임수(壬水)와 신금(辛金)의 창고이고, 진(辰) 중의 을목(乙木) 재성(財星)은 농산물·수산물·해초류·양식장으로 본다.

㉕ 진토(辰土)와 사화(巳火)가 혼잡한데 희신(喜神)에 해당하면 분식업을 많이 하고, 무토일간(戊土日干)의 사(巳) 중 경금(庚金)은 식신(食神)이니 마른 음식이 되고, 진술(辰戌)이 있으면 과자류로 본다.

㉖ 진(辰) 중의 계수(癸水) 재성(財星)은 탁주나 민속주로 본다.

㉗ 진토(辰土)와 사화(巳火)가 혼잡하면 지망살(地網殺)이 되어 가족이 함께 살기 어렵다.

㉘ 갑목일간(甲木日干)의 진토(辰土) 재성(財星)은 물 속의 생물이니 강·호수·바다·수산물·선원으로 본다. 사주에 수(水)가 많으면 대인으로 보고, 수(水)가 약하면 소인으로 본다.

1) 용띠 성격

용은 상징적인 동물이며 수(水)의 성격을 나타내므로 조화가 무궁하고, 정의감과 이상이 높고, 약자를 잘 도와준다. 목표를 향해 돌진하다 좌절하는 경우가 많지만 끊임없이 자신의 목표를 갈망한다. 세심하지 못해 함정에 빠지기 쉽고, 간혹 간교한 모사를 부리다 화를 부르기도 한다. 동료들에게 유력자나 협조자 역할을 하고, 천부적인 설득력으로 사람들을 단결시키는 데 앞장서기도 한다.

2) 용띠 직업

비밀요원·기자·아나운서·중개업·무역·암거래·요식업·선전원·스포츠·배우가 좋다. 여명은 다방 같은 것이 좋은데, 평범한 곳에서는 두각을 나타내기 어렵다. 비밀스럽거나, 획기적이거나, 위험을 동반하거나, 치열하게 경쟁하거나, 긴장감이 있는 곳이나, 다양한 변화가 있는 직업이나 직장이 좋다.

3) 용띠 부부연

외궁으로 보면 자년생(子年生)과 신년생(申年生)이 좋다. 만일 겨울생이면 신년생(申年生)이나 유년생(酉年生)이 좋고, 여름생이면 자년생(子年生)이 무난하나 궁합법을 떠나서는 안 된다.

6. 사화(巳火)

① 사(巳) 중에는 밝은 불인 병화(丙火)와 넓은 광장인 무토(戊土)가 있으니, 사화(巳火)는 차마가 달리는 도로요 불빛이 화려한 광장이다.

② 사일(巳日) 진시생(辰時生)이면 뱀이 용으로 변하는 것이니 천리용마격이라고 하여 대귀격으로 본다. 그러나 진사(辰巳)는 지망살(地網殺)이 되니 사주의 격(格)이 낮으면 감옥살이와 부부간에 불화가 따른다.

③ 사화(巳火)는 육양(六陽)의 극처(極處)로 용광로에 해당하니 경금(庚金)의 장생지(長生地)이고, 어머니에게 의지하니 녹지(祿地)가 된다.

④ 사화(巳火)와 신금(申金)은 형(刑)도 하고 합(合)도 하므로 서로 해가 되지 않는다.

⑤ 사화(巳火)가 해수(亥水)를 만나면 충(沖)하니 불꽃이 된다.

⑥ 사화(巳火)는 경금(庚金)의 장생지(長生地)이고, 술토(戊土)에 입묘(入墓)하는데, 화일간(火日干)만은 술운(戊運)에 평안해진다. 술토(戊土)는 화토(火土)의 묘지(墓地)이지만 본가와 같다.

⑦ 사(巳)는 뱀이니 겨울생이면 눈서리에 얼어죽을 염려가 있어 길명(吉命)이 되지 못한다.

⑧ 사일(巳日) 진시생(辰時生)은 뱀이 용으로 변하는 격이니 길명(吉命)이 된다.

⑨ 사화(巳火)가 신금(申金)을 만나면 합(合)도 되고 파(破)도 되는데,

경금(庚金)은 사화(巳火)의 장생지(長生地)가 된다.

⑩ 신금(申金)이 사화(巳火)를 만나면 합(合)이 되고, 사화(巳火)가 신금(申金)을 만나면 파(破)가 된다. 사화(巳火)는 금(金)의 생지(生地)이지만 신금(申金)은 화(火)의 병지(病地)이기 때문이다.

⑪ 사화(巳火)가 술토(戌土)를 만나면 원진(怨嗔)이 되니 개가 짖는 소리에 뱀이 달아나는 격이 된다.

⑫ 진사(辰巳)가 년월지(年月支)에 있으면 부모와 일찍 이별하고, 일시지(日時支)에 있으면 처자와 이별한다.

⑬ 겨울생이라 사주가 한냉하면 사화(巳火)로 온난하게 할 수 있지만 화력이 약하고 온토로 변하니 온실과 같다.

⑭ 사주에 양극처(陽極處)인 사화(巳火)가 2개 있으면 아이를 많이 낳고, 여명은 시집을 파괴한다.

⑮ 사화(巳火)와 해수(亥水)가 충(沖)하면 화기(火氣)는 위로 올라가고 수기(水氣)는 아래로 내려간다.

⑯ 사화(巳火)가 왕성한 수(水)를 충(沖)하면 화재나 폭발 사고가 생긴다.

⑰ 귀인은 자(子)에서 사(巳)까지는 육양(六陽)이니 양귀(陽貴)를 취하고, 오(午)에서 해(亥)까지는 육음(六陰)이니 음귀(陰貴)를 취한다. 천을귀인(天乙貴人) 취하는 방법을 참고하라.

⑱ 사화(巳火)가 인목(寅木)을 만나면 형살(刑殺)이 되는데 심장질환·혈액질환·긴 병으로 본다.

⑲ 사유축(巳酉丑) 삼합(三合)은 경금(庚金)을 만드니 조직이나 단체의 합(合)을 의미한다. 그러나 부정한 역합(逆合)이므로 복잡다단

하며 화합하지 못하는 것으로 본다.

⑳ 다른 오행(五行)의 합(合)은 순생합(順生合)으로 보고, 사유축(巳酉丑) 삼합(三合)만은 역극합(逆剋合)으로 본다.

㉑ 역류합(逆流合)은 커서도 장남 구실을 못하고, 부모/아내/자식과도 인연이 없다.

㉒ 금일간(金日干)이 유월생(酉月生)인데 사유축(巳酉丑) 삼합(三合)이 있으면 배우자를 극(剋)한다.

㉓ 진사(辰巳)는 긴 동물이니 재성(財星)이나 식상(食傷)이 되면 국수·당면·라면 같은 식품으로 본다.

㉔ 사(巳)는 뱀이고 양극처(陽極處)이며 병화(丙火)와 무토(戊土)가 암장(暗藏)되어 있으니 뜨거운 광장인 역 앞·운동장·큰 길로 본다.

㉕ 사(巳)는 말인 오(午) 앞에 있으니 차마가 모여드는 역 앞이나 소란한 곳으로 본다.

㉖ 사(巳)는 발이 없어도 잘 달리는 뱀이니 교통수단이나 단거리 선수로 본다.

1) 뱀띠 성격

온화한 인상과 준수한 외모로 일찍부터 주변의 사랑을 많이 받고, 지혜와 수학적 두뇌가 탁월하고, 지배자의 기상이 있고, 타고난 원만함과 특유의 지혜로 대인관계에서 다리 역할을 한다. 그러나 다른 사람의 지배를 받기 싫어하고, 겉으로는 온순한 것 같으나 화가 나면 물불을 가리지 않고 덤벼들고, 변칙적인 행동도 꺼리낌 없이 한다.

2) 뱀띠 직업

초여름 바람이 만물을 움직이게 하는 것처럼 선천적인 지혜와 탁월한 감각을 타고났다. 아름다움을 추구하는 창조적인 천성은 실질적인 생활에도 나타나니 미적감각을 살릴 수 있는 일에 종사하면 성공할 수 있다. 업종은 외교·디자이너·화가·실내장식·조경·미용·요리·귀금속 등이 좋다.

3) 뱀띠 부부연

외궁으로 보면 유년생(酉年生)이나 축년생(丑年生)이 길하다. 만일 여름생이면 축년생(丑年生)이 무난하고, 겨울생이면 유년생(酉年生)이 좋으나 궁합법을 떠나서는 안 된다.

7. 오화(午火)

① 오(午)는 말에 해당하고, 말은 출입과 경주를 좋아하지만 밤 외출을 두려워한다. 말은 또 교미의 특기생으로 성기가 특대하며 집에 있으면 수심이 따르고, 밖에 나가면 좋아한다.
② 오화(午火)는 음생양사(陰生陽死)로 음양(陰陽)이 교차하니 음시생(陰始生)으로 장대(長大)하여 봉화(烽火)라 하고, 양극처(陽極處)로 음(陰)이 시작되는 곳이라 위는 양(陽)이요, 아래는 음(陰)이 된다.
③ 오(午) 중에는 기토(己土) 녹지(祿地)가 있으니 황적색으로 본다.
④ 하지(夏至) 후에는 낮은 점점 짧아지고 밤은 점점 길어진다.

⑤ 오일(午日) 진시생(辰時生)은 용마(龍馬)라 하여 길명(吉命)으로 본다.

⑥ 오화(午火)가 자수(子水)를 만나면 충(沖)하는데, 자수(子水)는 음극처(陰極處)이고 오화(午火)는 양극처(陽極處)이니, 화기는 올라가고 수기(水氣)는 흩어진다.

⑦ 오화(午火)는 양극처(陽極處)로 일음(一陰)이 시작되니 화(火)의 세력이 극에 달한다.

⑧ 오화(午火)는 동물·봉화대·차마로도 본다.

⑨ 오(午) 중의 기토(己土)는 녹지(祿地)이지만 조열한 불 때문에 뜨거워진 모래흙이다.

⑩ 오(午) 중의 기토(己土)가 식상(食傷)이나 재성(財星)에 해당하면 과자류로 본다.

⑪ 목일(木日) 오월생(午月生)은 수(水)가 없으면 말라죽는데, 습토(濕土)인 축토(丑土)나 진토(辰土)가 있으면 반길로 본다.

⑫ 오화(午火)는 차마로 교통수단이나 가축으로 본다.

⑬ 오화(午火)가 축토(丑土)를 만나면 원진살(怨嗔殺)·탕화살(蕩火殺)·귀문관살(鬼門關殺)이 된다. 원진(怨嗔)이란 오화(午火)는 말이요 축(丑)은 소이니 소가 말을 보고 일을 하지 않는다고 미워하는 것이다. 탕화(蕩火)는 뜨거운 화(火)에 축토(丑土)가 있으니, 축(丑) 중 계수(癸水)가 끓어 수화(水火)에 상처를 입는다는 것이다. 귀문관살(鬼門關殺)이란 축(丑) 중의 계수(癸水)가 미토(未土)를 만나면 칠살(七殺) 귀(鬼)가 되고, 오화(午火)는 미토(未土) 앞에 있으니 귀신의 문전으로 정신착란·신경과민·노이로제 등이 나타난다는 뜻이다.

⑭ 오화(午火)가 해수(亥水)를 만나면 수화(水火)가 서로 싸우지만, 오(午) 중 기토(己土)와 해(亥) 중 갑목(甲木)이 암합(暗合)하고, 오(午) 중 정화(丁火)와 해(亥) 중 임수(壬水)가 암합(暗合)한다.

⑮ 오일(午日) 진시생(辰時生)은 용마(龍馬)라 하여 길명(吉命)으로 본다. 오(午)인 말이 진(辰)인 용을 생(生)해주어서다.

⑯ 오화(午火)가 인목(寅木)을 만나면 나를 키워주는 부모가 되고, 오화(午火)가 술토(戌土)를 만나면 내가 키우는 자손이 된다.

⑰ 인오술(寅午戌) 삼합(三合)은 부모·본인·자식 3대의 합(合)으로 병화(丙火) 용광로가 되니, 인목(寅木)은 오화(午火)를 생(生)한 후 사지(死地)로 가고, 오화(午火)는 술토(戌土)를 생(生)한 후 묘지(墓地)로 간다.

⑱ 오오(午午)는 자형(自刑)이라 하는데, 화(火)가 매우 뜨거우니 복음(伏吟)이라 하고, 자수(子水)가 오화(午火)를 충(沖)하면 화재나 폭발 사고로 본다.

⑲ 화일간(火日干)이 오월생(午月生)인데 인오술(寅午戌) 삼합(三合)을 놓으면 부부가 상별하고, 오일생(午日生) 자식을 낳으면 자식 구실을 못한다.

⑳ 오화(午火)가 신금(申金)을 만나면 격각(隔角)과 상문(喪門)이 되니 상곡사가 따른다.

㉑ 오오(午午)를 자수(子水)가 충(沖)하면 쌍마가 충(沖)이 되는 격이니 이중삼중의 충돌로 본다.

㉒ 남명이 오년(午年) 유월생(酉月生)이면 여자의 집안을 망치고, 여명이 오년(午年) 오월생(午月生)이나 진월생(辰月生)이면 남자의 집안

을 망친다.

㉓ 오화(午火)에게 갑목(甲木)은 사지(死地)이지만 을목(乙木)은 생지(生地)이니 혼이 바뀌는 형상이다.

㉔ 임오일생(壬午日生)이 오(午) 중의 정화(丁火)와 임수(壬水)가 암합(暗合)하면 천지합(天地合)이라 하여 길명(吉命)으로 본다.

㉕ 병오일생(丙午日生)이 사주에 양인(羊刃)이 있으면 부부가 불화하는데, 형충(刑沖)을 만나면 기뻐한다.

1) 말띠 성격

쌍두마차가 폭풍이 부는 언덕에서 태양을 향해 비상하는 모습으로 나타나니, 목표를 달성하면 정열이 넘치고 지혜와 발전을 내포한다. 오월(午月)은 음양(陰陽)이 교차하는 시점이므로 천부적으로 임기응변에 능하나, 품성이 이중적이라 이해할 수 없는 사람으로 변한다. 불안과 동요를 느끼거나 이상한 곳에 빠져 불안해지기도 한다.

2) 말띠 직업

명쾌한 사고와 신속한 행동이 필요한 일에 재능이 있고, 사건을 해결하는 데 뛰어난 재능이 있으니, 설득력이 필요한 업종이 좋다. 언론인·변호사·수사관·보좌관·정보·통신·외무·아나운서·운송업 등에 종사하면 성공할 확률이 높다.

3) 말띠 부부연

외궁으로 보면 미년생(未年生)·인년생(寅年生)·술년생(戌年生)이 무난하다. 만일 겨울생이면 미년생(未年生)이 좋고, 여름생이면 인년생(寅年生)이 좋으나 궁합법을 떠나서는 안 된다.

8. 미토(未土)

① 미(未)에 해당하는 양의 특성은 유순하나 고집이 세고, 초식을 좋아하고, 경박한 면이 있고, 물이 많은 것을 두려워하고, 끌려가는 것을 싫어한다.

② 미토(未土)는 갑목(甲木)에게는 묘지(墓地)이고, 을목(乙木)에게는 양지(養地)가 된다.

③ 미토(未土)는 온갖 화초를 인공으로 키우는 화원으로 본다.

④ 미토(未土)에는 정화(丁火)와 화초인 을목(乙木)이 있으니 온실로도 본다.

⑤ 미(未) 중의 을목(乙木)과 정화(丁火)를 쓰려면 술토(戌土)가 형(刑)해야만 한다. 그렇지 않으면 무용지물이 된다.

⑥ 미토(未土)는 6월의 흙이니 뜨거운 모래이고, 인공으로 재배하는 온실이다.

⑦ 미(未) 중에는 정화(丁火)가 있으니 뜨거운 흙으로 보는데, 미(未) 중의 을목(乙木)이 재성(財星)에 해당하면 온실 속의 화초·채소·약초로 본다.

⑧ 미토(未土)는 양(陽)이니 미(未) 중의 을목(乙木)을 양의 내장이라 하여 을목(乙木)이 투출(透出)하면 양곱창으로 본다.

⑨ 미(未) 중 정화(丁火)와 을목(乙木)은 미(未) 중 기토(己土)의 인성(印星)과 관성(官星)이니, 축토(丑土)나 술토(戌土)로 형(刑)해서 창고를 열어야 쓸 수 있다. 그러나 미토(未土)가 묘목(卯木)과 합(合)하면 형(刑)이 변한다.

⑩ 계수일간(癸水日干)이 미월생(未月生)이면 편관(偏官)이 되는데, 미(未) 중에 정화(丁火) 편재(偏財)가 있으니 재정직이나 별정직이 좋다.

⑪ 미토(未土)는 해수(亥水)가 범람하면 막을 힘이 없으니 무너진다.

⑫ 미토(未土)는 양(陽)이니 물을 싫어한다.

⑬ 미월(未月)은 꽃과 나무가 열매를 맺어 맛을 이루니 미(味)라고도 한다.

⑭ 미월(未月)은 음기(陰氣)가 점점 왕성해져 화(火)의 세력이 약해지니 병정화(丙丁火)를 좋아한다.

⑮ 미월(未月)에는 수(水)가 약해도 큰 액은 없다. 기토(己土)에게 신금(辛金)은 식신(食神)으로 문창성(文昌星)이 된다.

⑯ 미토(未土)와 유금(酉金)은 신금(申金)이 협공(挾供)하고, 격각(隔角)과 상문(喪門)이 되니 사별곡사가 따른다.

⑰ 남명이 미일(未日) 술월생(戌月生)이면 여자 집안을 망치고, 여명이 미일(未日) 인월생(寅月生)이면 남자 집안을 망친다.

⑱ 자수(子水)가 미토(未土)를 만나면 미토(未土)는 자수(子水)의 묘고(墓庫)이며 장지(葬地)이니 자축합(子丑合)을 방해하며 원진(怨嗔)이 된다. 그러나 미토(未土)가 자수(子水)를 만나면 원진(怨嗔) 작용이 약해진다.

⑲ 미일(未日) 축시생(丑時生)은 축(丑) 중 신금(辛金)이 사지(死地)에 들고, 미일(未日) 술시생은(戌時生)은 신금(辛金)이 상한다.

⑳ 계수일간(癸水日干)에게 미(未) 중 기토(己土)는 편관(偏官)으로 아들이 되는데, 왕성한 해수(亥水)가 합(合)을 하면 딸이 된다.

1) 양띠 성격

민감하며 방어적이고, 모성애가 강해서 보육정신과 배타적 충동이 강하다. 자기 주장을 신경질적이며 격렬하게 표현하지만 악의는 없다. 그러나 고집 때문에 피해를 입기도 한다.

2) 양띠 직업

모방의 천재로 품질을 개선하거나 창의력이 필요한 업종이 좋다. 출판업·식품제조업·섬유·의상·의약업·무역업·숙박업이 좋다.

3) 양띠 부부연

외궁으로 보면 오년생(午年生)·해년생(亥年生)·묘년생(卯年生)이 좋다. 만일 여름생이면 해년생(亥年生)이 좋고, 겨울생이면 오년생(午年生)이 좋으나 궁합법을 떠나서는 안 된다.

9. 신금(申金)

① 신(申)은 원숭이에 해당하는데, 원숭이는 이기적이지만 재능이 출

중하고, 혼자 방랑하며 고독한 면이 있다.

② 신월(申月)은 만물이 무성해져 상하가 통하고, 백로(白露)에 낙엽의 기운을 만나 무성하던 만물이 오무렸다 펴졌다 하니 신(伸)이요, 대도시와 시장으로 보고, 수(水)의 장생지(長生地)가 된다.

③ 신(申)은 곤방(坤方)이며 명도(名都)라고 하는데, 한 나라의 수도는 제왕이 머무는 곳이니 기운이 강해야 한다.

④ 신일(申日) 해시생(亥時生)이면 천지가 교태하는 때이니 크게 발전한다.

⑤ 신금(申金)은 임수(壬水)의 장생지(長生地)이고, 간산(艮山)과 대충방(對沖方)으로 물이 산 밖으로 흐르는 격이다.

⑥ 신금(申金)은 왕성한 임수(壬水)의 장생지(長生地)이고, 한 나라의 수도로 보니 강하지 않으면 명도(名都)가 될 수 없다.

⑦ 신금(申金)은 철마이며 물탱크이니 수원지로 본다.

⑧ 신금(申金)에게 해수(亥水)는 병지(病地)가 되고, 자수(子水)는 사지(死地)가 된다.

⑨ 신금(申金)은 임수(壬水)를 생(生)하니 간산(艮山)과 대안하여 물이 산을 가볍게 도는 것이다.

⑩ 인(寅) 중의 병화(丙火)와 무토(戊土)는 신금(申金)이 없으면 쓰지 못한다.

⑪ 신자진(申子辰) 삼합(三合)이 있으면 자년생(子年生) 아들은 키우기 어렵고, 진년생(辰年生) 아들은 태어난 후 부부가 생사이별한다.

⑫ 신금(申金)과 묘목(卯木)이 만나면 원진(怨嗔)과 귀문관살(鬼門關殺)이 되니 결국에는 패한다.

⑬ 신(申) 중의 임수(壬水)가 용신(用神)인데 인목(寅木)이 없으면 용신(用神)으로 쓰지 못하지만, 자수(子水)와 진토(辰土)가 있으면 쓸 수 있다.

⑭ 신금(申金)이 술토(戌土)를 만나면 유금(酉金)을 협공(挾供)해서 격각(隔角)과 상문(喪門)이 된다.

⑮ 신사합(申巳合)은 합(合)하는 힘이 강하니 복이 청하나, 신금(申金)이 사화(巳火)를 합(合)하면 형(刑)과 파(破)가 되니 복이 가볍다.

⑯ 남명이 신일(申日) 사월생(巳月生)이면 여자의 집안을 망치고, 신년생(申年生)이 미토(未土)를 만나면 과숙살(寡宿殺)이 되고, 경일생(庚日生)이 임수(壬水)를 만나면 문창성(文昌星)인 식신(食神)이 된다.

⑰ 갑신일(甲申日)은 절지(絶地)가 되나 미(未) 중에 임수(壬水)가 있으니 살인상생(殺印相生)이 된다.

⑱ 신월(申月) 미토(未土)는 천의신(天醫神)이라 하는데, 미(未) 중의 정을기(丁乙己)가 재성(財星)이 되면 의약과 인연이 있다.

⑲ 겨울철 신금일생(申金日生)은 화(火)가 없어 한냉하면 사금(死金)이 된다.

⑳ 자수(子水)가 신금(申金)을 만나면 맑은 물이 되고, 진토(辰土)를 만나면 탁한 물이 된다.

1) 원숭이띠 성격

권위와 지혜가 충만하고, 작은 것을 큰 것으로 만들려는 의지가 강하고, 항상 활기차며 명랑하고, 야성적인 절규가 운명 속에 자리잡고 있다. 그러나 이기적이며 고독한 면이 있고, 성격이 급하고 변덕스러우니 항상 대인관계를 너그럽게 하라.

2) 원숭이띠 직업

인기를 끄는 배우·패션모델·정치·군인·경찰·검찰이 좋다. 특수 기능자로는 외과의사·무역·외무원·극장·카바레·오락실·무속인 등이 좋다.

3) 원숭이띠 부부연

외궁으로 보면 자년생(子年生)이나 진년생(辰年生)이 좋다. 만일 겨울생이면 진년생(辰年生)이 좋고, 여름생이면 자년생(子年生)이 무난하나 궁합법을 떠나서는 안 된다.

10. 유금(酉金)

① 유(酉)에 해당하는 닭은 뾰족한 부리로 먹이를 흐트리며 먹고, 성교 시간이 매우 짧고, 날이 밝아오는 것을 알린다.
② 유시(酉時)는 해가 지는 시간으로 기(氣)가 내려가니 만물이 움추리는 때다.
③ 유금(酉金)은 주옥·사찰의 종·주전자로 본다.
④ 유금(酉金)은 서방으로 술해(戌亥) 건방(乾方)과 가까우니 종소리가 천문(天門)에까지 울린다 하여 사찰의 종으로도 본다.

⑤ 유금(酉金)은 정서 방향이라 불국의 극락정토라 하고, 종소리는 산곡 무토(戊土)에 진동하니, 인(寅) 중 무토(戊土)를 산의 계곡이라 한다.

⑥ 유금(酉金)은 희생과 봉사로 활인공덕을 쌓는 사찰의 종, 주옥과 세공한 금, 정밀한 부속으로 만든 악기, 술그릇으로도 본다.

⑦ 유금(酉金)은 사찰의 종이니 술토(戊土)를 매우 기뻐하지만, 유금(酉金)과 술토(戊土)는 편방(偏方)이니 자식과 인연이 박하고, 만물이 숙살하는 때이니 고독함을 뜻한다.

⑧ 유금(酉金)은 수(水)를 좋아하지만, 겨울철 신유금(辛酉金)은 화(火)로 따뜻하게 해주어야 한다.

⑨ 사주에 수(水)가 많으면 금백수청(金白水清)이라 하여 청귀격(清貴格)으로 보는데, 화토(火土)가 많으면 매우 꺼린다.

⑩ 경신일간(庚辛日干)이 사유축(巳酉丑) 삼합(三合)이 있으면 금수운(金水運)은 길하나, 화토운(火土運)은 불길하다.

⑪ 유금(酉金)은 주옥 같은 금(金)이며 정밀한 부속이라 사주에 화(火)가 많으면 천한 명으로 식소사번(食小事煩)이 되고, 가을과 겨울생은 길명(吉命)이 많고, 봄과 여름생은 천한 명이 많다.

⑫ 유금(酉金)과 술토(戊土)는 해(害)가 되므로 타인의 방해를 많이 받는다.

⑬ 남명이 유일(酉日) 자월생(子月生)이면 여자의 집안을 망치고, 여명이 유일(酉日) 사월생(巳月生)이면 남자의 집안을 망친다.

⑭ 유년생(酉年生)이 인목(寅木)을 만나면 원진(怨嗔)이 된다. 닭이 울면 호랑이는 활동할 수 없기 때문이다.

⑮ 인목(寅木)이 유금(酉金)을 만나면 원망이 많아진다.

⑯ 유년생(酉年生)이 신금(申金)을 만나면 망신살(亡身殺)이 되고, 유금(酉金)이 묘목(卯木)을 만나면 충(沖)하니 묘목(卯木)이 상한다.

⑰ 유월(酉月)은 백로(白露)이니 눈서리가 내려 화초목이 낙엽이 되어 말라죽는다.

⑱ 여명이 신유일생(辛酉日生)이면 백호(白虎)라 하여 상부지명(傷夫之命)이 된다. 유금(酉金)에게 을목(乙木)은 절지(絶地)가 되고, 화(火)는 사지(死地)가 된다.

⑲ 유유(酉酉)는 자형(自刑)이 되어 고독을 내포하니 부모나 배우자와 인연이 박하다.

⑳ 유(酉)는 닭으로 사람에게 시간을 알려주니 활인봉사한다.

㉑ 닭은 흐트러트리며 모이를 먹으니 닭띠는 큰 부자가 드물다.

㉒ 닭은 성대가 좋으니 악기에 비유하고, 두 발로 달리니 자전거나 오토바이에 비유한다.

㉓ 유금(酉金)이 진토(辰土)를 합(合)하면 묘지(墓地)로 들어가니 죽은 닭으로 본다.

㉔ 유시(酉時)는 해가 지는 시간이니 병화(丙火)의 사지(死地)가 되고, 달과 등촉인 정화(丁火)에게는 장생지(長生地)가 된다.

1) 닭띠 성격

한가위 보름달이 상징하듯이 영원한 젊음과 청순함이 특징이다. 지난 날을 그리워하는 감상적인 면이 있고, 앞으로 다가올 미래를 그리면서 희망과 공상에 사로잡힌다. 유년생(酉年生)의 수호신은 충실한 마음의 전달자로 선견지명의 능력을 받아 미래를 예견하고, 모든 일을 치밀하게 하는 실무능력이 있고, 매사에 완전하게 매듭을 지어야 직성이 풀리는 성격이다. 자신의 결점에 문제가 생기면 다른 사람들에 비해 고통을 많이 느끼며 번뇌하고, 욕망을 채우지 못하면 견디지 못하는 면이 있다.

2) 닭띠 직업

선천적으로 타고난 능력을 살리는 평론가·회계사·경리·비서·교육자·프로듀서·약사·간호사·통역·병리실험·상업미술·패션·디자이너·수예·꽃꽂이·화원·골동품·역술인 등이 좋다.

3) 닭띠 부부연

외궁으로 보면 진년생(辰年生)·사년생(巳年生)·축년생(丑年生)이 좋다. 만일 겨울생이면 사년생(巳年生)이 좋고, 여름생이면 축년생(丑年生)이 무난하나 궁합법을 떠나서는 안 된다.

11. 술토(戌土)

① 술(戌)에 해당하는 개의 특징은 주인을 알아보며 문 앞에서 도둑을 지켜주는 창고직·경비직·아파트 관리인과 같고, 입은 따뜻하게 하며 수렵에 소질이 있고, 장시간 교미를 하면서도 부끄러워하지 않는다.

② 술토(戌土)는 천문(天門)이라 하는데 만물이 쇠하고 멸하는 곳이다.

③ 술토(戌土)는 뜨거운 땅으로 화로나 창고에 해당한다.

④ 인오술(寅午戌) 화국(火局)은 용광로에 해당한다. 술(戌) 중의 정화(丁火)와 신금(辛金)은 진토(辰土)나 축토(丑土)로 창고를 열어야 쓸 수 있다.

⑤ 술(戌) 중의 신금(辛金)은 임수(壬水)가 있어야 사용할 수 있다.

⑥ 병화(丙火)는 술토(戌土)를 만나야 화(火)가 입묘(入墓)되어 고향 집에 온 것처럼 편안해진다. 그러나 술토(戌土)가 많으면 화(火)가 어두워지니 사회생활에 장해가 많아 승려·무속인·역술인이 되기 쉽다.

⑦ 술월(戌月)은 초목이 지는 계절이니 추수해서 저장하는 창고가 되고, 폐기물을 쌓아두는 쓰레기장이 된다.

⑧ 술일생(戌日生)이 묘목(卯木)을 만나면 춘추문필(春秋文筆)이라 한다. 묘목(卯木)과 술토(戌土)가 만나면 합(合)이 되어 화(火)가 되는데, 그 화(火)가 희신(喜神)이 되어야 발복할 수 있다.

⑨ 술토(戌土)는 화고(火庫)이며 만물을 저장하는 창고다.

⑩ 술토(戌土)에는 신금(辛金)이 암장(暗藏)되어 있어 산에 있는 사원이라 하고, 화로와 폐품처리장으로 본다.

⑪ 술해(戌亥)는 천문(天門)이며 천라살(天羅殺)이 된다. 지구는 위는술해방(戌亥方)이고 아래는 진사방(辰巳方)이라 술해(戌亥)를 천문(天門)이라 하는 것이다. 진사(辰巳)는 용궁(龍宮)이라 한다.

⑫ 술일(戌日) 해시생(亥時生)은 화가 적고, 해일(亥日) 술시생(始生)은 화가 크다고 본다.

⑬ 술(戌) 중의 정화(丁火)와 신금(辛金)을 쓰려면 축진미토(丑辰未土)가 형충(刑沖)해야 창고가 열려 사용할 수 있다.

⑭ 술토(戌土)는 뜨거운 흙이라 금(金)을 생(生)하지 못하니 겨울철에는 술토(戌土)를 좋아한다.

⑮ 술토(戌土)가 인목(寅木)과 오화(午火)를 만나면 화국(火局)을 이루니 불덩어리가 된다.

⑯ 술토(戌土)의 창고는 진토(辰土)가 열지만, 진토(辰土) 셋이 하나밖에 없는 술토(戌土)를 충(沖)하면 창고가 파괴되어 쓸모가 없어진다.

⑰ 술해(戌亥) 천문(天門)은 조상의 기반을 파괴하고, 아내와 자식을 극(剋)한다.

⑱ 술월(戌月)은 가을이라 만물을 수장하는 때이니 소원(燒原)이라 하는데, 수(水)가 왕성하면 꺼리고, 묘목(卯木)과 합(合)하면 춘색을 즐긴다.

⑲ 묘목(卯木)과 술토(戌土)는 봄과 가을의 합(合)이니 화(火)가 희용신(喜用神)이면 남명은 문장이 화려하며 귀명이 되지만 여명은 그렇지 않다.

⑳ 묘목(卯木)이 술토(戌土)를 합(合)하면 복이 두터우나, 술토(戌土)가 묘목(卯木)을 합(合)하면 복이 가볍다.

㉑ 술(戌) 중의 신금(辛金)이 재성(財星)이면 천의재(天醫財)라 하여 의약업으로 본다.

㉒ 술토(戌土)는 천문(天門)이며 화개살(華蓋殺)인데 사주에 2~3중으로 있으면 승려·무속인·도인·역술인으로 본다.

㉓ 술토(戌土)는 천문(天門)이고 진토(辰土)는 용궁(龍宮)이니 진술일시생(辰戌日時生)이면 귀인이 임하지 않는다. 이런 사주는 남명은 형처극자(刑妻尅子)하고, 여명은 과부가 된다.

1) 개띠 성격

보은심과 이해심이 있고, 측은지심이 있어 남의 슬픔과 고통을 공감할 줄 알고, 대인관계도 균형을 유지할 줄 안다. 그러나 마음속에는 허영심이나 욕망이 도사리고 있으면서도 드러내지 않는다.

2) 개띠 직업

금전보다 명예를 중시하며 미를 창조하는 분야가 좋다. 영화·무대미술·기획·건축설계·인테리어·디자이너·창고업·경비업·카메라상·사진업·중개업·세무직·신앙업·점술업 등이 좋다.

3) 개띠 부부연

외궁으로 보면 묘년생(卯年生)·인년생(寅年生)·오년생(午年生)이 좋다. 만일 겨울생이면 오년생(午年生)이 좋고, 여름생이면 인년생(寅年生)이나 묘년생(卯年生)이 길하나 궁합법을 떠나서는 안 된다.

12. 해수(亥水)

① 해(亥)에 해당하는 돼지의 특징은 음식을 가리지 않는 대식가로

배가 고프면 큰 소리를 지르다가도 배가 부르면 쉬는 습성이 있다. 또 근육이 많고, 키가 작고, 잠이 많다.

② 해월(亥月)은 순음절(純陰節)이라 만물을 해치며 죽이고, 바다·호수·은하수·천문(天門)으로 본다.

③ 여명이 병진일생(丙辰日生)인데 해수(亥水)가 남편에 해당하면 성불구 남편을 만난다.

④ 여명이 병진일생(丙辰日生)이면 진토(辰土)는 해수(亥水)의 묘고(墓庫)가 되니 남편이나 애인이 복상사하는 것으로 본다.

⑤ 진해(辰亥) 원진(怨嗔)이 있으면 불평과 불만이 많다. 육음(六陰)이 다하는 곳인 해(亥) 중의 갑목(甲木)이 희신(喜神)이면 해미합(亥未合)을 해야 유용해진다.

⑥ 해수(亥水)는 바다·강·호수 같은 물이니 한번 흘러가면 돌아오지 않는다.

⑦ 해수(亥水)가 진토(辰土)를 만나면 원진(怨嗔)이 되고, 죽은 물인 해수(亥水)는 진토(辰土)에 입고(入庫)한다.

⑧ 해수(亥水)는 육음(六陰)이 왕성한 곳으로 갑목(甲木)의 장생지(長生地)가 된다.

⑨ 여명이 임수일간(壬水日干)이면 해(亥) 중 갑목(甲木)이 식신(食神)으로 자식이 된다. 그러나 미토(未土)나 묘목(卯木)이 없으면 자식이 없거나, 결함이 있는 자식을 낳을 수도 있다. 그러나 인목(寅木)이 있으면 미토(未土)나 묘목(卯木)이 없어도 건강한 자식을 낳을 수 있다.

⑩ 해수(亥水)는 순음(純陰)이니 음기(陰氣)가 강해서 만물을 숙살

한다.

⑪ 해수(亥水)가 인목(寅木)을 만나면 합(合)도 되고 파(破)도 되는데, 해수(亥水)가 생지(生地)인 인목(寅木)으로 가면 합(合)이 되나, 해수(亥水)가 병지(病地)인 인목(寅木)으로 가면 파(破)가 된다.

⑫ 인해합(寅亥合)은 동해와 동북의 합(合)으로, 우리나라는 바다 건너 일본과 합(合)이 된다.

⑬ 해수(亥水)는 강과 바다로 병화(丙火) 태양을 만나면 그 빛이 밝고 화려하게 빛나니, 병화(丙火)에서 해수(亥水)는 편관(偏官)이 되지만 좋은 벗과 같다고 본다.

⑭ 해수(亥水)가 정화(丁火)를 만나면 정화(丁火)와 해(亥) 중 임수(壬水)가 암합(暗合)하니 몰래 목기(木氣)를 생(生)한다.

⑮ 해수(亥水)는 왕성한 수(水)이니 설기(洩氣)하는 묘미(卯未)와 인목(寅木)은 좋아하지만 토(土)는 싫어한다.

⑯ 수(水)가 많은데 해월(亥月) 인목(寅木)이면 합(合)보다는 부목(浮木)이 된다.

⑰ 해수(亥水)가 기토(己土)를 만나면 기토(己土)는 해(亥) 중 갑목(甲木)과 암합(暗合)하니 좋아하지만, 임수(壬水)를 싫어한다.

⑱ 해수(亥水)는 자수(子水)가 가까이 있으면 강이나 호수가 넘치는 격이니 파도 소리가 요란하다. 이때 무토(戊土)가 있으면 범람을 막을 수 있지만, 기토(己土)가 있으면 역부족이다.

⑲ 해수(亥水)가 희신(喜神)인데 진토(辰土)를 만나면 해수(亥水) 희신(喜神)이 입묘(入墓)하니 큰 재앙이 닥친다.

⑳ 해수(亥水)와 오화(午火)가 만나면 해(亥) 중 임수(壬水)와 오(午)

중 정화(丁火)가 암합(暗合)하고, 해(亥) 중 갑목(甲木)과 오(午) 중 기토(己土)가 암합(暗合)한다.

㉑ 해술(亥戌)은 천문성(天門星)으로 남녀 모두 부부연이 박하다. 종교·철학·역술·무속과 인연이 있고, 자선사업가 사주에서 많이 본다.

㉒ 술해(戌亥)는 천라살(天羅殺)인데, 해일(亥日) 술시생(戌時生)이면 화가 무거우나, 술일(戌日) 해시생(亥時生)이면 화가 가볍다.

㉓ 해수(亥水)가 사화(巳火)를 만나면 수화(水火)의 충(沖)으로 육양(六陽)과 육음(六陰)의 극왕지(極旺地)가 되니 불꽃이 튀고, 수화(水火)의 기(氣)가 오르내리니 폭발과 화재가 발생하고, 인체에는 열이 나고 혈압이 오르내린다.

㉔ 해년(亥年) 진일(辰日) 진시생(辰時生)이면 죽은 돼지로 본다.

㉕ 해수(亥水)가 묘목(卯木)을 만나면 묘년생(卯年生) 자식을 낳은 후 죽는다. 목(木)은 미토(未土)가 장지(葬地)가 된다.

㉖ 갑을일간(甲乙日干)이 해묘미(亥卯未) 삼합(三合)이 있는데 묘월생(卯月生)이나 진월생(辰月生)이면 남녀 모두 해로하기 어렵다.

㉗ 을해일(乙亥日) 묘월생(卯月生)은 묘목(卯木)이 정인(正印) 임수(壬水)의 사지(死地)이니 자신을 낳은 후 어머니가 돌아가신다.

㉘ 해수(亥水)가 공망(空亡)인데 묘목(卯木)이 합(合)을 하면 공망(空亡)이 풀린다.

㉙ 경금일간(庚金日干)이 해월생(亥月生)이면 문창성(文昌星)인 식신(食神)이 되고, 술토(戌土)는 천의(天醫) 문서가 된다.

㉚ 기토일간(己土日干)이 해월생(亥月生)이면 해(亥) 중 갑목(甲木)이

용신(用神)이고, 해수(亥水)는 쓰지 않는다.

1) 돼지띠 성격

매사에 집착이 강하지만 체념도 빠르다. 소극적이며 비밀과 침묵을 중요하게 여긴다. 겉으로는 양성적인 것 같지만 속으로는 음성적인 면이 있다. 마음에 들면 인정에 약하지만 일단 눈 밖에 나면 독성을 품고 언젠가는 원망의 화살을 보낸다. 웃음을 잃은 것처럼 엄숙하고, 속마음을 드러내지 않는다. 성공하기 위해서라면 수단과 방법을 가리지 않는다.

2) 돼지띠 직업

수사나 탐정 분야에 특수한 재능이 있으니 수사·탐험·과학자·천문학자·사고처리·의약·생물학·신경정신과·산부인과·역사학·예언자·야간업소 등이 적합하다.

3) 돼지띠 부부연

외궁으로 보면 인년생(寅年生)·묘년생(卯年生)·미년생(未年生)이 좋다. 만일 겨울생이면 미년생(未年生)이 좋고, 여름생이면 인년생(寅年生)이나 묘년생(卯年生)이 무난하나 궁합법을 떠나서는 안 된다.

9장. 질병론

질병도 운명과 마찬가지로 태어날 때부터 정해져있다. 삼라만상은 음양(陰陽)과 오행(五行)으로 이루어져 있으니 소우주인 인체의 구성 또한 오장(五臟)을 근본으로 삼기 때문이다.

그러나 인간이 아닌 생명체들은 오장(五臟)을 고루 갖추지 못하고, 어느 한두 가지로 특징지어 있으므로 그 생김새가 다르게 나타난다. 다시 말해 소는 소만의 장기가 있어 소의 형상을 하는 것이고, 개는 개라고 부를 만한 형상과 성질이 있어 개만의 장기를 갖는 것이다. 따라서 개의 장기를 가진 소는 없고, 소의 장기를 가진 개도 없다.

그러나 인간은 우주의 구성 요소인 오행(五行)의 기질을 골고루 담은 오장(五臟)을 온전하게 갖추고 태어나, 다른 생명체들과는 근본적으로 다른 성질과 형상을 하는 것이다. 그래서 인간을 소우주 혹은 만물의 영장이라 하는 것이고, 사람이 곧 하늘이요 신이라고까지 하는 것이다. 사람을 사랑하는 것이 곧 하느님을 사랑하는 것이요 하느님의 모습을 찾으려면 사람을 보라는 것 또한 이런 이유에서다.

그럼에도 인간이 신의 경지에 이르지 못하는 것은 그 마음이 그렇게 될 수밖에 없도록 편협하게 구성되어 있기 때문이고, 그 마음에 의해서 오장(五臟) 역시 평등하게 구성될 수 없다. 그러므로 그 마음을 보면 그 오장(五臟)을 알 수 있고, 그 오장(五臟)을 보면 그 마음을 알 수 있는 것이다. 이 뿐만이 아니라 오장(五臟)의 조건에 따라 사람의 형상도 다르게 나타나므로, 소위 형상학이나 관상학이라는 학문이 생긴 것이다.

그러면 어찌하여 사람은 태어날 때부터 건강이 정해지는 것인가. 그 까닭은 업으로 정해진 운명은 바로 육신의 조건과 관계있기 때문이고, 그 육체의 조건은 제각기 다른 형상과 성질과 두뇌 등을 나타내므로 운명과 마찬가지로 이미 예정된 몸을 갖고 이 세상에 태어나기 때문이다. 따라서 육체의 조건이 운명의 조건이고, 운명의 조건이 육체의 조건이 되는 것이다. 지금까지 연구한 사주팔자를 돌이켜보면 쉽게 이해할 수 있을 것이다.

즉 목(木)은 간장과 담에 속하고, 화(火)는 심장과 소장에 속하고, 토(土)는 비장과 위장에 속하고, 금(金)은 폐장과 대장에 속하고, 수(水)는 신장과 방광에 속한다는 것은 앞에서도 설명했다. 그러므로 사주에 수(水)가 많으면 화(火)가 약해져 목화운(木火運)을 만나야 운명이 형통해지는 것처럼, 수(水)가 많으면 신장과 방광은 크고 강하지만 심장과 소장은 작고 약해질 수밖에 없는 것이다. 따라서 목화운(木火運)을 만나 간장과 심장을 다스려야만 병에 걸리지 않는다. 그런데 금수운(金水運)을 만나거나 폐장·대장·신장·방광에 좋은 약만 먹으면 간장과 심장은 더 나빠지는 것이다.

이 뿐만 아니라 간장에 속하는 목(木)의 성격은 원래 어진데, 간장이 병들면 어진 성품에도 병이 들어 분노를 잘 느낀다. 이때 약해진 목(木)을 도와주는 수목운(水木運)을 만나면 간장이 다시 좋아져 어진 천성을 되찾을 수 있다. 인간의 성격이 해마다 변하는 것도 모두 이러한 이치가 있어서다.

이렇게 사주팔자는 운명만이 아니라 건강도 예시하니 언제 어떤 병이 올지, 또 성격은 어떻게 변할지를 예측할 수 있다. 그래서 그에 맞는 처방을 하면 나빠진 오장(五臟)이 생기를 찾고 성격 또한 바르게 나타나니, 건강을 바르게 다스리는 것도 운명을 바꿀 수 있는 한 가지 방법이다. 그러니 완벽을 기할 수는 없더라도 최선의 노력을 다해야만 현명한 사람이라고 할 것이다.

지금부터는 건강을 다스리는 자연식에 대해 설명하고자 하니, 이를 바탕으로 인생살이에서 가장 부자유스러운 운명의 속박에서 벗어날 수 있도록 많이 연구해서 사회에 이바지하기를 바란다.

1. 인체와 오행(五行)

인간의 오장육부(五臟六腑)는 완벽하게 음양오행(陰陽五行)의 성격과 기능으로 구성되어 있다. 그러므로 음양오행(陰陽五行)의 사상이 동양 의학의 근간이 되었음은 물론, 시공을 초월한 우주 자체가 음양오행(陰陽五行)의 요소로 이루어져 있기 때문에 모든 학문의 근본이자 종교적인 신(神)의 실체를 규명하는 뿌리가 되는 것이 음양오행학

(陰陽五行學)이다.

따라서 음양오행(陰陽五行)의 기능을 온전하게 갖춘 인간의 실체를 파악한다면 대우주를 깨달아 이 세상의 어떤 학문이나 종교와도 통할 수 있다. 그러므로 음양오행(陰陽五行)에 배속된 오장육부(五臟六腑)의 기능을 의학적인 논리로만 볼 게 아니라, 우주의 만물이 존재하는 이치와 비교하면서 공부하는 게 지혜로운 방법이라고 할 수 있다.

따라서 음양오행(陰陽五行) 사상에 의해 해마다 변하는 기후와 우리 생활과 밀접한 관계가 되는 농작물의 풍작과 흉작, 그리고 수많은 동물과 식물이 지닌 오행(五行)의 특성을 함께 설명해보겠다. 이를 바탕으로 해마다 변하는 자신의 오장육부(五臟六腑)의 기능을 미리 알고, 그에 맞는 음식을 먹는다면 각종 질병을 예방하며 치유할 수 있을 것이다.

1. 오장육부(五臟六腑)와 음양오행(陰陽五行)

오행(五行)은 목(木)·화(火)·토(土)·금(金)·수(水)를 말하고, 음양(陰陽)은 이 오행(五行)을 강한 것과 약한 것으로 구분하는 것을 말한다. 강한 것은 양(陽)이 되고, 약하며 부드러운 것은 음(陰)이 된다. 십간(十干)과 십이지(十二支)에 음양(陰陽)이 내포되어 있다는 것은 이미 익힌 바 있다. 십간(十干)과 십이지(十二支)는 크게는 오장육부(五臟六腑)의 기능을 나타내지만, 작게는 인체의 모든 분야를 총괄한다.

필자는 의사가 아니므로 의학적인 지식을 세세하게 규명할 수는 없지만, 모든 질병의 근원은 오장(五臟)과 육부(六腑)에 있으니 이를 바탕으로 질병의 원인과 예방법과 치료법을 설명하고자 한다. 그러면 먼저 오장육부(五臟六腑)가 십간(十干)과 십이지(十二支)에 어떻게 배속되어 있는지를 알아보자.

① 목(木)은 간장과 담에 속한다.
　음목(陰木)인 을목(乙木)과 묘목(卯木)은 간장에 속하고,
　양목(陽木)인 갑목(甲木)과 인목(寅木)은 담에 속한다.

② 화(火)는 심장과 소장에 속한다.
　음화(陰火)인 정화(丁火)와 사화(巳火)는 심장에 속하고,
　양화(陽火)인 병화(丙火)와 오화(午火)는 소장에 속한다.

③ 토(土)는 비장과 위장에 속한다.
　음토(陰土)인 기토(己土)와 축토(丑土)와 미토(未土)는 비장에 속하고,
　양토(陽土)인 무토(戊土)와 진토(辰土)와 술토(戌土)는 위장에 속한다.

④ 금(金)은 폐장과 대장에 속한다.
　음금(陰金)인 신금(辛金)과 유금(酉金)은 폐장에 속하고,
　양금(陽金)인 경금(庚金)과 신금(申金)은 대장에 속한다.

⑤ 수(水)는 신장과 방광에 속한다.

음수(陰水)인 계수(癸水)와 해수(亥水)는 신장에 속하고,
양수(陽水)인 임수(壬水)와 자수(子水)는 방광에 속한다.

이상과 같이 오장(五臟)은 오행(五行)에 배속되고, 음(陰)과 양(陽)으로 분류하면 다음과 같다.

① 음(陰) 오장(五臟) : 간장·심장·비장·폐장·신장
② 양(陽) 오장(五臟) : 담·소장·위장·대장·방광

육부(六腑)란 양(陽)에 속하는 담·소장·위장·대장·방광을 말한다. 그런데 육부(六腑)이니 6가지가 있어야 하는데 5가지 밖에 없다. 그러나 실제 모양은 없지만 삼초가 여기에 포함된다. 삼초란 심장 밑의 상초, 위장 밑의 중초, 방광 위의 하초를 말한다. 위장과 소장 사이, 소장과 대장 사이, 대장과 배설기관 사이를 소통시켜 소화기능을 원활하게 하는 작용을 한다. 이것은 마치 사람과 사람 사이의 감정을 전달하는 마음이 작용하는 것과 같다.

그런데 오장(五臟)에도 무형 작용을 하는 장기가 있는데, 이것이 형체가 없는 삼초다. 그러나 포(胞)가 아기의 태를 의미하듯이, 삼초에도 심장의 근기로 사람의 생명활동을 주관하는 능력이 잠재되어 있다. 어떤 이들은 이 심포를 오장(五臟)의 하나로 봐야 한다며 오장육부(五臟六腑)론을 주장하지만 자연의 섭리에 맞지 않는다고 본다.

왜냐하면 모든 생명의 활동은 천기 작용에 의한 것이고, 그 천기의 영향으로 심포작용이 일어나기 때문이다. 그것은 대우주 관점에서 보

면 우주에 펼쳐진 천체와 만물이 멸하지 않고 계속되는 것은 무엇으로도 감지할 수 없는 무형의 어떤 힘에 지배당하기 때문이다. 따라서 이 힘을 우리는 일신의 위대한 능력으로 인식한 것으로, 수많은 종교의 태동도 이에 근거한다. 어찌 되었든 심포는 신비한 우주의 힘으로 생명활동을 지속시켜주는 모습 없는 하늘과 같고, 오장육부(五臟六腑)는 이 무형의 힘이 맡긴 기능을 다하고 있는 것이다.

2. 오장육부(五臟六腑)의 작용

오장육부(五臟六腑)의 작용은 오행(五行)의 작용과 조금도 다르지 않다. 따라서 천간(天干)과 십이지(十二支)의 특성이 오장육부(五臟六腑)에 그대로 적용된다. 오행(五行)의 상생상극(相生相剋)과 형충파해(刑沖破害)의 이론에 의해서 오장육부(五臟六腑)가 그 기능을 다하는 것이다.

그래서 오행(五行)의 상생(相生) 원리인 금생수(金生水)·수생목(水生木)·목생화(木生火)·화생토(火生土)·토생금(土生金)의 이치를 따른다. 간장과 담인 목(木)은 심장과 소장인 화(火)를 생(生)하고, 심장과 소장인 화(火)는 비장과 위장인 토(土)를 생(生)하고, 비장과 위장인 토(土)는 폐장과 대장인 금(金)을 생(生)하고, 폐장과 대장인 금(金)은 신장과 방광인 수(水)를 생(生)하고, 신장과 방광인 수(水)는 간장과 담인 목(木)을 생(生)한다.

갑기합토(甲己合土)는 담인 갑목(甲木)과 비장인 기토(己土)가 합세하여 비장과 위장을 튼튼하게 하고, 을경합금(乙庚合金)은 간장인 을목(乙木)과 대장인 경금(庚金)이 합세하여 폐장을 튼튼하게 하고, 정임합목(丁壬合木)은 소장인 병화(丙火)와 폐장인 신금(辛金)이 합(合)하여 방광을 튼튼하게 하고, 무계합화(戊癸合火)는 위장인 무토(戊土)와 신장인 계수(癸水)가 합세하여 심장과 소장을 튼튼하게 한다. 그러므로 갑목일간(甲木日干)은 기토(己土)가 합(合)을 해주지 않으면 비장과 위장이 뒤틀려 만성두통에 시달리게 되는 것이다. 충(沖)과 극(剋)도 합(合)과 같은 이치로 적용한다.

① 목극토(木剋土) : 간장과 담은 비장과 위장을 극(剋)한다.
② 토극수(土剋水) : 비장과 위장은 신장과 방광을 극(剋)한다.
③ 수극화(水剋火) : 신장과 방광은 심장과 소장을 극(剋)한다.
④ 화극금(火剋金) : 심장과 소장은 폐장과 대장을 극(剋)한다.
⑤ 금극목(金剋木) : 폐장과 대장은 간장과 담을 극(剋)한다.

따라서 사주에 목기(木氣)가 많고 강하면 간장과 담이 크고 튼튼하지만, 상대적으로 토기(土氣)인 비장과 위장은 작고 힘이 없어 비장과 위장에 병이 온다.

사주에 토기(土氣)가 많고 강하면 비장과 위장이 크고 튼튼하지만, 상대적으로 수기(水氣)인 신장과 방광은 작고 힘이 없어 신장과 방광에 병이 온다.

사주에 수기(水氣)가 많고 강하면 신장과 방광이 크고 튼튼하지만, 상대적으로 화기(火氣)인 심장과 소장은 작고 약해 신장과 소장에 병이 온다.

사주에 화기(火氣)가 많고 강하면 심장과 소장이 크고 튼튼하지만, 상대적으로 금기(金氣)인 폐장과 대장은 작고 약해 폐장과 대장에 병이 온다.

  사주에 금기(金氣)가 많고 강하면 폐장과 대장이 크고 튼튼하지만, 상대적으로 목기(木氣)인 간장과 담은 작고 힘이 약해 간장과 담에 병이 온다.

  이런 까닭에 사람의 운명이 대운(大運)·년운(年運)·월운(月運)을 거치면서 길흉이 교차하듯이, 건강도 주기적으로 흥망성쇠를 맞이하는 것이다. 그러면 질병은 언제 생기고, 어떻게 치유할 수 있는가를 규명하기 위해 앞에서 설명한 오행(五行)의 상생상극(相生相剋)에 의한 오장(五臟)의 상생상극표(相生相剋表)를 다음에 종합해보니 연구하기 바란다.

  양(陽)이 양(陽)을 극(剋)하거나 음(陰)이 음(陰)을 극(剋)하면 그 위력이 강하고, 양(陽)이 음(陰)을 극(剋)하거나 음(陰)이 양(陽)을 극(剋)하면 상대적으로 부드럽다. 다음 쪽 상생상극표(相生相剋表)와 같이 오장육부(五臟六腑)와 오미(五味), 그리고 오상(五常)을 표시했으니 숙지하기 바란다.

오행(五行)과 오장(五臟)의 상생상극표(相生相剋表)

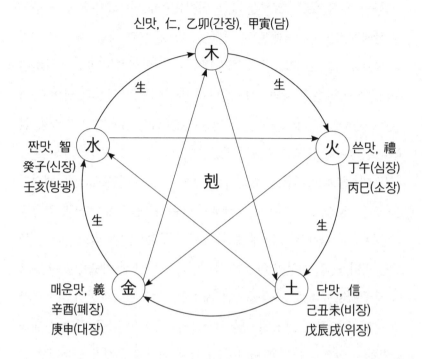

신맛, 仁, 乙卯(간장), 甲寅(담)

木

生　　　　生

짠맛, 智　水　　　　　火　쓴맛, 禮
癸子(신장)　　　　剋　　丁午(심장)
壬亥(방광)　　　　　　　丙巳(소장)

生　　　　生

매운맛, 義　金　　　　土　단맛, 信
辛酉(폐장)　　　　　　己丑未(비장)
庚申(대장)　　　　　　戊辰戌(위장)

오상(五常)은 인(仁)·의(義)·예(禮)·지(智)·신(信)을 말하고, 오미(五味)는 신맛·쓴맛·단맛·매운맛·짠맛을 말한다. 이 세상의 모든 음식에는 제각각 독특한 맛이 있고, 그 맛은 동물과 식물의 특성에 따라 다르지만 근본은 오행(五行)의 원리에 있다. 따라서 사람이 먹을 수 있는 모든 식재료는 이 5가지 맛 안에 있는 것이다.

고로 모든 동물과 식물은 생명을 유지하는 근본으로 오미(五味)가 근본이 되며, 오장육부(五臟六腑)의 근원적인 기(氣)의 바탕이 된다. 따라서 음식은 만병의 원인이 되기도 하지만 예방과 치료도 되므로, 오행(五行)의 상생(相生)·상극相剋)·상합(相合)과 마찬가지로 음식의 맛으로 장기를 다스릴 수 있다.

　오늘날 음식으로 치료하는 것을 식이요법이라고 하지만, 오행(五行)의 상생(相生)과 상극(相剋)은 물론 상합(相合)과 상충(相沖)의 이치를 모르고 함부로 먹으면 오히려 병을 더욱더 악화시킨다. 왜냐하면 목(木)에 속하는 간장과 담은 신맛이 바탕이므로 간장과 담이 약하면 신 음식을 먹거나, 목(木)을 생조(生助)하는 수(水)에 속하는 짠 음식을 먹어야 간장과 담을 회복할 수 있다.

　그런데 목(木)을 극(剋)하는 금(金)에 속하는 매운 음식을 먹거나 금(金)을 생조(生助)하는 토(土)에 속하는 단 음식을 먹으면 간장과 담은 더욱더 나빠질 수밖에 없다. 아무리 좋은 음식이라도 나에게 해로운 것이 있고, 아무리 하찮은 음식이라도 나에게 이로운 것이 있으니 사주팔자에 맞는 음식을 섭취해야 한다. 그러니 자신의 사주팔자에 나타난 오장육부(五臟六腑)의 기능을 공부한 다음, 장기 상태를 파악해서 앞으로 어디에 병이 올지, 현재 어디에 문제가 있는지를 알아야 한다. 이제 음식으로 치유하는 방법을 상세히 알아보기로 하자.

2. 오행(五行)으로 보는 질병과 치유법

　그러나 죽을 때가 된 사람은 이런 음식을 찾지 않고, 먹을 인연도 없다. 왜냐하면 죽을 사람은 틀림없이 도움이 되지 않는 음식만 찾을 뿐만 아니라, 오행(五行)의 이치를 모르는 사람들의 말을 듣고 무조건 짠 음식을 피하기 때문이다. 짜고 매운 것을 무조건 나쁘다고 하

오행(五行)과 식품

오행	곡식류	과일류	채소류	육류, 해산물	기타
木	보리, 밀, 흑미, 귀리, 팥, 메밀, 강낭콩	사과, 귤, 포도, 잣, 딸기, 호도, 매실, 자두	부추, 깻잎, 녹색채소, 들깨, 신동치미	닭고기, 개고기, 계란, 조개류, 메추리, 동물의 간, 고등어, 꽁치	식초, 참기름, 들기름
火	수수, 기장, 팥	은행, 사과, 자두, 해바라기씨, 토마토	냉이, 상추, 쑥갓, 풋고추, 씀바귀, 취나물, 도라지, 더덕	양고기, 메두기, 곱창, 칠면조고기, 염통, 명태, 참새, 해산물	익모초, 면실유, 짜장, 영지
土	조, 수수, 기장	참외, 대추, 바나나	호박, 아욱, 미나리, 시금치, 당근, 고구마	소고기, 돼지고기, 토끼고기, 내장, 황조기	된장, 포도당, 칡, 꿀
金	조, 현미, 흑미, 율무	복숭아, 배	마늘, 양파, 무, 달래, 표고버섯, 고추	말고기, 어패류, 동물 내장, 개고기, 고등어	수정과, 생강차, 후추, 겨자, 흰 깨, 고추장
水	콩, 조, 옥수수	수박, 밤	파래, 우엉, 마	돼지고기, 미역, 다시마, 파래, 김, 굴비, 젓갈류	소금, 된장

는 것은 심오한 음양오행(陰陽五行)의 이치를 모르는 서양 의학의 편견에 지나지 않으니 각별히 조심해야 한다.

예를 들어 신장이 병들어 당뇨가 왔는데도 무조건 짠 것을 먹지 못하게 해서 병을 키우는 것이다. 서양 의학만이 전부는 아니니 까닭도 모르면서 동양 의학을 무시해서는 안 된다. 적어도 서양의 사상과 문화는 동양에 뿌리를 두고 있다는 사실만이라도 안다면 그러한 말들을 무조건 따르지는 않을 것이다.

사람이 주로 먹는 식재료에는 5가지 곡식과 5가지 동물이 있다. 5가지 곡식을 오곡(五穀)이라 하고, 5가지 동물을 오축(五畜)이라 한다. 오곡(五穀)은 쌀·보리·기장·콩·조를 말하고, 오축(五畜)은 소·말·양·돼지·닭을 말한다. 오미(五味)·오곡(五穀)·오축(五畜)을 오행(五行)으로 분류하면 다음과 같다.

오행(五行) 속성표

五行	木	火	土	金	水
五臟	간장	심장	비장	폐장	신장
六腑	담	소장	위장	대장	방광
五常	仁	義	禮	智	信
五穀	보리	기장	조	쌀	콩
五畜	개	양	소	말, 닭	돼지
五味	신맛	쓴맛	단맛	매운맛	짠맛
五色	청	적	황	백	흑
五方	동	남	중앙	서	북

① 목(木)은 오미(五味)로는 신맛, 오곡(五穀)으로는 보리, 오축(五畜)으로는 개, 오장(五臟)으로는 간장, 육부(六腑)로는 담낭에 속한다.

② 화(火)는 오미(五味)로는 쓴맛, 오곡(五穀)으로는 기장, 오축(五畜)으로 양, 오장(五臟)으로는 신장, 육부(六腑)로는 소장에 속한다.

③ 토(土)는 오미(五味)로는 단맛, 오곡(五穀)으로는 조, 오축(五畜)으로는 소, 오장(五臟)으로는 비장, 육부(六腑)로는 위장에 속한다.

④ 금(金)은 오미(五味)로는 매운맛, 오곡(五穀)으로는 쌀, 오축(五畜)으로는 말, 오장(五臟)으로는 폐장, 육부(六腑)로는 대장에 속한다.

⑤ 수(水)는 오미(五味)로는 짠맛, 오곡(五穀)으로는 콩, 오축(五畜)으로는 돼지, 오장(五臟)으로는 신장, 육부(六腑)로는 방광에 속한다.

이외에도 떫은맛이 있는데 곡식에서는 수수, 동물에서는 생선, 장기에서는 심포와 삼초로 본다. 심포와 삼초의 근본 기운은 열이니 목기(木氣)와 화기(火氣) 음식은 좋지만, 금기(金氣)와 수기(水氣) 음식은 좋지 않다.

오곡(五穀)과 오축(五畜)을 오행(五行)으로 분류했지만 이외의 모든 동식물도 오행(五行)의 오미(五味)로 분류되어 있으므로 값비싼 곡식과 육식으로만 건강을 찾으려 하지 말고, 일상에서 먹는 모든 음식 중에서 자신에게 맞는 것을 섭취해야 한다. 이렇게 하는 것이 진정한 식이요법이다.

음식 외에도 색깔과 방위, 마음 씀씀이로 병을 치료하는 방법이 있다. 예를 들어 목(木)은 동쪽과 청색과 인(仁)을 담당하니, 사주에 목기(木氣)가 약하면 동쪽으로 머리를 두고 자고, 앉을 때도 동쪽이나 북쪽을 향하면 머리가 맑아진다(오행속성표 참고).

세계 민족들을 살펴보면 실로 놀라운 사실을 알 수 있다. 이탈리아와 브라질 같은 남미 나라 사람들은 적색을 좋아하는데, 통계를 보면 그곳 사람들은 심장이 약한 편이다. 환경과 조건에 따라 인체의 건강도 진화한다고 볼 수 있는 대목이다.

더운 지역에 사는 사람들은 자연히 차가운 수기(水氣)가 강해야만 적응하기 쉬우니 몸도 차고, 추운 지역에 사는 사람들은 화기(火氣)가 많아야 하니 몸이 따뜻하다. 그래서 열대 지방 사람들은 추위를 참지 못하고, 한대 지방 사람들은 더위를 참지 못하는 것이다.

따라서 화기(火氣)가 많은 지역 사람들은 신장과 방광이 강하니 성능력이 뛰어나고, 수기(水氣)가 많은 지역 사람들은 심장이 크고 튼튼한 대신 신장과 방광이 약해 성기능을 일찍 잃는다. 사계절이 뚜렷한 지역 사람들은 방위의 영향을 많이 받는 편이다.

한국인들은 흰색 옷을 즐겨 입고, 중국인들은 붉은색 옷을 좋아하는 것도 역학 이론으로 보면 당연한 현상이다. 우리나라는 동방으로 목기(木氣)가 강하니 금기(金氣)인 백색이 필요하고, 중국은 금기(金氣)가 강하니 당연히 금기(金氣)를 제압하는 적색이 필요해서 그런 것이다. 강하면 억제하고 약하면 도와준다는 역학 이론에 맞지 않는 것이 없다.

1. 목(木) : 간장과 담

목(木)은 간장과 담의 근본 기운이다. 을목(乙木)과 묘목(卯木)은 간장을 담당하고, 갑목(甲木)과 인목(寅木)은 담을 담당한다. 따라서 을목(乙木)이나 묘목(卯木)이 강하면 간장이 크고 튼튼하지만, 약하면 간장이 작고 약하다. 이때 목기(木氣)가 약해지는 금운(金運)을 만나면 간장이 병든다.

갑목(甲木)이나 인목(寅木)이 강하면 담이 크고 튼튼하지만, 약하면 담이 작고 약하다. 이때 목기(木氣)가 약해지는 금운(金運)이나 화운(火運)을 만나면 담이 병든다.

갑목(甲木)과 을목(乙木)은 같은 오행(五行)으로 서로 보완해주는 관계이므로, 갑목(甲木)이 약해도 을목(乙木)이 강하면 갑목(甲木)이 힘을 얻고, 을목(乙木)이 약해도 갑목(甲木)이 강하면 을목(乙木)이 힘을 얻어 간장과 담이 건강해진다.

사주에 목기(木氣)가 강하면 반드시 토기(土氣)가 약해져 비장과 위장이 병든다. 이럴 때는 금운(金運)을 만나 강한 목기(木氣)를 제압하거나, 화운(火運)을 만나 강한 목기(木氣)를 설(洩)해서 토기(土氣)를 도와줘야만 비장과 위장이 병들지 않는다.

만일 사주에 화기(火氣)는 없고 목기(木氣)와 토기(土氣)만 있으면 간장과 담인 목(木)과 비장과 위장인 토(土)는 상극(相剋)이 되어 서로 싸우니 간장·담·비장·위장이 모두 상한다.

또 목기(木氣)가 약할 때는 수운(水運)과 목운(木運)을 만나야 간장과 담이 건강해진다. 그렇지 않고 금운(金運)이나 토운(土運)을 만나면 목기(木氣)가 극(剋)을 받아 더 약해지니 간장과 담도 더 나빠진다.

예1) 남명

시 일 월 년   58 48 38 28 18 8
乙 甲 戊 乙   壬 癸 甲 乙 丙 丁
亥 辰 寅 卯   申 酉 戌 亥 子 丑

본명은 갑목일간(甲木日干)이 인월(寅月)에 태어나 득령(得令)하고, 인묘진(寅卯辰) 방합(方合)으로 목국(木局)을 이루고, 시지(時支) 해수(亥水)가 목(木)을 도와주니 일간(日干) 갑목(甲木)의 기세가 대단하다. 따라서 병화(丙火)로 갑목(甲木)을 설기(洩氣)하거나, 토(土)가 금(金)을 도와주거나, 금운(金運)을 만나 갑목(甲木)을 억제해야만 토(土)인 비장과 위장이 상하지 않는다.

그러나 수운(水運)이나 목운(木運)을 만나면 갑목(甲木)이 더욱더 강해져 토(土)를 심하게 극(剋)하니 토(土)인 위장에 병이 오고, 위장이 나빠지면 비장도 나빠진다. 화토금운(火土金運)을 만나야만 병도 낫고 운명도 좋아져 안락한 생활을 할 수 있다.

본명은 계대운(癸大運)까지는 위장병에 시달리고 운명도 나빠져 고생이 많을 것이다. 그러나 유대운(酉大運)부터는 금기(金氣)가 갑목(甲木)을 억제해주니 토(土)인 비장과 위장이 건강해지고, 운명도 뒤늦게 발복해서 그동안의 고생을 보상받으며 안락해질 것이다.

예2) 여명

시 일 월 년	57 47 37 27 17 7
己 乙 辛 庚	乙 丙 丁 戊 己 庚
卯 酉 巳 申	亥 子 丑 寅 卯 辰

 본명은 을목일간(乙木日干)이 사월(巳月)에 태어나 실령(失令)·실세(失勢)했는데, 시지(時支) 묘목(卯木)에 뿌리를 내려 신약(身弱)은 면했다. 그러나 간지(干支)에 관살(官殺)인 경신신유(庚辛申酉)의 극(剋)이 심심하고, 설상가상으로 시상(時上)의 기토(己土) 재성(財星)이 관성(官星)을 생(生)하니 일간(日干) 을목(乙木)이 기력을 잃고 말았다.

 따라서 본명은 금(金)인 폐장과 대장은 튼튼하지만, 목(木)인 간장과 담이 약하다. 그리고 금(金)이 토(土)를 심하게 설기(洩氣)하니 토(土)에 해당하는 비장과 위장도 약하다. 그러나 강한 금기(金氣)가 목기(木氣)를 제압하거나, 수운(水運)을 만나 금기(金氣)를 설(洩)해서 일간(日干) 을목(乙木)을 생(生)해주거나, 비겁(比劫)인 목운(木運)을 만나면 간장과 담이 좋아질 수 있다.

 7~16세 경진대운(庚辰大運)에서는 간장과 담이 나빠지기 시작했다.

 17~26세 기묘대운(己卯大運)에서는 묘목(卯木)과 유금(酉金)이 상충(相沖)하자 간장과 담에 병이 들었다.

 27~36세 무인대운(戊寅大運)에서는 인신(寅申)이 충(沖)하자 간장과 담 질환이 고질병이 되어 치료할 수 없었고, 운도 흉하기만 했다.

 37~46세 정축대운(丁丑大運)에서는 사유축(巳酉丑)이 금국(金局)

을 이루어 약한 목(木)을 극상(剋傷)하자 운명은 물론 간장과 담도 더욱더 나빠졌다. 그러나 대운(大運) 정화(丁火)가 금(金)을 극(剋)하고 살(殺)을 덜어내 위기는 모면했다.

47~56세 병자대운(丙子大運)에서는 자수(子水)가 왕성한 금기(金氣)를 설(洩)해서 일간(日干) 을목(乙木)을 도와주자 간장과 담도 생기를 찾았고, 운명도 좋아지기 시작했다. 그러나 오랜 세월 지병에 시달려온 탓으로 쉽게 회복되지는 않았다.

57세 을해대운(乙亥大運)에서는 해수(亥水)가 제살(除殺)하는 상관(傷官) 사화(巳火)를 충(沖)하자 생을 마감했다. 사화(巳火)는 심장과 소장에 속하는데 간장과 담인 목(木)이 약해서 신장과 소장인 화(火)를 생(生)할 수 없어 심장에 이상이 생겼기 때문이다.

1) 간장이나 담이 병들면

간장과 담에 속하는 목(木)은 인(仁)을 담당하고, 인(仁)은 어질다는 뜻이다. 간장과 담이 병들면 어진 마음에도 병이 들고, 어진 마음이 병들면 성격이 난폭해지고, 화를 잘 내고, 목소리가 크고, 말에 독기가 있고, 시기와 질투심이 많아진다.

머리에 해당하는 갑목(甲木)을 기토(己土)가 합(合)해주지 않으면 평생 두통에 시달리고, 손등과 발등에 해당하는 인목(寅木)이 충극(沖剋)을 당하면 손등과 발등에 문제가 생기고, 목에 해당하는 을목(乙木)이 약하면 목에 이상이 오고, 손가락과 발가락에 해당하는 묘목(卯木)이 약하거나 형충(刑沖)을 당하면 손가락과 발가락에 이상이 오거나 다친다.

십이지(十二支)와 사지오체

地支	사지오체	地支	사지오체
子	방광, 요도, 귀	午	정신, 안목, 눈
丑	발, 무릎, 맹장	未	팔, 허리, 명치, 척추
寅	머리, 손, 담	申	경락, 신경, 근골
卯	정강이, 손가락, 이마	酉	정혈, 월경, 코
辰	피부, 어깨, 가슴	戌	발, 명문, 항문, 갈비
巳	얼굴, 치아, 목구멍, 편도	亥	생식기, 자궁

간장과 담에 해당하는 목(木)이 약하면 무서움을 많이 타고, 용기가 없고, 항상 긴장하고, 쉽게 피로를 느낀다. 심하면 헛구역질을 하며 얼굴색이 검어진다. 또 소화도 잘 안 되고, 현기증이 있고, 근육 경련과 손발에 쥐가 잘 난다. 또 눈의 정기는 간장에 있으니 눈물이 많아지고, 시력이 떨어지고, 황달이 오기 쉽고, 오른쪽 옆구리가 결리기도 한다.

2) 간장이나 담에 문제가 생기면 오는 질병

간장이나 담에 문제가 생기면 간염·간경화·간암·황달·눈·힘줄·목·손발·두통·현기증·신경통·만성피로·신경질환 등이 따른다.

3) 간장과 담을 건강하게 하는 방법

간장과 담에 해당하는 목(木)은 신맛을 담당하니 구수하며 누린내 나는 음식이 좋다. 사주에서 갑을인묘목(甲乙寅卯木)이 약하면 신맛 기운이 약하니 당연히 신 음식과 목기(木氣)를 도와주는 수기(水氣)인 짠 음식을 먹어야 간장과 담에 생기가 돈다. 그래서 목기(木氣)가 약한 사람은 유난히 시고 짠 것을 좋아한다.

사주에 목기(木氣)가 약하면 간장과 담이 작고 약해서 간장이나 담에 병이 온다. 이럴 때는 시고 짠 음식을 먹어야 한다. 반대로 목기(木氣)가 강하면 시고 짠 것은 해롭다. 간장과 담은 신맛과 짠맛 기운을 받아 더욱더 강해져 비장과 위장을 극파(剋破)해서 비장과 위장을 병들게 하는 것이다.

이럴 때는 목기(木氣)를 설(洩)하는 화기(火氣)의 쓴 음식이 가장 좋다. 쓴맛 화기(火氣)가 단맛 토기(土氣)를 도와줘서 비장과 위장에 생기를 불어넣기 때문이다. 그리고 단 음식을 먹어 위장과 비장의 기운을 북돋고, 매운 음식으로 폐장과 대장을 건강하게 만들어 목기(木氣)인 간장과 담을 억제하는 것도 큰 효과가 있다.

그리고 목(木)은 동쪽을 담당하니, 사주에 목기(木氣)가 약하면 동쪽으로 머리를 두고 자고, 앉을 때도 동쪽이나 북쪽을 향하면 머리가 맑아진다. 그러나 목기(木氣)가 강하면 동쪽과 북쪽은 해롭고, 남쪽이나 서쪽을 향해야 좋다.

또 목(木)은 청색과 인(仁)을 담당하니, 사주에 목기(木氣)가 약하면 청색과 흑색은 좋지만, 황색과 백색은 상극(相剋)이 되니 나쁘다. 반면에 목기(木氣)가 강하면 백색과 황색이 좋고 적색도 무난하지만, 청색과 흑색은 목기(木氣)를 더 강하게 만드니 좋지 않다. 그리고 강한 목기(木氣)의 폭발적인 감정으로 목기(木氣) 특유의 온화함을 잃지 않도록 해야 한다.

4) 간장과 담에 좋은 음식

간장이나 담이 약하면 목기(木氣)인 보리밥을 많이 먹고, 개고기·기장·양고기도 좋다. 그러나 조·소고기·말고기·돼지고기는 좋지 않고, 목기(木氣)를 도와주는 콩이나 돼지고기가 좋다. 주식인 곡식은 골고루 먹되, 자신의 오장육부에 좋은 것은 많이 먹고 나쁜 것은 삼가야 한다. 육식이 맞지 않으면 피하고, 맞으면 알맞게 먹어야 좋다. 간장과 담에 좋은 신맛 식재료는 다음과 같다.

■ 신맛 식재료
① 식물 : 보리·팥·밀·깨·땅콩·오미자·사과·귤·완두콩·강낭콩·딸기·잣·호도·오렌지·부추·신김치·감자·칡뿌리·모과·식초·참기름·들기름 등.
② 동물 : 개고기·메추리고기·웅담과 각종 동물의 간 등.

5) 간장과 담의 질병과 식이요법

간장이나 담이 병들었을 때는 기본적으로 시고 짠 것을 많이 먹고, 달고 매운 것은 피한다.

• 간암 : 알콜중독 등으로 간장에 영양은 부족한데 열량은 넘쳐 식욕이 떨어진다. 쉽게 피로해지고, 정신쇠약 증세가 있고, 위장이 더부룩하고, 소화가 잘 안 된다. 간장이 병들면 간장이 붓는데 위장이 극(剋)을 받기 때문이다. 심하면 통증이 따르고, 호흡이 곤란해지고, 하혈을 한다. 녹황색 채소·두부·치즈·콩가루 등이 좋은데, 채

소는 생즙으로 먹는 게 좋다.

- **간염** : 쉽게 피로해지고, 감기 기운이 있고, 두통과 구토가 따르고, 명치에 통증이 있고, 미열이 나고, 눈에는 황달기가 있고, 소변이 황색으로 변한다. 약쑥·칡뿌리·민들레·구기자 생즙을 마시면 좋다. 율무 뿌리를 달여 먹거나, 구기자 생잎에 흑설탕을 넣어 볶아 먹어도 좋다. 논우렁이도 특효가 있고, 모과차를 수시로 마시면 빨리 회복할 수 있다.

- **간디스토마** : 얼굴색이 검어지고, 피부에 황달이 오고, 설사가 심해지고, 시력이 떨어져 밤에는 잘 보이지 않는다. 간디스토마는 민물고기나 미나리 같은 것에서 감염되니, 이런 것들을 먹으면 바로 간장에 영양을 공급해야만 예방할 수 있다. 신맛 중에서도 석류가 좋고, 고추도 좋다. 고추는 매운맛으로 간장을 극(尅)하지만 신맛을 좋아하는 디스토마균을 없앨 수 있다. 풋고추를 한 번에 몇 개씩 먹으면 큰 효과를 볼 수 있다.

- **간질** : 자신도 모르게 의식을 잃고 쓰러져 사지가 뒤틀리고, 입에서 거품이 나오고, 눈동자가 돌아간다. 발작 전에 목이나 등뼈 양쪽 부위나 복부에 딱딱한 것이 생기는데, 이것을 손으로 문지르면 부드러워지고 발작도 하지 않는다. 파초나 감람나무잎 즙이 특효다. 수꿩을 태워 가루를 낸 뒤 매일 물 한 컵에 한 숟가락씩 먹거나, 콧구멍에 웅담을 한두 방울씩 넣으면 효과가 있다.

2. 화(火) : 심장과 소장

화(火)는 심장과 소장의 근본 기운이다. 병화(丙火)와 사화(巳火)는 소장을 담당하고, 정화(丁火)와 오화(午火)는 심장을 담당한다. 따라서 사주에 화기(火氣)가 강하면 심장과 소장은 크고 튼튼하지만, 폐장과 대장은 금기(金氣)의 극(剋)을 받아 작고 약해진다. 그러나 화기(火氣)가 약한데 수기(水氣)가 강하면 신장과 방광은 크고 튼튼하지만, 심장과 소장은 약해지고, 금운(金運)과 수운(水運)을 만나면 심장과 소장에 병이 든다.

병화(丙火)는 어깨도 주관하니 수기(水氣)가 강하면 어깨가 쑤시며 무겁다. 정화(丁火)는 눈도 주관하니 정화(丁火)가 약하면 시력이 나빠지진다. 사화(巳火)는 얼굴도 주관하니 사화(巳火)가 약하고 해수(亥水)의 충(沖)을 받으면 얼굴에 경련이 일어나거나 사고를 당할 수도 있다. 오화(午火)는 정신과 눈도 주관하니 오화(午火)가 약하면 정신이 혼미해지거나 눈앞이 캄캄해지고, 자수(子水)가 오화(午火)를 충(沖)하면 정신분열이 오기 쉽고, 심하면 실명할 수도 있다.

그러므로 화기(火氣)가 약하면 목화운(木火運)을 만나야 운명도 좋아지고 건강도 좋아진다. 만약 화기(火氣)가 약한데 금수운(金水運)을 만나면 운명만이 아니라 심장과 소장의 병이 더욱더 깊어진다.

심장이 약하면 어깨·허리·무릎이 아프고, 꿈도 자주 꾸는데 잘 맞는다. 그리고 영감이 뛰어나 예언을 잘해서 주위를 놀라게 하고, 무(巫) 기운이 나타나 심하면 무속인이 될 수도 있다. 심장은 본래 사람의 신(神)이 머무는 곳이므로, 심장이 약하면 자신의 신(神)이 수기

(水氣)를 견디지 못해 다른 신(神)이 들어와 무당이 되는 것이다.

화기(火氣)가 강하면 폐장과 대장이 병드는데 금운(金運)과 수운(水運)이 만나면 병도 생기지 않고 운명도 좋아진다. 그러나 목화운(木火運)을 만나면 금기(金氣)인 폐장과 대장에 문제가 생긴다.

예1) 남명
시 일 월 년   53 43 33 23 13 3
庚 丁 己 丁   癸 甲 乙 丙 丁 戊
子 未 酉 丑   卯 辰 巳 午 未 申

본명은 정화일간(丁火日干)이 유월(酉月)에 태어나 매우 약한데, 유금(酉金)과 축토(丑土)가 합(合)하여 금(金)으로 변하고, 시주(時柱)에서 경금(庚金)과 자수(子水)가 합(合)하니 금수(金水)가 너무 많다.

일간(日干) 정화(丁火)가 일지(日支)의 미(未) 중 정화(丁火)에 뿌리를 내리고, 년상(年上) 정화(丁火)가 도와주니 약하지 않은 것 같지만, 시상(時上) 경금(庚金)이 시지(時支) 자수(子水)를 생(生)하니 매우 약해졌다. 따라서 이 사람은 태어날 때부터 심장이 약해 겁이 많고 잘 놀랐다.

3~13세 무신대운(戊申運)까지는 심장 때문에 잔병치레를 많이 하며 운세도 나빴다.

13~22세 정미대운(丁未大運)에서는 정화(丁火)가 도움을 받아 심장에 생기가 생겼고, 운명도 48세 갑운(甲運)까지 상승했다.

53세 계묘대운(癸卯大運)에서는 용신(用神)인 묘목(卯木)이 유금(酉

金)을 충(沖)하고, 대운의 천간(天干) 계수(癸水)가 정화(丁火)를 파극(破剋)하자 사망했다.

예2) 여명
시 일 월 년	58 48 38 28 18 8
庚 丙 癸 癸	己 戊 丁 丙 乙 甲
寅 子 亥 未	巳 辰 卯 寅 丑 子

　본명은 병화일간(丙火日干)이 인월(寅月)에 태어나 매우 약한데, 계수(癸水)와 자수(子水)가 병화(丙火)를 극(剋)하고, 시상(時上) 경금(庚金)이 수기(水氣)를 돕고, 병화(丙火)는 인목(寅木)과 미토(未土)에 뿌리를 내려 병화(丙火)의 기세가 대단하다. 그러나 금기(金氣)와 수기(水氣)가 너무 많아 불을 지필 수가 없는데, 대운(大運)이 자축(子丑)으로 흘러 축대운(丑大運) 27세까지는 젊은데도 소장에 문제가 있었다. 그러나 28세 병인대운(丙寅大運)부터는 소화기능도 좋아지고 운명도 절정기를 맞았다.

1) 심장이나 소장이 병들면

　심장과 소장을 주관하는 화기(火氣)는 예(禮)에 속하므로, 심장이나 소장이 병들면 예의도 병들어 버릇이 없고 천방지축이 된다. 신(神)이 머무는 곳인 심장이 허약하면 무서움이 많아 혼자 밤길을 가지 못하고, 잘 놀라며 가슴이 두근거린다. 그리고 성격도 조급해져 폭발했다가도 돌아서면 잊어버리고, 말을 더듬기도 한다.

시력도 떨어지고, 신트림도 자주하고, 심장에 통증이 오고, 팔꿈치도 가끔 아프다. 여자는 오른쪽, 남자는 왼쪽 어깨가 결리며 허리와 무릎이 아프다. 명치끝이 아프고, 혓바늘이 돋기도 한다.

대개 여드름이 많이 나는 편인데, 심장이 강한 사람도 같은 증세가 나타난다. 열이 머리로 치솟기 때문이다. 심장이 약하면 혈압이 높고 두통이 있다. 신장이 약하면 오히려 혈압이 없다. 일반적인 상식으로는 화기(火氣)가 강해서 혈압이 높아진다고 생각하지만 그렇지 않다.

물론 화기(火氣)가 왕성하면 혈압이 높아지지만 보통은 화기(火氣)가 약한 사람이 혈압이 높아진다. 화기(火氣)가 약하기 때문에 열기가 머리로 치솟기 때문이다. 약하다는 것은 가볍다는 뜻이고, 가벼우면 위로 올라가기 마련이다. 그러니 열이 있다고 무조건 차게 하면 심장이 더 약해진다. 그러니 심장이 약한 사람은 냉수욕이나 날 음식이나 찬물을 조심해야 한다.

2) 심장이나 소장에 문제가 생기면 오는 질병

저혈압·손발관절통·혀·얼굴·고혈압·심장판막 등이 있다.

3) 심장과 소장을 건강하게 하는 방법

화기(火氣)가 강하면 금수(金水)로 제압하고, 화기(火氣)가 약하면 목화(木火)로 돕는 게 원칙이다. 화기(火氣)가 강하면 심장과 소장은 크고 튼튼하지만, 금기(金氣)와 수기(水氣)는 약해진다. 화기(火氣)가 충천하면 수기(水氣)가 마르고, 수기(水氣)가 마르면 신장과 방광이 나빠지기 때문이다. 따라서 금수(金水)에 해당하는 맵고 짠 음식을 골고루 먹어야 한다. 목화(木火)에 해당하는 시거나 쓴 음식은 화기(火氣)를 더욱더 가중시켜 폐장·대장·신장·방광을 병들게 한다.

화기(火氣)가 약하면 심장과 소장이 작고 약해서 심장과 소장에 병이 온다. 이럴 때는 목화(木火)에 해당하는 시거나 쓴 음식을 먹어야 한다. 만일 금수(金水)에 해당하는 맵고 짠 것을 먹으면 심장은 더욱더 약해져 병이 들고, 소장에도 병이 들어 소화기능이 떨어진다.

심포는 떫은맛을 담당하는데 현대 의학에서는 심장판막이라고 한다. 숨이 차서 뛰거나 힘든 일은 할 수 없다. 이럴 때는 떫은 음식을 오래 먹으면 병세가 좋아질 수 있다.

그리고 화(火)는 남쪽에 해당하니 심장이나 소장이 약하면 동쪽이나 남쪽을 향해야 좋고, 강하면 서쪽과 북쪽을 향해야 좋다. 화(火)는 또 적색에 해당하니 심장이나 소장이 약하면 청색과 적색이 좋고, 강하면 백색과 흑색이 좋다.

4) 심장과 소장에 좋은 음식

심장과 소장에 좋은 음식은 쓴맛·떫은맛·신맛 순이다. 그러나 심장과 소장이 강할 때는 맵고 짠 것을 먹어 폐장·대장·신장·방광을 튼튼하게 만들어야 건강해진다. 심장과 소장이 나쁘면 기장과 보리밥이 좋고, 육식으로는 양고기와 개고기가 좋다. 쌀·콩·말고기·닭고기·돼지고기는 피하는 것이 좋다. 심장과 소장이 좋으면 이와 반대로 하면 된다. 떫은맛은 심장판막을 좋게 하므로 화기(火氣)가 부족한 사람은 반드시 섭취해야 한다. 심장과 소장에 좋은 쓴맛 식재료는 다음과 같다.

■ 쓴맛 식재료

• **식물** : 씀바귀·냉이·쑥·쑥갓·취나물·익모초·해바라기씨·은행·커
　　　피·영지·인삼·더덕·도라지·조·다시마·두릅·솔잎·도토리·
　　　벽오동잎·소주 등.

• **동물** : 고양이와 양 염통·메뚜기·칠면조고기 등.

5) 심장과 소장의 질병과 식이요법

　기본적으로 쓰거나 떫은 음식을 많이 먹고, 그 다음으로는 신 음식
을 먹어야 한다.

• **심장판막** : 숨이 차서 뛰지 못하고, 힘든 일을 할 수 없다. 옥수수·
　　　수수·녹두·도토리묵·토마토·오이·가지·콩나물·고사리·양배추·
　　　양고기·오리고기를 늘 먹으면 좋다.

• **고혈압** : 아침에 뒷머리가 아프거나 무겁고, 머리가 맑지 않고, 귀가
　　　멍멍해지고, 손발이 저리고, 밤에 잠을 잘 자지 못하고, 쉽게 흥분
　　　하거나 피로해지고, 빈혈이 있다. 다시마를 생으로 먹으면 좋고, 찹
　　　쌀·꿀·다시마를 섞어 찻숟가락으로 매일 아침·점심·저녁으로 먹
　　　으면 좋다. 또 봄에 막 돋아난 솔잎을 생으로 먹거나 차를 만들어
　　　마셔도 좋다. 손발이 저릴 때는 미역을 생으로 먹으면 특효가 있다.

• **저혈압** : 현기증이 있고, 손바닥에 땀이 나고, 신경쇠약 증세가 있고,
　　　손발이 저리고, 가슴이 답답하고, 소화가 잘 안 되고, 어깨와 관절

이 아프며 힘이 없고, 헛것이 보인다. 밥에 옥수수·녹두·수수를 섞어 먹고, 송이버섯·우엉·고사리·가지·도토리 가루·토란·당근·죽순 등을 생으로 먹으면 효과가 있고, 양고기와 오리고기도 좋다.

• **여드름과 기미** : 율무로 죽을 쑤어 먹거나 율무나무 가지를 잘라 액을 바르면 효과가 있다. 감나무잎을 달여 차처럼 마시면 더욱더 효과가 있다. 여드름과 기미는 세수한 후에 정갈한 민들레 줄기 즙을 수시로 바르면 사라진다.

3. 토(土) : 비장과 위장

토(土)는 비장과 위장의 근본 기운이다. 양토(陽土)인 무진술(戊辰戌)은 위장을 주관하고, 음토(陰土)인 기축미(己丑未)는 비장을 주관한다. 따라서 사주에서 무진술토(戊辰戌土)가 강하면 위장은 크고 튼튼하지만, 신장과 방광이 작고 약한데 특히 방광이 좋지 않다. 기축미토(己丑未土)가 강하면 비장은 크고 튼튼하지만, 신장과 방광은 작고 약해지는데, 특히 신장이 좋지 않다.

그러므로 토기(土氣)가 강하면 수기(水氣)가 약해져 신장이나 방광에 병이 온다. 이럴 때는 금운(金運)이나 수운(水運)을 만나야 신장과 방광에 생기가 돈다. 그리고 목기(木氣)인 간장은 비장과 위장을 극(剋)하니 목운(木運)에도 신장과 방광을 보호할 수 있어 나쁘지 않다.

토기(土氣)가 약하면 비장과 위장이 작고 약해진다. 이럴 때는 화토운(火土運)을 만나야 비장과 위장이 생기를 얻는다. 만일 수목운(水木運)을 만나면 비장과 위장이 극(剋)을 받아 비장과 위장에 병이 온다.

예1) 남녀
시 일 월 년　　51 41 31 21 11 1
甲 戊 丙 丁　　壬 辛 庚 己 戊 丁
寅 申 午 巳　　子 亥 戌 酉 申 未

　본명은 무토일간(戊土日干)이 사오(巳午)에서 득령(得令)·득지(得地)하고, 인성(印星)인 병화(丙火)와 정화(丁火)의 도움을 받아 매우 왕성한데, 사주에 수기(水氣)가 없으니 너무 건조하다.
　따라서 위장과 심장과 소장이 크고 강하다. 그러나 화기(火氣)가 왕성해 신금(申金)이 미약하니 대장이 병들고, 신장과 방광도 허약하다. 수(水)로 조후(調候)하고, 금(金)으로 수(水)를 도와주어야만 신장과 방광이 건강해지고, 폐장과 대장도 생기를 찾을 수 있다.
　1~10세 정미대운(丁未大運)에서는 일간(日干) 무토(戊土)와 병정화(丙丁火)가 더욱더 왕성해져 몹시 가난하게 살았고, 어린시절부터 폐장과 대장이 나빠 감기와 설사가 잦았다.
　11~30세 무신(戊申)과 기유(己酉) 대운(大運)에서는 신금(申金)과 유금(酉金)이 약한 금(金)을 도와주지만, 병정사오화(丙丁巳午火)를 이길 수 없고, 수(水)도 도와줄 수 없다.
　31~40세 경술대운(庚戌大運)에서는 인오술(寅午戌) 삼합(三合)으로 화국(火局)을 이루어 일지(日支) 신금(申金)이 기능을 발휘할 수

없자 폐병에 걸리고, 생활도 말할 수 없이 가난했다. 그러나 다행히 대운(大運)의 천간(天干) 경금(庚金)이 구제해줘 겨우 목숨만은 부지할 수 있었다.

41~50세 신해대운(辛亥大運)에서는 금수(金水) 용신운(用神運)을 만나 생전 처음 건강이 좋아질 기미가 보였고, 빈곤에서도 차차 벗어날 수 있었다.

51세 임자대운(壬子大運)에서는 대운(大運) 자수(子水)가 월령(月令) 오화(午火)를 충(沖)하자 쇠신충왕(衰神沖旺)에 왕신발(旺神發)로 세상을 떠났다.

만병은 오행(五行)의 불화에서 비롯되고, 불화는 지나치게 강하거나 약한 게 원인이다. 오행(五行)이 중화되거나 상생(相生)하거나 잘 흐르면 병이 없지만, 편중되거나 불화하거나 끊기면 병이 많이 생긴다.

예2) 남명

시 일 월 년	55 45 35 25 15 5
乙 己 己 乙	癸 甲 乙 丙 丁 戊
亥 未 卯 巳	酉 戌 亥 子 丑 寅

본명은 기토일간(己土日干)이 년지(年支) 사화(巳火)와 일지(日支) 미토(未土)에 뿌리를 내리고, 월간(月干)에서 비견(比肩) 기토(己土)가 도와주니 약하지 않다. 그러나 지지(地支)에서 해묘미(亥卯未)가 목국(木局)을 이루어 살기(殺氣)가 대단한데, 년상(年上)과 시상(時上) 을목(乙木)이 살기(殺氣)를 보탠다. 따라서 일간(日干) 기토(己土)가

득지(得地)했다고는 하나 칠살(七殺) 목기(木氣)의 공격을 버텨낼 수가 없다.

이 사람은 선천적으로 비장이 작고 약하니 위장도 나쁘다. 왜냐하면 비장과 위장은 부부 같아 어느 한쪽의 기세를 따르기 때문이다. 그러므로 왕성한 목기(木氣)를 설(洩)하여 약한 일간(日干) 기토(己土)를 도와주는 화운(火運)이 가장 좋고, 왕성한 목(木)을 제압하는 금운(金運)도 좋다.

1~5세 무토운(戊土運)에는 평탄했으나, 인목운(寅木運)에서는 혼잡한 관살(官殺)이 공격하니 병약한데다가 가난까지 겹쳤다.

6~15세 정축대운(丁丑大運)에서는 년지(年支) 사화(巳火)와 대운(大運) 축토(丑土)가 반합(半合)을 하여 금(金)이 되고, 정화(丁火)가 일간(日干) 기토(己土)를 도와주니 건강도 점점 좋아지고 가난에서도 서서히 벗어났다.

16~25세 병자대운(丙子大運)부터 44세 을해대운(乙亥大運)까지는 수(水)가 기신(忌神)인 목기(木氣) 칠살(七殺)을 거들어주자 병석에 누울 수밖에 없었고, 극심한 생활고까지 겪다 44세로 세상을 떠났다.

1) 비장이나 위장이 병들면

위장과 비장을 주관하는 토(土)는 신(信)에 해당하니, 위장이나 비장에 병이 들면 신뢰감이 없고, 거짓말과 호언장담을 잘하고, 의심과 공상이 많고, 의처증이나 의부증이 따른다. 토(土)가 병들면 게으르고, 잠이 많고, 많이 먹고, 얼굴에는 개기름이 흐른다. 온몸이 쑤시며 아프고, 입이 잘 부르트고, 손발이 떨리고, 피부에 멍이 잘 든다.

무토(戊土)는 옆구리를 주관하니 무토(戊土)가 약하면 옆구리가 결리고, 기토(己土)는 배를 주관하니 기토(己土)가 약하면 배가 항상 더부룩하고, 진토(辰土)는 피부를 주관하니 진토(辰土)가 약하면 피부병에 잘 걸리고, 술토(戊土)가 충(沖)하면 피부에 상처를 입기도 한다. 술토(戊土)는 발을 주관하니 진토(辰土)가 충(沖)하면 발에 이상이 생기고, 미토(未土)는 팔과 허리를 주관하니 축토(丑土)가 충(沖)하면 팔과 허리에 이상이 오고, 축토(丑土)는 발과 무릎을 주관하니 미토(未土)가 충(沖)하면 발과 무릎에 이상이 오거나 상처를 입는다.

2) 비장이나 위장에 문제가 생기면 오는 질병

토기(土氣)인 비장이나 위장이 약해서 생기는 병은 신경통·위산과다·위궤양·위암·만성소화불량·습진·당뇨 등이 있다. 그리고 토(土)는 중앙을 뜻하니 위장과 비장은 오장육부(五臟六腑)의 중심이라 비장이나 위장이 병들면 만 가지 병이 따라온다.

3) 비장과 위장을 건강하게 하는 방법

비장과 위장은 단맛이 주관하니 비장이나 위장이 약할 때는 단 음식을 집중적으로 먹으면 비장과 위장에 생기가 돌아 급속도로 좋아진다. 그리고 화기(火氣)인 쓴맛과 떫은맛도 비장과 위장을 도와주니 좋다. 만일 비장이나 위장이 약한 사람이 맵고 짜고 신 음식을 먹으면 병은 더욱더 나빠진다. 그래서 비장이나 위장을 치료할 때는 반드시 맵거나 짜거나 신 음식은 피해야 한다.

그리고 토(土)는 황색을 담당하니 토(土)가 강하면 청색과 백색이 좋고, 약하면 적색과 황색이 좋다.

토(土)는 중앙을 나타내므로 방향을 달리 정할 수 없을 것 같지만 각 계절에 배당되어 있으니 토기(土氣)가 강하면 동쪽이나 북쪽을 향하고, 약하면 남쪽이나 동남쪽을 향해야 좋다.

토기(土氣)가 강하면 신장과 방광이 약하니 쓰고 단 음식을 삼가고, 시고 짠 음식을 많이 먹어야 한다. 그러면 신장과 방광이 회복되는데 회복된 후에도 골고루 먹되, 토기(土氣)를 억제하는 수목(水木)인 시고 짠 음식을 즐겨 먹는 것이 좋다.

특히 자신의 사주를 보아 수기(水氣)가 약해지는 화토운(火土運)을 만나면 틀림없이 신장이나 방광이 기력을 잃으니 맵고 짠 음식을 먹는 습관을 길러야 한다. 그런데 운명이란 나빠질 때는 나쁜 것만 찾고, 좋아질 때는 좋은 것만 찾는 묘함이 있다. 그래서 운이 나쁠 때는 수기(水氣)가 약한데도 수기(水氣)를 억제하는 토기(土氣)인 달고 쓴 음식을 찾는 경향이 있는데 이는 운명을 더 나쁘게 만드는 것이다.

더구나 비장이나 위장이 나쁘면 당뇨가 오기 쉽고, 특히 토기(土氣)가 강할수록 더 심하다. 그러면 신장과 방광이 극(剋)을 받아 성욕이 떨어진다. 이럴 때는 당연히 맵고 짠 음식을 먹어야 하는데도 당뇨 환자는 무조건 맵고 짠 음식은 피하라고만 하니 문제다.

단 토기(土氣)가 강할 때는 달고 쓴 음식은 피해야 한다. 왜냐하면 기운이 넘쳐 당뇨가 오기 때문이다. 그러나 토기(土氣)가 약해 당뇨가 왔을 때는 맵고 짠 것은 먹지 말고 단 음식을 집중적으로 먹아야 한다. 토기(土氣)가 약해서 오는 당뇨는 비장과 위장이 무력해져 필요한 영양분을 오장육부(五臟六腑)에 공급할 수 없기 때문에 저절로

당이 나오는 것이다.

동양 의학의 이치가 이렇고, 그 뿌리인 역학 이론이 이처럼 절묘한데 어찌 역학을 미신이라고 할 수 있겠는가. "그런 것은 보지 않는다"고 하는 특정 종교인들이 있는데 참으로 이상한 사람들이다. 무엇이 그런 것이란 말인가. 미신이란 귀신의 이름으로 사람의 마음을 미혹한다는 뜻인데, 동양 의학의 뿌리인 역학을 공부해본 적이 없는 사람들이 미신으로 밀어부치는 까닭이 무엇인지 모르겠다.

자기 것만 옳다며 복이나 비는 그들이야말로 미신을 믿는 게 아니고 무엇이란 말인가. 어쨌든 편견은 이기심을 낳고, 이기심은 전체를 볼 수 있는 눈을 가려버린다. 그러므로 동양과 서양의 사상과 철학을 모두 수용할 줄 아는 넓은 마음을 가져야 한다.

4) 비장과 위장에 좋은 음식

비장과 위장을 주관하는 단맛의 대표적인 곡식은 기장이고, 육식은 소고기다. 그래서 비장이나 위장이 약하면 밥에 기장을 섞어 먹으면서 소고기도 적당히 먹으면 좋다. 보리와 콩은 적게 먹고, 개고기와 돼지고기는 피하고, 조와 기장은 많이 먹고, 소고기와 양고기는 적당히 먹는 게 좋다. 그리고 달고 쓴 것을 많이 먹으면 비장과 위장에 생기가 돌아 차츰 건강해질 수 있다. 비장과 위장에 좋은 단맛 식재료는 다음과 같다.

■ 단맛 식재료

• **식물** : 기장·피·호박·대추·단감·꿀·감자·설탕·엿·고구마 줄기·

미나리·시금치·연근·양배추·배·나팔꽃·홍당무·산나물·
은행 등.
- **동물** : 소고기·토끼고기·동물 내장 등.

5) 비장과 위장의 질병과 식이요법

기본적으로 단 것을 섭취하면서 쓴 것도 먹고, 맵고 짠 것은 피해야
한다. 더불어 헛소리를 삼가고, 거짓말을 하게 될 때는 스스로 알아
차리고 참말을 하는 습관을 길러야 한다.

- **당뇨** : 소변이 자주 마렵고, 성욕이 떨어지고, 입이 말라 물을 자주
마신다. 토기(土氣)가 약하면 비장과 위장 기능이 떨어져 당을 배설
하니 당분을 섭취해야만 치료할 수 있다. 반대로 토기(土氣)가 강하
면 당분은 먹지 말고, 맵고 짠 것을 먹어야 한다. 보리밥·현미밥·채
소를 주식으로 먹어야 한다. 토기(土氣)가 강하면 단맛을 삼가고,
율무가루·현미·보리를 섞어 죽을 쒀 먹으면 효과가 좋고, 말린 무
잎을 충분히 달인 물로 목욕을 자주하고, 양배추 겉잎으로 생즙을
내서 끼니마다 식후에 한 잔씩 마시면 좋고, 수시로 나팔꽃과 난초
잎사귀를 함께 넣고 달여 차처럼 마시면 효과가 빨리 나타난다.

- **발기불능** : 구기자잎을 생즙으로 내서 매일 아침과 저녁 식전에 한
잔씩 마시고, 생 참깨가루를 매일 식사할 때마다 한 숟가락씩 먹으
면 좋다. 잠자기 전에는 로얄제리를 따끈한 물과 함께 한 숟가락씩
먹으면 좋다. 발기불능은 금방 치료할 수 있는 게 아니므로 오래 복

용해야 한다.

• **비만** : 비만은 위장이 제기능을 하지 못해 생기는데, 숨이 차며 가슴이 답답하고 두근거린다. 매일 아침 당근을 갈아 공복에 한 잔씩 마시고, 식후에는 감나무잎을 달여 차처럼 마신다. 그리고 산나물·미역·다시마를 식초에 섞어 반찬으로 장복하면서 적당한 운동을 꾸준히 하면 치료할 수 있다.

• **위궤양** : 스트레스를 많이 받거나 술을 많이 마시면 위장에 단백질이 부족해져 소화기능이 떨어지고 염증이 생기는데, 심해지면 위가 헐어버린다. 증상은 공복일 때 속이 쓰리고, 식후에는 복통이 일어나고, 심하면 토혈까지 한다. 양배추·사과·레몬을 같은 비율로 갈아 아침과 저녁 식전에 한 잔씩 마신다. 그리고 감자즙을 달여 식후에 한 찻숟가락씩 먹고, 밥에 율무를 섞어 먹으면 효과가 좋다.

• **위산과다** : 위장에 산이 많아져 식후에 신트림이 나고, 위장에 통증이 있고, 소화가 잘 안 된다. 매일 호도 3개 정도를 생강즙과 함께 먹으면 좋고, 사과·귤·레몬·오렌지 같은 신 과일의 생즙을 식후에 한 잔씩 마시면 특효가 있다. 반찬으로는 다시마와 무를 많이 먹으면 좋다.

• **위암** : 위암은 현대 의학에서도 불치병이라고 하지만, 고칠 수 있다는 믿음과 자신감을 알고 이겨내야만 한다. 율무가루·현미가루·재

래종 소맥분 100g씩과 흑설탕과 약간의 소금과 식초 한 숟가락을 넣어 떡처럼 쪄서 밥으로 먹고, 율무와 구기자를 함께 넣어 달인 차를 수시로 마시면서 전문의에게 치료받으면 효과를 볼 것이다.

• **위염** : 과식을 하거나, 부패한 부식을 먹거나, 찬 음료를 많이 마시거나, 신경을 많이 쓰거나, 스트레스를 많이 받으면 위장이 약해져 염증이 생긴다. 소화가 잘 안 되고, 배가 아프고, 헛구역질이 나온다. 우선 마음을 편안하게 하는 게 중요하다. 그렇지 않으면 백약이 무효다. 그늘에 말린 구기자를 충분히 달여 차처럼 매일 마시면 특효가 있고, 피마자 기름을 매일 한 찻숟가락씩 먹으면 빨리 치료할 수 있다. 위장을 튼튼하게 만들려면 사주를 보아 토기(土氣)가 약하면 달고 쓴 음식을 많이 먹으면서, 구지자잎과 민들레잎을 달여 차처럼 마시면 아주 좋다. 토기(土氣)가 강하면 금수(金水)에 해당하는 맵고 짠 것을 많이 먹으면서 치료하면 큰 효과를 볼 수 있다.

4. 금(金) : 폐장과 대장

금(金)은 폐장과 대장의 근본 기운이다. 음금(陰金)인 신금(辛金)과 유금(酉金)은 폐장을 담당하고, 양금(陽金)인 경금(庚金)과 신금(申金)은 대장을 담당한다. 따라서 사주에서 신금(辛金)과 유금(酉金)이 강하면 폐장이 크며 튼튼하고, 경금(庚金)과 신금(申金)이 강하면 대장이 크며 튼튼하다.

그러나 금기(金氣)가 강해지면 상대적으로 목기(木氣)가 약해져 간장이나 담에 병이 온다. 신금(辛金)과 유금(酉金)이 강하면 을목(乙木)에 속하는 간장이 약해져 간장에 병이 오고, 경금(庚金)과 신금(申金)이 강하면 갑목(甲木)에 속하는 담이 약해져 담에 병이 온다. 그러나 금기(金氣)가 약하면 폐장과 대장이 작고 허약하니 목화운(木火運)을 만나면 폐장이나 대장에 병이 온다. 그러므로 사주를 잘 살펴 무엇이 강하고 무엇이 약한지를 분별해서 그에 맞게 음식을 먹으면 각종 질병을 예방하며 치료해서 건강해질 수 있다.

본래 마음이란 몸에 종속되어 있으므로 몸이 병들면 마음도 병들고, 마음이 병들면 성격도 나빠진다. 성격대로 운명도 달라지니 운이 좋을 때는 좋은 마음이 생기고, 운이 나쁠 때는 나쁜 마음이 생긴다. 따라서 좋은 운일 때는 몸도 건강하고 좋은 인연을 만날 수 있으니 운명도 좋게 펼쳐지고, 나쁜 운일 때는 몸도 허약하고 마음도 바르지 못하니 해로운 사람만 골라 만나고, 음식도 해로운 것만 찾아 먹는다. 이 모두 천기 작용이 그렇게 되도록 이끌어 일어나는 현상이니, 자신의 사주를 알면 예방할 수 있다. 육체의 건강을 음식으로 다스리는 것도 운명을 개척하는 길 중에 하나다.

예1) 남명

시 일 월 년　　55 45 35 25 15 5

辛 庚 癸 己　　丁 戊 己 庚 辛 壬

巳 辰 酉 未　　卯 辰 巳 午 未 申

본명은 경금일간(庚金日干)이 유월(酉月)에 태어나 양인격(羊刃格)

이 되었다. 그런데 사화(巳火)와 유금(酉金)이 합(合)하여 금(金)으로 변하고, 시상(時上) 신금(辛金)이 일간(日干) 경금(庚金)과 합세하는데 년상(年上)에서 기토(己土)와 미토가 도와주니 일간(日干) 경금(庚金)이 태왕(太旺)하다. 따라서 대장이 남달리 크며 튼튼하고, 폐장도 대장 못지 않다. 그러니 목기(木氣)가 상대적으로 매우 약해져 기력을 펴지 못한다.

5~14세 임신대운(壬申大運)에서는 금기(金氣)가 왕성하니 목화(木火)가 더욱더 약해져 7세인 을축년(乙丑年)에 소아마비를 앓게 되었다. 그런데 시지(時支)에 또 단교관살(斷橋關殺)이 있고, 집도 몹시 가난해서 치료할 수가 없었다.

25~34세 경오대운(庚午大運)에서는 사오미(巳午未)로 힘을 얻어 왕성한 금(金)을 억제하니 다리는 고칠 수 없었지만 생활은 나아지기 시작했다.

35~44세 기사대운(己巳大運)에서는 사화(巳火)와 유금(酉金)이 반합(半合)하여 금(金)이 되고, 다시 대운(大運)의 천간(天干) 기토(己土)가 왕성한 경금(庚金)을 거들어주니 목기(木氣)가 약해져 간장에 문제가 생겼다.

45~54세 무진대운(戊辰大運)에서는 간장질환으로 죽음 문턱까지 가게 되었는데, 다행히 진토(辰土)가 진진자형(辰辰自刑)을 해서 진(辰) 중의 을목(乙木)과 계수(癸水)가 형충(刑沖)되고, 미(未) 중의 을목(乙木)과 정화(丁火)가 왕성한 금(金)을 억제해 겨우 죽음만은 면했다.

55세 정묘대운(丁卯大運)에서 대운(大運)의 지지(地支) 묘목(卯木)이 월령(月令)의 양인(羊刃) 유금(酉金)을 충(沖)하자 병을 안고 세상을 떠났다.

예2) 여명

시	일	월	년		68 58 48 38 28 18 8
己	辛	辛	辛		戊 丁 丙 乙 甲 癸 壬
丑	巳	卯	亥		戌 酉 申 未 午 巳 辰

본명은 신금일간(辛金日干)이 묘월(卯月)에 태어나 실령(失令)했으니 신약(身弱)한 것처럼 보인다. 그러나 일지(日支)의 사(巳) 중 경금(庚金)에 뿌리를 내리고, 사화(巳火)와 축토(丑土)가 금국(金局)을 이루고, 천간(天干)의 비견(比肩)인 신금(辛金)이 도와주고, 시간(時干)의 기토(己土)가 도와주니 일간(日干) 신금(辛金)은 강해지고 묘목(卯木)은 약해졌다. 따라서 폐장과 대장은 크고 튼튼하지만 간장이 유난히 작고 힘이 없다.

본명은 금(金)이 왕성하니 금(金)을 억제하는 화(火)가 용신(用神)이고, 목(木)은 희신(喜神)이다.

8~17세 임진대운(壬辰大運)에서는 간장이 허약해져 겁이 많았다.

18~27세 계사대운(癸巳大運)에서는 사(巳) 중 병화(丙火)가 득세(得勢)해서 점점 활기를 찾았다.

28~47세 갑오대운(甲午大運)과 을미대운(乙未大運)에서는 희용신(喜用神)을 만나 대길했다.

48~57세 병신대운(丙申大運)에서는 약 35년간 사회활동을 왕성하게 하며 남편도 크게 출세했으나, 기신(忌神)인 신금운(申金運)을 만

나자 많은 어려움을 겪었다.

58~67세 정유대운(丁酉大運)에서는 사유축(巳酉丑)이 금국(金局)을 이루어 월지(月支) 묘목(卯木)을 극(剋)하자 간장에 이상이 생겨 세상을 떠날 운명이었다. 그런데 월지(月支) 묘목(卯木)이 년지(年支) 해수(亥水)와 합(合)을 하고, 대운(大運) 유금(酉金)이 탐생망충(貪生忘沖)으로 년지(年支) 해수(亥水)를 생(生)하고, 해수(亥水)가 묘목(卯木)을 생(生)해주니 유금(酉金)의 충(沖)을 견딜 수 있었고, 대운(大運)의 정화(丁火)가 도와줘 겨우 살 수 있었다.

68세 무술대운(戊戌大運)에서는 용신(用神) 병화(丙火)가 묘고(墓庫)인 술토(戊土)로 들어가자 죽음을 맞이하게 되었는데, 원인은 간장 때문이었다.

1) 폐장이나 대장이 병들면

폐장과 대장을 주관하는 금(金)은 의(義)에 속하니 폐장이나 대장이 병들면 의로운 성격에도 병이 들어 불의와 타협한다.

경금(庚金)은 배꼽도 주관하니 경금(庚金)이 약하면 배꼽에 병이 들고, 신금(申金)은 피부를 주관하니 신금(申金)이 약하거나 인목(寅木)의 충(沖)을 당하면 피부에 이상이 오고, 신금(辛金)은 다리도 주관하니 신금(辛金)이 약하면 다리에 근육통이 오고, 유금(酉金)은 유방과 기관지를 주관하니 유금(酉金)이 약하거나 묘목의 충(沖)을 받으면 기관지염·감기·유방암이 따른다.

금(金)은 또 강한 성격을 의미하니 금(金)이 약하면 유약해져 지나치게 남에게 동정심을 느끼며 슬픔에도 자주 빠져든다. 폐장이 약하면 얼굴이 창백해져 우수에 젖은 듯하고, 기침을 자주하고, 숨이 차고, 심하면 피를 토한다. 또 폐장과 대장이 약하면 감기에 자주 걸리고, 손목이 시큰거리고, 설사도 자주 한다. 찬 것을 먹으면 더욱더 심해진다.

2) 폐장이나 대장에 문제가 생기면 오는 지병

피부병·손목관절·축농증·기관지염, 폐결핵·대장염·치질·폐렴·미친병 등이 있다.

3) 폐장과 대장을 건강하게 하는 방법

폐장과 대장을 주관하는 금(金)은 매운맛에 속하고, 성격은 정의를 위한 분발심이 강하다.

사주에 금기(金氣)인 경신신유(庚辛申酉)가 약하면 매운맛 기운이 모자라니 당연히 매운 음을 먹어야 하고, 금기(金氣)를 도와주는 토기(土氣)인 단 음식을 먹어야 폐장과 대장에 활력이 돈다. 고로 폐장과 대장이 나쁘면 유난히 맵거나 얼큰한 음식을 좋아한다.

그런데 운이 나쁘면 맵거나 얼큰한 음식을 싫어하거나, 잘못된 정보를 듣고 일부러 피하기도 한다. 운명이 잘못되어 가고 있다는 징조다. 그러나 운이 좋으면 저절로 맵고 얼큰한 음식을 찾아 먹는다.

폐장이나 대장이 약하면 금기(金氣)에 속하는 맵거나 얼큰한 음식만이 아니라, 토기(土氣)인 단 것도 먹어야 한다. 그러나 목기(木氣)인 신 음식과 화기(火氣)인 쓴 음식은 해롭다. 금(金)이 목화(木火)의 공격을 받기 때문에 화(火)인 심장과 소장, 목(木)인 간장과 담이 합세해서 금(金)인 폐장과 대장을 억누르니 병이 생기는 것이다.

그러나 금기(金氣)가 강하면 당연히 신 음식을 먹어 심장과 소장, 간장과 담을 튼튼하게 만들어야 한다. 그렇지 않으면 간장과 담에 병이 올 수밖에 없다.

그리고 금(金)은 서쪽에 해당하니 금기(金氣)가 약하면 서쪽이나 서남쪽이 좋고, 강하면 동쪽이나 남쪽이 좋다. 금(金)은 또 백색에 해당하니 금기(金氣)가 약하면 황색이나 백색은 좋지만, 적색과 청색은 흉하다. 금기(金氣)가 강하면 적색과 청색이 길하다.

4) 폐장과 대장에 좋은 음식

폐장과 대장에 좋은 매운맛 곡식은 현미이니 폐장이나 대장이 약하면 현미밥을 많이 먹으면서 율무나 조를 혼식하고, 기장·보리·수수는 피하는 게 좋다. 육식으로는 말고기와 개고기가 좋고, 소고기와 닭고리는 적당히 먹고, 양고기·개고기·칠면조고기는 좋지 않다. 만일 폐장이나 대장이 강하면 반대로 하면 된다. 폐장과 대장이 나쁘면 현미와 좁쌀을 주식으로 먹으면서 맵고 단 음식들을 많이 먹으면 빨리 회복할 수 있다. 폐장과 대장에 좋은 맵고 단 식재료는 다음과 같다.

■ 맵고 단 식재료
• 식물 : 현미·율무·조·무·양파·마늘·달래·표고버섯·고추·호박·
         감자·고구마·생강·후추·겨자·포도당·꿀 등.
• 동물 : 말고기·어패류·동물의 허파와 곱창 등.

5) 폐장과 대장의 질병과 식이요법

기본적으로 맵고 얼큰하고 단 음식을 많이 먹고, 쓰고 시고 떫은 음식은 피한다.

• **기관지염** : 기관지가 약해져 염증이 생기는 것인데, 헛기침과 짙은 가래가 나오고, 식욕이 떨어지고, 머리가 아프다. 감자·양파·홍당무를 적당히 섞어 끓인 물을 식사 전후에 계속 마시면 좋고, 잠자기 전에 생강차를 마시면 효과가 더 좋다. 식사 때마다 마늘을 한 쪽씩 구워 먹고, 연근을 달여 매일 아침과 저녁 식전에 마시면 기침이 사라진다.

• **편도선염** : 온몸에 오한이 나고, 권태를 느끼고, 두통·언어 장애·귀울림이 따르고, 목이 붓고, 온몸이 쑤신다. 쑥잎으로 즙을 내어 하루에 한 번 반 잔씩 마시고, 알로에를 찧어 목에 붙인 다음 붕대로 감아두면 약 3시간이 지나면 효과가 나타난다. 만일 편도가 붓고 통증이 심하면 사과즙을 하루에 3번 반 잔씩 먹으면 효과를 볼 수 있다.

• **폐결핵** : 그동안 감정한 경험으로는 정화일간(丁火日干)이 지나치게 강하고, 대운(大運)이나 세운(歲運)에서 화운(火運)을 만나 신유금(辛酉金)이 극상(剋傷)을 당하면 대개 폐결핵에 걸렸음을 알게 되었다. 병의원이나 보건소에서 좋은 약을 먹고도 좀처럼 나아지지 않던 병이 묘하게도 수운(水運)에 치료 효과가 높았다.

• **폐렴** : 갑자기 오한과 두통이 오고, 식욕이 없고, 호흡이 곤란하고, 늑막에 이상이 생기고, 황달기가 있고, 구토를 한다. 세수대야에 겨자가루 2g 정도를 넣고 물을 가득 부은 다음 수건에 적셔 아픈 부위에 매일 2번씩 찜질하면 효과가 있고, 율무와 현미를 섞어 죽을 쑤어 밥 대신 먹으면 좋다.

• **늑막염** : 식욕이 없고, 헛기침·두통·호흡 장애가 따른다. 율무와 현미를 섞어 죽을 쑤어 먹고, 소주에 마늘을 많이 넣고 흑설탕을 넣은 다음 6개월 정도 두었다가 매일 한 잔씩 마시면 좋다.

예 3) 남명

시	일	월	년		60	50	40	30	20	10
庚	丁	辛	己		乙	丙	丁	戊	己	庚
子	未	未	未		丑	寅	卯	辰	巳	午

본명은 정화일간(丁火日干)이 6월 염천에 태어났는데, 년월일지(年月日支)의 미(未) 중 정화(丁火)에 뿌리를 내려 지나치게 왕성하다. 경신금(庚辛金)이 투간(透干)했다고는 하나 뿌리가 없으니 힘을 쓸 수 없고, 시지(時支) 자수(子水)도 많은 미토(未土)가 극(剋)하니 조후(調候)로도 무용지물이 되었다. 이 사람은 사주가 매우 건조한데도 유난히 물을 싫어하고, 밥을 먹을 때도 국을 먹지 않는 버릇이 있다.

윤달에 태어났고, 남명이 음(陰) 사주이니 대운(大運)이 역행하는데 경오대운(庚午大運)에서 오화(午火)가 일간(日干) 정화(丁火)에 가세하니 폐결핵으로 고생했다. 그러나 진대운(辰大運)인 38세 병신년(丙申年)에 신자진(申子辰)이 수국(水局)을 이루어 왕성한 화(火)를 억제하고 신금(辛金)을 보호해줘 완치할 수 있었다.

이로써 병화일간(丙火日干)보다 정화일간(丁火日干)이 폐결핵에 걸릴 확률이 더 높다는 것을 알 수 있다. 왜냐하면 폐장인 신금(辛金)과 병화(丙火)는 합(合)이 되지만, 정화(丁火)는 신금(辛金)을 정면으로 극파(剋破)하기 때문이다.

본명은 수기(水氣)를 가까이 하면서 맵고 짠 음식을 계속 먹으면 재발하지 않을 것이다. 밥에 현미·조·율무를 섞어 먹고, 반찬으로는 시금치·도라지·연근을 계속 먹고, 구기자차를 마시면 좋다. 그리고 석류씨를 즙을 내어 흑설탕과 꿀을 섞어 매일 마시면 특효를 볼 것이다.

5. 수(水) : 신장과 방광

수(水)는 신장과 방광의 근본 기운이며 정(精)을 주관한다. 정(精)은 인체의 근원적인 기운이므로 고갈되면 빨리 늙고 일찍 죽는다.

음수(陰水)인 계수(癸水)와 자수(子水)는 신장을 담당하고, 양수(陽水)인 임수(壬水)와 해수(亥水)는 방광을 담당한다. 따라서 사주에 계수(癸水)나 자수(子水)가 왕성하면 신장과 방광은 크고 튼튼하지만, 심장과 소장은 약해져 심장과 소장에 병이 온다.

특히 심장병이 심하다. 심장은 정화(丁火)이므로 계수(癸水)가 정면으로 극파(剋破)하고 임수(壬水)는 정화(丁火)와 합(合)을 하니 소장은 심각하지 않다. 그러나 계수(癸水)나 자수(子水)가 약하면 신장이 나빠지고, 신장이 나빠지면 간장도 나빠진다. 왜냐하면 계수(癸水)가 간장인 을목(乙木)을 도와줄 수 없기 때문이다.

임수(壬水)나 해수(亥水)가 강하면 심장이나 소장이 나빠지는데, 특히 소장에 병이 온다. 왜냐하면 임수(壬水)가 소장인 병화(丙火)를 극파(剋破)하기 때문이다. 그러나 임수(壬水)나 해수(亥水)가 약하면 방광이 작고 기력이 없어 소변을 자주 보고, 나중에는 성기능까지 떨어진다.

신장도 마찬가지이므로 수기(水氣)가 강하면 화토운(火土運)을 만나 수기(水氣)를 제압해야만 수기(水氣)가 기력을 유지할 수 있다. 왜냐하면 신장과 방광이 크면 자연히 많이 쓰게 되고, 많이 쓰면 기세가 허물어지기 때문이다. 그래서 토기(土氣)로 수기(水氣)를 제한하며 조절하는 것이다.

그러나 수기(水氣)가 약하면 토기(土氣)가 매우 꺼린다. 신장과 방광이 작고 힘이 없는데, 토(土)가 극(剋)하면 수(水)는 더욱더 기력을 잃을 수밖에 없기 때문이다. 이럴 때는 금수운(金水運)을 만나 신장과 방광이 활기를 찾도록 도와주어야 신장과 방광에 병이 오지 않는다. 그 예를 다음 쪽에서 들어보기로 한다.

예1) 남명

시	일	월	년		55	45	35	25	15	5
癸	癸	丁	庚		癸	壬	辛	庚	己	戊
卯	未	亥	申		巳	辰	卯	寅	丑	子

본명은 계수일간(癸水日干)이 해월(亥月)에 태어나 득령(得令)했는데, 년주(年柱)의 경신금(庚申金)과 시상(時上)의 계수(癸水)가 합세하여 도와주니 기세가 당당하다. 정화(丁火)는 미(未) 중 정화(丁火)에 뿌리를 내리고, 해묘미(亥卯未)로 목국(木局)을 이루어 약하지는 않지만, 왕성한 계수(癸水) 칠살(七殺)을 감당할 수 없으니 심장은 약하고 신장과 방광은 강하다.

5~14세 무자대운(戊子大運)에서는 계수(癸水)가 건록(建祿)을 얻어 득세(得勢)하니 정화(丁火)인 심장이 더욱더 쇠약해져 늘 수줍어하며 가정 형편도 어려웠고, 병약하니 활달하지 못했다.

15~24세 기축대운(己丑大運)에서는 비록 축토(丑土)가 있기는 하지만 깊은 겨울이라 더욱더 추워져 정화(丁火)가 약해졌고, 축토(丑土)가 미토(未土)를 충(沖)하여 축(丑) 중 계수(癸水)가 미(未) 중 정화(丁火)를 극파(剋破)하고, 미(未) 중 을목(乙木)은 축(丑) 중 신금(辛金)에게 파극(破剋)을 당하여 더욱더 어려워졌다. 그러나 시지(時支) 묘목(卯木)이 일간(日干) 계수(癸水)의 천을귀인(天乙貴人)이 되어 간신히 목숨만은 부지할 수 있었다.

25~34세 경인대운(庚寅大運)에서는 비로소 대운(大運)의 지지(地支) 인목(寅木)이 심장인 정화(丁火)를 도와줘 기력도 회복하고 운명도 좋아졌다. 그러다 인운(寅運)에 정화(丁火)를 도와주자 공직에 올랐다.

35~44세 신묘대운(辛卯大運)에서는 평범하게 공직생활을 했는데, 대운(大運)의 천간(天干) 경신금(庚辛金) 때문에 고위직에는 오르지 못했다.

45~54세 임진대운(壬辰大運)에서는 신금(申金)과 진토(辰土)가 합세하여 수(水)가 되었는데, 다시 대운(大運)의 천간(天干) 임수(壬水)가 가세하자 공직에서 물러나고 지병이던 심장병이 재발했다.

55세 계사대운(癸巳大運)에서는 대운(大運)의 천간(天干) 계수(癸水)가 용신(用神)인 정화(丁火)를 충(沖)하고, 대운(大運)의 지지(地支) 사화(巳火) 용신(用神)이 월지(月支) 해수(亥水)와 충(沖)하자 심장마비로 세상을 떠났다.

예2) 여명

시	일	월	년	59	49	39	29	19	9
甲	癸	甲	辛	庚	己	戊	丁	丙	乙
寅	卯	午	酉	子	亥	戌	酉	申	未

본명은 계수일간(癸水日干)이 오월(午月)에 태어나 실령(失令)했는데, 다시 식상(食傷)인 갑목(甲木)과 인목(甲寅)의 설기(洩氣)를 극심하다. 년주(年柱)에서 편인(偏印)인 신유금(辛酉金)이 일간(日干) 계수(癸水)를 생(生)하지만 4개나 되는 목(木)에게 기력을 잃고, 신유금(辛酉金)은 월령(月令) 오화(午火)가 갑인묘목(甲寅卯木)과 합세하여 파극(破剋)하니 신유금(辛酉金)도 도움이 되지 않는다.

따라서 본명은 신장과 방광이 허약한데, 특히 신장이 약하고, 폐장과 대장도 작고 약하다. 반면에 간장과 담이 크며 실하고, 신장도 좋았다. 그러나 오화(午火)에 목기(木氣)가 많아 화기(火氣)가 살아날 수 없는 상태다. 간장과 담이 너무 크고 강해서 심장이 기를 펴지 못하는 것이니, 금(金)으로 목(木)을 억제하면 화기(火氣)가 살아나고 계수(癸水)가 생기를 얻을 수 있다.

9~18세 을미대운(乙未大運)에서는 을목(乙木)이 기신(忌神)이라 흉한데, 다시 대운(大運)의 지지(地支) 미토(未土)가 일지(日支)의 묘목(卯木)과 합(合)하여 목(木)으로 변하니 더욱더 흉하다. 다만 미(未) 중 정화(丁火)가 돕고, 일지(日支) 묘목(卯木)이 천을귀인(天乙貴人)이라 구원을 받는다. 19세부터는 병신대운(丙申大運)이 들어와 건강이 활기를 찾고, 희용신운(喜用神運)으로 흘러 말년까지 학자로 이름이 높았다.

1) 신장이나 방광이 병들면

신장과 방광을 주관하는 수(水)는 지(智)에 속하니, 심장이나 방광이 병들면 지혜에도 병이 들어 두뇌가 둔화된다. 특히 신장은 잡념을 유발시켜 어느 한 곳에 집중할 수가 없어 더욱더 우둔해진다. 사주에 수기(水氣)가 많으면 공포증이 있고, 허리가 아프고, 어깨가 구부러진다.

임수(壬水)나 계수(癸水)가 약해져서 병이 들면 성기능이 떨어지고, 얼굴이 검어지고, 이명과 중이염이 따른다. 정(精)이 쇠약해지니 소변이 자주 마렵고, 힘이 없다. 특히 여명은 냉증·대하증·생리통·하복통이 따른다.

방광을 주관하는 임수(壬水)가 병들면 정강이에 문제가 생기고, 머리카락을 주관하는 해수(亥水)가 약해지거나 충(沖)을 받으면 머리카락이 빠지거나 급속하게 대머리가 되고, 신장 외에 생식기와 발도 주관하는 계수(癸水)가 병들면 정력이 떨어지고 발등이 붓고, 귀와 자궁을 주관하는 자수(子水)가 약해지거나 충(沖)되면 귀가 먹거나 자궁에 병이 온다.

수기(水氣)가 너무 많아 신장이나 방광이 냉하면 여명은 임신하기 어렵다. 왜냐하면 자궁도 함께 냉해져 임신 능력이 떨어지기 때문이다. 이럴 때는 항상 몸을 따뜻하게 하고, 쓰고 단 음식은 많이 먹되 맵고 짠 음식은 피하고, 적색 옷을 즐겨 입고, 남쪽을 향하고, 목화운(木火運)에 목화(木火) 일시(日時)를 택해 결합하면 임신할 수 있다.

만일 수(水)가 약하면 자궁이 약하기 때문에 유산되기 쉽다. 습관성 유산도 자궁이 약해서 일어나는 현상이다. 그러나 자신의 사주를 잘 검토한 뒤에 금수(金水)가 득세(得勢)하는 대운(大運)·세운(歲運)·월일시(月日時)를 택해서 결합하면 유산을 막을 수 있다.

2) 신장이나 방광에 문제가 생기면 오는 질병

수기(水氣)가 주관하는 모든 부위에 해당된다. 뼈가 시리는 병, 힘줄·발목관절·정강이·중이염·탈모·요통·당뇨·추위를 잘 탐·동상·두통·성병·무좀·발기불능·방광염·신장염·냉증·대하증·불감증·자궁암·습진·신경통·여드름·월경불순 등이 따른다.

3) 신장과 방광을 건강하게 하는 방법

사주에 수기(水氣)가 약하면 짠맛 기운이 기능을 다하지 못하는 것으로 본다. 신장과 방광이 쇠약해서 여러 가지 질병을 유발시키니, 맵고 짠 음식을 많이 먹어야 신장과 방광에 생기가 돌아 여러 질병에서 벗어날 수 있다.

신장이나 방광이 약하면 기장과 조는 적게 먹고, 현미와 콩을 많이 먹고, 양고기와 소고기는 피하고, 돼지고기·닭고기·말고기는 적당히 먹는 것이 좋다. 만일 수기(水氣)가 약한데도 달고 신 음식을 많이 먹으면 신장과 방광이 더욱더 약해져 병이 들고, 이로 말미암아 다른 병도 생긴다. 그러므로 대운(大運)이 화토운(火土運)으로 향한다면 싫더라도 맵고 짠 음식을 먹어야만 건강과 운명이 좋아진다. 그러나 쓰고 단 음식이 맞다거나 잘못된 정보를 듣고 강장제 같은 것을 함부로 먹으면 몸도 마음도 운명도 병들고 만다. 그러나 대운(大運)이 금수운(金水運)으로 향한다면 아무 것이나 먹어도 좋다.

다만 사주에서 수기(水氣)가 쇠약하면 맵고 짜게 먹고, 수기(水氣)가 강하면 화토운(火土運)을 만나도 단 음식이 좋다.

그리고 수기(水氣)가 강하면 동쪽이나 남쪽이 좋고, 색깔은 적색이나 청색이나 황색이 좋다. 그러나 수기(水氣)가 약하면 서쪽이나 북쪽이 좋고, 색깔은 흑색과 백색은 좋으나 황색과 적색은 도움이 되지 않는다.

정신적으로는 마음을 고요하게 하는 것이 제일인데, 사주에 수기(水氣)가 너무 많아도 번뇌가 많고, 너무 적어도 번뇌가 많다. 지혜가 병들어 지혜롭지 못하고 쓸데없는 근심걱정을 하는 것인데 번뇌를 없게 한다는 게 얼마나 어려운지 모른다. 오직 본인의 노력에 달려있다.

4) 신장과 방광에 좋은 음식

신장과 방광에 좋은 짠맛의 대표적인 곡식은 콩이다. 특히 검정 약콩은 신장과 방광을 튼튼하게 만들고, 머리를 검게 만드는 데 특효가

있다. 대표적인 육식은 돼지고기인데, 짠맛 식재료를 가려보면 다음
과 같다.

■ 짠맛 식재료

• **식물** : 콩·검정콩·미역·다시마·김·감자·된장·콩국·파래·밤·수
　　　박·실고사리·가지·오이·맨드라미·박·흰 봉선화꽃·메밀 등.

• **동물** : 돼지고기·해삼·젓갈류·개구리·굼벵이·지렁이·복숭아 벌레
　　　등.

5) 신장과 방광의 질병과 식이요법

• **매독** : 남자는 국부에 좁쌀 같은 것이 돋고, 진물이 흐르고, 통증이
따른다. 여자는 음부에 멍울이 생기고, 가슴·배·손발에 누런빛이
나 장밋빛 반점이 생긴다. 복숭아 벌레 6마리 정도를 말려 가루를
낸 다음 술에 타서 마시면 효과가 있고, 호두나무잎을 달여 차처럼
마시면 효과가 좋다. 은행·보리차·시금치도 좋다.

• **발기불능** : 구기자잎을 생즙을 내어 매일 아침과 저녁 공복에 마시고,
마늘 200g·소주 2ℓ·흑설탕 200g을 넣어 100일 이상 숙성시켜 식전
에 한 잔씩 마시면 좋다. 그리고 생 참깨를 식사 때 함께 먹고, 잠자기
전에 로얄제리를 따끈한 물과 함께 먹으면 생기가 솟을 것이다.

• **임질** : 질경이와 쑥을 2 : 1 비율로 섞어 감초를 조금 넣어 달여 먹으

면 좋다.

- **월경불순** : 그늘에 말린 박 껍질과 씨를 달인 물을 매일 차처럼 마시면 효과가 있다.
- **습진** : 봉선화잎을 찧어 자주 바르는데, 생강을 얇게 썰어 붙이면 효과가 있다. 쑥잎 줄기와 고추를 태워 가루를 낸 다음 참기름에 섞어 몇 차례 발라도 묘한 효과를 볼 수 있다.

- **방광염** : 소변이 자주 마렵고, 소변을 본 후에 찌르듯이 아프고, 소변이 탁하다. 심하면 피가 섞여 나온다. 그늘에 말린 실고사리씨를 달여 2g 정도씩 보리차와 함께 매일 마시고, 수박을 즙으로 낸 다음 달이면 두부처럼 되는데 매일 식전에 한 숟가락씩 먹으면 좋다.

- **신장염** : 허리가 아프고, 피곤하고, 갈증이 나고, 식욕이 없고, 아침에 눈두덩이 붓고, 소변 양이 줄거나 많아져 밤중에 화장실 출입이 잦아진다. 구기자잎을 생즙을 내서 매일 아침 공복에 한 잔씩 마시고, 말린 흰 맨드라미꽃을 달여 차처럼 마시면 효과가 있다.

3. 심성에 따른 질병

① **욕심에서 오는 질병** : 정신병·간질·눈병·산액·방광염·신장염·당뇨·복막염 등.

② **원망심에서 오는 질병** : 피부병·편도선염·임파선염·나병·폐결핵 등.

③ **인색한 마음에서 오는 질병** : 심장병·장질부사·늑막염·열병·감기·각혈병·출혈·학질 등.

④ **분노심에서 오는 질병** : 관절신경통·골절·척추병·골막염·소아마비·곱추·중풍·위장병 등.

⑤ **편애심에서 오는 질병** : 간장병·황달·담석·설사·구토·변비·위장병 등.

⑥ **증오심에서 오는 질병** : 벙어리·귀머거리·천식·기관지염·폐렴·백일해 등.

⑦ **교만심에서 오는 질병** : 정신이상·간질병·백치·폐병·자궁병·중풍·관절탈구 등.

이런 마음들은 악성 질환을 유발하는 원인이 되므로 항상 좋은 마음으로 살아간다면 악질에도 걸리지 않고 좋은 인연을 많이 만날 수 있을 것이다. 보통 자신의 부조화로 생긴 병은 약이나 의사의 도움만으로도 회복할 수 있지만, 고질적인 심성 때문에 생긴 병은 과학이나 의학의 힘으로도 어찌할 수 없어 인간을 괴롭힌다.

10장. 임신론

　어떻게 하면 아들을 낳고, 어떻게 하면 딸을 낳을까 하는 문제는 영원한 숙제일 것이다. 자연의 섭리는 남자와 여자 어느 한쪽을 많지도 적지도 않게 태어나게 만들어 짝이 없어 세상이 혼란스러워지는 일은 없도록 했다. 고대부터 지금까지 수많은 전쟁을 겪으며 수많은 남자가 죽었지만 그 때문에 혼인하지 못한 여자는 없었다. 절묘하게도 그때마다 아들을 많이 낳아 남녀의 균형이 맞춰지도록 했다.

　역학의 논리로 분석해본다면 양기(陽氣)는 음기(陰氣)를 불러들이고, 음기(陰氣)는 양기(陽氣)를 불러들인다는 간단한 이치를 따른 것이라고 할 수 있다. 즉 남자보다 여자가 많을 때 음기(陰氣)인 여자의 기운이 양기(陽氣)인 남자의 기운을 강하게 흡수해서라고 해석하는 것이다. 비유하건대 날씨가 아주 무더운 해에는 반드시 큰 비가 내리고, 아주 추운 해가 지나면 비가 별로 오지 않는 무더위가 계속되는 대자연의 이치와 같은 것이라고 할 수 있다.

　이렇게 볼 때 아들과 딸을 구별해서 낳으려는 것은 대자연의 섭리를 거스르는 행위라고 볼 수 있다. 그런데 현대 의학은 임신한 태아가 아들인지 딸인지를 구별하는 기구까지 만들었으니 이는 인간 스스로 대자연의 섭리를 깨는 것이다. 즉 임신한 아이가 자신이 원하는 아들이나 딸이 아니라서, 혹은 아이가 필요 없다고 해서, 혹은 세상에 나오지 않았다고 해서 생명의 존엄 따위는 아랑곳없이 자식을 죽이는 패륜을 아무런 죄의식 없이 태연하게 자행하는 것이다.

불교는 물론 기독교·힌두교·이슬람교의 성서에서는 "짐승을 죽일 때도 새끼 밴 짐승은 절대 죽이지 말라"고 했다. 특히 신(神) 앞에 바치는 제물이면 더욱더 엄격하게 금한다. 그럼에도 사람이 그것도 자신이 잉태한 생명체를 종교인이든 아니든 가리지 않고 마음대로 죽이고 살리는 사람들은 과연 그 업을 어떻게 받으려고 하는가.

이에 임신한 아이가 아들인지 딸인지를 구분하는 방법과 아들과 딸을 낳는 방법을 명리학 이론으로 설명하고자 한다. 이 세상의 질서를 깨트리고 아니고의 문제가 아니라 도덕적 차원에서 앞으로는 이러한 업을 짓지 않게 하려함이다. 명리학 이론으로 자세히 설명하면서 예문도 충분히 실을 테니 자신의 사주를 보고 스스로 판단할 수 있었으면 좋겠다.

그러나 아직 한번도 경험해본 적이 없는지라 그 정확성을 확신할 수는 없지만 그동안 갓난아기의 부모한테 임신 시기를 물어보면서 연구한 결과 아들딸을 임신하고 구별하는 방법을 알 수 있었다. 그러니 오래도록 아이가 생기지 않은 사람이나, 아들이나 딸을 낳고 싶은 사람은 믿음을 갖고 노력해보기 바란다. 하늘은 믿음을 갖고 정성을 다하는 사람에게는 반드시 원하는 것을 주지만, 그렇지 않은 사람에게는 원하는 것을 주지 않는다. 그러므로 신중하게 연구하고, 연구 결과를 정성을 다해 행해야 할 것이다.

1. 아들인지 딸인지 아는 방법

아들인지 딸인지를 아는 방법은 49를 기수(氣數)로 하는데, 49에 음력으로 임신한 달의 숫자를 더한 다음, 그 수에서 임신부의 당년 나이를 뺀다. 나머지가 양수(陽數)이면 아들로 보고, 음수(陰數)이면 딸로 본다. 단 양수(陽數)인지 음수(陰數)인지 확실하지 않으면 수명이 길지 않은 것으로 본다.

예를 들어 23세 여자가 음력으로 8월에 임신했다면

기수(氣數) 49+임신한 달의 수 8=57

57-당년 나이 23=34

34는 음수(陰數)이니 딸을 낳을 확률이 99%다. 만일 아들을 낳는다면 수명이 길지 않다.

2. 아들 낳는 방법

한 가지 분명한 것은 여명에서 포태법(胞胎法)으로 일간(日干)을 기준으로 시(時)에 태(胎)가 앉으면 아들을 낳을 수 없다는 기묘함이 있다. 남명도 사주에 태(胎)가 2개 이상 있으면 아들을 낳을 수 없음을 확인했다. 그런데도 이런 사람들까지 아들을 낳을 수 있을까. 단언할 수는 없지만 명리학 이론은 다음과 같으니 많이 연구하기 바란다.

1) 남명은 정관(正官)이 아들, 편관(偏官)이 딸이고, 여명은 식신(食神)이 아들, 상관(傷官)이 딸이다.

남명은 정관(正官)과 편관(偏官)을 위주로 판단하는데, 양관살(陽官殺)은 아들이 되고, 음관살(陰官殺)은 딸이 된다. 여명은 식신(食神)과 상관(傷官)을 위주로 보는데, 남명과 마찬가지로 양식상(陽食傷)은 아들이 되고, 음식상(陰食傷)은 딸이 된다.

예1) 남녀

시	일	월	년
戊	丙	己	壬
子	午	酉	子
食神	身主	傷官	偏官
正官	劫財	正財	正官
胎	帝旺	死	胎

이 사주는 남명에서 보면 임수(壬水)는 일간(日干) 병화(丙火)의 편관(偏官)인데 양관살(陽官殺)이니 아들이 되고, 자수(子水)는 정관(正官)인데 음관살(陰官殺)이니 딸이 된다. 여명에서 보면 월간(月干) 기토(己土)가 상관(傷官)인데 음식상(陰食傷)이니 딸이 되고, 시상(時上) 무토(戊土)는 식신(食神)인데 양(陽) 자손이니 아들이 된다. 그런

데 두 남녀의 포태법(胞胎法)을 보면 태(胎)가 년지(年支)와 시지(時支)에 2개 있으니 둘 다 아들을 낳을 수 없다.

예2) 남녀

시	일	월	년
乙	癸	戊	丙
卯	未	戌	辰
食神	身主	正官	正財
食神	偏官	正官	正官
長生	墓	衰	養

이 사주는 남명에서 보면 무진술(戊辰戌)은 양관살(陽官殺)이니 아들이 되고, 미(未) 중 기토(己土)는 음관살(陰官殺)이니 딸이 되어 사주팔자에는 3남 1녀가 있다. 여명에서 보면 시주(時柱)의 을목(乙木)과 묘목(卯木)은 음식신(陰食神)이니 딸이 되고, 일지(日支)의 미토(未土)는 묘목(卯木)과 합(合)을 하여 목(木)이 되는데 합(合)을 하면 반드시 양(陽)이 되므로 양상관(陽傷官)이 되어 아들이 된다. 고로 진(辰) 중 을목(乙木)까지 더하면 1남 3녀가 된다. 그러나 진(辰) 중 을목(乙木)은 술(戌) 중 신금(辛金)에게 충(沖)을 받아 약해졌으니 1남 2녀가 틀림없다.

이 사주는 포태법(胞胎法)으로 보아도 태(胎)가 없으니 남녀 모두 자식이 있다고 볼 수 있지만, 관살(官殺)이 일간(日干) 계수(癸水)를 심하게 극(剋)하고, 식상(食傷)이 심하게 설기(洩氣)한다는 점이다.

남명에서 보면 아내인 재성(財星)을 심하게 설기(洩氣)하니 아내가 의지할 곳이 없고, 여명에서 보면 관살(官殺)이 혼잡되어 남편이 많은 상이다. 남녀 모두 한 번 결혼으로는 끝나지 않을 사람들이다. 또 일간(日干)에 근기가 없어 자식을 두기 어려운 팔자다.

2) 남명은 정관운(正官運)이나 편관운(偏官運)에 양(陽) 년월일시를 택해 결합하고, 여명은 식신운(食神運)이나 상관운(傷官運)에 양 (陽) 년월일시를 택해 결합한다.

남명은 정관운(正官運)과 편관운(偏官運) 중에서 양관살(陽官殺)의 해, 여명은 식신운(食神運)과 상관운(傷官運) 중에서 양식상(陽食傷) 의 해가 서로 일치할 때 결합하면 아들을 낳을 확률이 높다. 부부가 일치하지 않을 때는 여명을 위주로 한다. 즉 남명이 정관운(正官運) 이나 편관운(偏官運)을 만나지 못하면 여명의 식신운(食神運)이나 상 관운(傷官運) 중에서 양식상(陽食傷)의 년월일시를 택하면 된다.

예 3) 남명
시 일 월 년　　 58 48 38 28 18 8
己 庚 戊 壬　　 甲 癸 壬 辛 庚 己
卯 申 申 戌　　 寅 丑 子 亥 戌 酉

본명은 경금일간(庚金日干)의 정관(正官)은 정화(丁火)이고, 편관 (偏官)은 병화(丙火)다. 그런데 사주에 병정화(丙丁火)는 없고, 포태법 (胞胎法)으로 보면 시지(時支) 묘목(卯木)이 태(胎)가 된다. 그리고 일간(日干) 경금(庚金)이 월일지(月日支)에서 신금(申金)을 만나고, 년지(年支) 술토(戌土)가 도와줘 비견(比肩)이 대단히 강하다. 따라서 아내인 묘목(卯木)이 군비쟁재(群比爭財)가 되어 쉽게 혼인할 수 없다.

그런데 28~37세 신해대운(辛亥大運)에서 겁재(劫財)인 신금(辛金)이 경금(庚金)을 거들지만, 해수(亥水) 식신(食神)이 묘목(卯木)을 도와줘 혼인하게 된다. 하지만 술(戌) 중 정화(丁火)는 음관살(陰官殺)로 정관(正官)이 되니 첫 아이는 딸을 낳기 쉽다.

이후에도 병화(丙火)의 양관살운(陽官殺運)에서 아들을 낳지 못하면 딸만 자꾸 낳을 수밖에 없다. 그러니 병화년(丙火年)을 택하든지, 아내의 식신운(食神運)과 상관운(傷官運) 중에서 양년(陽年)을 택하되, 병화월(丙火月) 병화일(丙火日)에 병화(丙火)가 장생지(長生地)로 들어가는 인시(寅時)에 결합하면 아들을 낳을 확률이 높다.

이때 아내의 나이를 계산해야 한다. 예를 들어 아내의 나이가 28세라면 28을 3으로 나누어 남는 1을 1개월로 보고, 1·3·5·7·9월 중에서 병화월(丙火月)이나 갑목월(甲木月)을 택한다. 만약 병화월(丙火月)이나 갑목월(甲木月)을 만나지 못하면 이 5개월 중에서 양월(陽)을 택한다. 왜냐하면 여명의 나이를 3으로 나누어 남는 수에서부터 3개월마다 한 번씩 임신할 운이 들어오기 때문이다.

예4) 여명

시	일	월	년		59	49	39	29	19	9
癸	甲	乙	乙		辛	庚	己	戊	丁	丙
酉	寅	酉	巳		卯	寅	丑	子	亥	戌

본명은 갑목일간(甲木日干)이 유월(酉月)에 태어났지만, 비겁(比劫)인 을목(乙木)과 인목(寅木)이 있고, 계수(癸水)가 도와주니 일간(日干)이 강해져 혼인하기 어려운 사주다. 그런데 유금(酉金)이 둘이나 있고, 사화(巳火)와 유금(酉金)이 합(合)하여 금관살(金官殺)이 되었으니 남편은 있다.

본명은 병술대운(丙戌大運)에서 17세 되는 신유년(辛酉年)에 혼인하게 된다. 19세부터 들어오는 정해대운(丁亥大運)에서는 해수(亥水)가 갑목(甲木)을 거들어줘 매우 어려운 운명이 되었다. 남편인 정관(正官)이 강한 목기(木氣)와 재성(財星)이 없으니 관살(官殺)이 무력해진 것이다. 그리고 정화(丁火) 상관(傷官)은 음(陰)에 해당하니 딸이 되고, 시지(時支) 유금(酉金)은 포태법(胞胎法)으로 보면 태(胎)이니 아들을 낳을 수 없다.

따라서 정해대운(丁亥大運) 중에서 병화(丙火) 식신(食神)의 해와 달, 그리고 병일(丙日)을 택해 병화(丙火)가 장생지(長生地)에 들어가는 인시(寅時)에 결합하면 아들을 낳을 수 있다. 다만 19세를 3으로 나누면 1일 남으니 1·3·5·7·9·11월 중에서 병화월(丙火月)이나 갑목월(甲木月)을 택하거나 양월(陽)을 택해서 결합해야 아들을 낳을 수 있다.

3. 딸 낳는 방법

딸을 낳으려면 아들을 낳는 방법과 반대로 하면 된다. 즉 남명은 정관운(正官運)과 편관운(偏官運) 중에서 음관성(陰官星)의 년월일시

를 택하고, 여명은 식신운(食神運)과 상관운(傷官運) 중에서 음식상
(陰食傷)의 년월일시를 택해서 결합하면 된다. 그런데 본명은 포태법
(胞胎法)으로 보면 사주에 태(胎)가 2개 이상 있니 노력하지 않아도
딸을 낳을 수 있다.

예5) 남명

시 일 월 년	59 49 39 29 19 9
丙 壬 丁 丙	癸 壬 辛 庚 己 戊
午 子 酉 辰	卯 寅 丑 子 亥 戌

본명은 임수일간(壬水日干)이 유월(酉月)에 태어나 득령(得令)하고,
일지(日支) 자수(子水)가 도와주니 신강(身强)해 보인다. 그러나 사주
에 재성(財星)인 병정오화(丙丁午火)와 진토(辰土)가 일간(日干)의 기
세를 꺾어 신약(身弱)해졌다.

따라서 금수(金水)가 희용신(喜用神)이니 금수운(金水運)으로 흘러
야 길하다. 그런데 시지(時支) 오화(午火)는 임수(壬水)의 태(胎)가 되
고, 19세 이후로는 아들인 편관운(偏官運)은 없고 기토(己土) 정관운
(正官運)만 있으니 딸만 낳을 팔자다.

예6) 여명

시 일 월 년	54 44 34 24 14 4
甲 癸 己 丁	乙 甲 癸 壬 辛 庚
寅 酉 酉 巳	卯 寅 丑 子 亥 戌

본명은 계수일간(癸水日干)이 유월(酉月)에 태어나 득령(得令)하고, 유유(酉酉)가 거들고, 기토(己土)와 유금(酉金)이 합(合)하여 금(金)으로 변했다. 따라서 정화(丁火) 편재(偏財)가 힘이 없는데 편관(偏官) 기토(己土)마저 시주(時柱)의 갑인목(甲寅木) 상관(傷官)에게 극(剋)을 받으니 기토(己土) 관성(官星) 남편이 힘이 너무 없어져 남편복이 박하다.

게다가 대운(大運)이 해자축(亥子丑) 수운(水運)으로 흐르니 14세 이후 혼인하기가 매우 어려워졌다. 다행히도 계축대운(癸丑大運)에서 기토(己土) 편관(偏官)이 힘을 얻어 혼인은 하지만, 시주(時柱) 갑인(甲寅)이 상관(傷官)인데 양식신(陽食神)이니 딸을 낳기 힘들다. 또 시상(時上)의 상관(傷官)이 왕성하면 반드시 자식이 죽거나 불구가 되는데, 본명은 상관(傷官)을 얻어 왕성해졌으니 아들을 둘이나 실패했다. 이럴 때는 을목(乙木) 식신(食神)의 년월일시를 택해야 하는데, 식신(食神)이 녹지(祿地)로 가는 묘시(卯時)에 결합하면 딸을 낳을 확률이 높다.

4. 임신이 잘 안 될 때 임신하는 방법

건강에 문제가 없는데도 임신이 잘 안 되면 명리학상으로는 대개 남녀가 모두 사주에 비견(比肩)과 겁재(劫財)가 지나치게 많거나, 여명에 식상(食傷)은 있으나 약하고, 정인(正印)과 편인(偏印)이 많으면 아이를 낳지 못한다고 본다. 남명은 정관(正官)과 편관(偏官)이 있어도 힘이 약하고, 식신(食神)과 상관(傷官)이 너무 강하면 아이를 낳지 못한다고 본다.

여명은 사주가 너무 한냉하거나 조열하면 임신하기 어렵고, 남녀 모두 정(精)이 약해져도 임신하지 못한다. 이럴 때는 체온을 조절하고 정(精)을 만드는 약을 먹으면 부부가 함께 노력해야만 자식을 낳을 수 있다. 남녀 모두 사주에 비견(比肩)과 겁재(劫財)가 많으면 혼인하기도 힘들고 임신하기도 힘들다. 이럴 때는 용신운(用神運)에 혼인하고 임신도 한다.

여명은 식상운(食傷運)에 임신할 수 있지만 사주에 인성(印星)이 너무 강하지 않아야 한다. 특히 식신운(食神運)에는 편인(偏印)이 없어야 하고, 상관운(傷官運)에는 정인(正印)이 없어야 한다. 그러나 사주에 정인(正印)과 편인(偏印)이 있는데 정인(正印)이 강하면 정재운(正財運)에 임신하고, 편인(偏印)이 강하면 편재운(偏財運)에 임신한다. 그러니 이런 운이 오지 않으면 초조하게 생각하지 말고 때를 기다리는 게 좋다.

예7) 남명

시 일 월 년	60 50 40 30 20 10
辛 庚 庚 辛	甲 乙 丙 丁 戊 己
巳 辰 子 亥	午 未 申 酉 戌 亥

본명은 경금일간(庚金日干)이 경월(庚月)에 태어나 실령(失令)하고, 인성(印星)과 비겁(比劫)이 있어 신강(身强)해 보이지만, 식상(食傷)이

태왕(太旺)하여 신강(身弱)해져 엄동설한에 천지가 얼어붙은 형상이다. 시지(時支)에 사화(巳火) 편관(偏官)이 있지만 재성(財星)이 힘이 없으니 편관(偏官) 사화(巳火)가 의지할 곳이 없다. 따라서 혼인을 못하거나, 하더라도 서른이 훨씬 넘어야 한다.

진(辰) 중에 을목(乙木) 재성(財星)이 있고, 해(亥) 중에도 갑목(甲木) 재성(財星)이 있으니 30세부터 들어오는 정유대운(丁酉大運)에서 병정화(丙丁火)가 비겁(比劫)을 제압하고, 조후(調候)로 해동시키면 정편재운(正偏財運)인 갑년(甲年)이나 을년(乙年)에 혼인하고, 병년(丙年)이나 정년(丁年)에 아이도 낳을 수 있다. 만일 병년(丙年)과 정년(丁年)이 지나면 병신대운(丙申大運)에 자식을 낳을 수 있으니 때를 놓치지 말라.

예8) 여명

시	일	월	년		59	49	39	29	19	9
癸	癸	己	壬		癸	甲	乙	丙	丁	戊
亥	丑	酉	子		卯	辰	巳	午	未	申

본명은 계수일간(癸水日干)이 비겁(比劫)이 강하고, 유금(酉金)과 축토(丑土)가 금국(金局)을 이루어 일간(日干)을 도와주니 일간(日干)이 비할데 없이 강하다. 월간(月干) 기토(己土)가 축(丑) 중 기토(己土)에 뿌리를 내려 왕성한 수(水)를 어느 정도 억제한다고는 하지만 수기(水氣)를 견디기는 힘들다. 그리고 사주에 화기(火氣)가 없으니 몸이 몹시 차갑다.

따라서 화(火)로 조후(調候)하고, 목(木)으로 왕성한 수(水)를 설기(洩氣)해서 화(火)를 생(生)하고, 토(土)로 수기(水氣)를 막아야 한다. 마침 대운(大運)이 계속 화운(火運)으로 흘러 대단히 좋은데, 목(木)이 없으니 자식은 두기 어렵다. 그러나 정미대운(丁未大運)에서 미토(未土)와 시지(時支) 해수(亥水)가 합(合)하여 목(木)이 되니 갑을목(甲乙木) 식신운(食神運)이나 상관운(傷官運)에 임신하거나, 39세 을대운(乙大運)이 식신운(食神運)이니 이때 임신할 수 있다.

예9) 여명

시	일	월	년	51	41	31	21	11	1
甲	己	丙	丙	庚	辛	壬	癸	甲	乙
子	未	申	午	寅	卯	辰	巳	午	未

본명은 기토일간(己土日干)이 상관월(傷官月)에 태어나 실령(失令)했는데, 인비(印比)가 많이 도와줘 신강(身强)해졌다. 인수(印綬)인 화(火)가 자식인 월지(月支) 신금(申金)을 심하게 억제하니 화운(火運)에는 임신하기 어렵고, 화기(火氣)를 제압하는 수운(水運)이나 금운(金運)을 만나야 임신할 수 있다.

남명에 정편관(正偏官)이 미약한데 식상(食傷)이 매우 왕성하면 정관(正官)이나 편관(偏官)을 도와주는 재성운(財星運)이나 식상(食傷)을 억제하는 인성운(印星運)을 만나야 임신할 수 있다. 사주에 정편재(正偏財)가 없으면 정편관운(丁偏官運)을 만나도 임신하기 어렵고, 운명도 대단히 어려워진다. 왜냐하면 식상(食傷)은 정편관(正偏官)과 상극(相剋)이라 싸우기 때문이다. 이럴 때는 재성(財星)이 있어야 통관(通關)시켜 구원할 수 있다.

여명은 식상(食傷)이 미약하고, 정인(正印)이나 편인(偏印)이 강하면 임신할 수 없다. 그러나 비겁운(比劫運)이나 정재운(正財運)이나 편재운(偏財運)을 만나면 임신할 수 있다.

예10) 남명

시 일 월 년	59 49 39 29 19 9
乙 己 辛 戊	丁 丙 乙 甲 癸 壬
亥 巳 酉 申	卯 寅 丑 子 亥 戌

본명은 기토일간(己土日干)이 유월(酉月)에 태어나 실령(失令)했는데, 인비(印比)도 약하고 설기(洩氣)하는 재관식(財官食)이 태왕(太旺)하니 신약(身弱)하다. 29세 갑자대운(甲子大運)에 혼인하지만 화(火)가 용신(用神) 사화(巳火)를 극(剋)하니 생식 능력이 약하다. 따라서 정인운(正印運)이나 편인운(偏印運)에 식상(食傷) 금(金)을 제압하면 편관(偏官) 을목(乙木)이 생기를 얻어 아이를 낳을 수 있다. 용신(用神)인 정인운(正印運)이나 편인운(偏印運)을 놓치면 안 된다.

예11) 여명

시 일 월 년	59 49 39 29 19 9
辛 甲 丁 乙	癸 壬 辛 庚 己 戊
未 子 亥 卯	巳 辰 卯 寅 丑 子

본명은 갑목일간(甲木日干)이 해월(亥月)에 태어나 득령(得令)하고, 해묘미(亥卯未) 삼합(三合) 목국(木局)을 이루고, 지지(地支)에서 해자수(亥子水)가 도와주니 신강(身强)하다. 그런데 자식성인 월상(月上)의 정화(丁火) 상관(傷官)은 강한 수기(水氣)가 공격하니 힘이 없다. 따라서 병정(丙丁) 식상운(食傷運)이나 무기(戊己) 정편재운(正偏財運)에 강한 수기(水氣)를 억제할 수 있으니 이때 임신할 수 있다.

본명은 병정무기운(丙丁戊己運)을 놓치면 영원히 임신할 수 없다. 왜냐하면 대운(大運)이 계속 목운(木運)으로 흘러 관성(官星)이 힘을 쓸 수 없기 때문이다. 관성(官星)이 약하니 혼인이 순조롭지 않고, 혼인한다고 해도 관성(官星)이 힘이 없으니 남편이 무능할 것이다.

5. 남녀가 교합할 때 조심해야 할 것

옛날보다 과학이 발달한 오늘날 기형아가 더 많이 태어나는 이유는 무엇인가. 물론 환경이 오염되어 그럴 수도 있지만, 더 근본적인 이유는 무분별한 성행위 때문일 것이다. 남녀의 결합을 쾌락쯤으로 여기면서 때와 시를 가리지 않은 결과로 보는 것이 맞을 것이다. 따라서 옛 사람들의 지혜로운 법도가 절실히 필요하다고 느껴 『동의보감』의 내용을 그대로 옮겨보겠다. 『동의보감』은 동양 최고의 의서이니 허황된 이야기는 아닐 것이다.

병일(丙日)·정일(丁日)·초하루·보름·그믐은 피해야 한다. 강풍이 불거나, 큰 비가 내리거나, 안개가 짙거나, 한파가 몰아치거나, 무더위가 기승을 부리거나, 천둥이나 번개가 치거나, 일식이나 월식이 있거나, 무지개가 떴거나, 지진이 일어나거나, 햇빛이 강한 정오 야외나 신전에서는 금해야 한다.

만약 이것을 어기면 사람과 신에게 손상을 입혀 백 가지 징벌을 받는데, 벙어리나 귀머거리나 장님이나 저능아를 낳을 수 있다. 그리고 그 자식은 질병이 많아 오래 살기도 어렵고, 비록 정상아라 해도 나중에 불효하거나 불량아가 된다. 그러므로 성교시 환경과 방법에 따라 복덕과 지혜가 있고 집안을 번창하게 하는 자식을 낳을 수도 있고, 우매한 자식을 낳아 가문이 문을 닫을 수도 있다.

11장. 부적론

1. 부적이란

부적(符籍)은 부작(符作)이라고도 하는데, 나뭇잎·나무껍질·나무쪽·죽순·대나무쪽·가죽·헝겊·종이 같은 평면 재료에 그리는 것과 돌·이빨·뼈·조개껍질·발톱·뿔·깃털·씨앗·귀금속 같은 입체 재료에 그리거나 조각한 모든 것을 말한다. 다시 말해 부적은 하나씩 쪼갠 목판이나 대쪽에 상서롭고 영험한 신앙을 뜻을 새기는 것에서 유래되었다고 한다.

부적의 기원은 원시시대로 거슬러 올라가 인류가 바위나 동굴 같은 곳에 해·달·동물·사람 등 주술적인 그림을 그린 것에서 찾아볼 수 있다. 우리나라의 예를 찾아본다면 통일신라 때 처용의 얼굴을 그려 대문에 붙여놓고 귀신을 쫓았다는 기록이 있다. 이처럼 부적은 인류가 존재하면서부터 시작되었다고 볼 수 있으므로 미술품으로서 가치는 물론 상고사와 직결되는 천문(天門)·지리·군사·행정·의술과도 관련이 있어 대단히 중요하다고 볼 수 있다.

우리가 부적이라고 하는 것은 인간의 운명이 기록되어 있다고 믿는 천계의 원부(原符)를 말하고, 부(符)의 원 뜻은 대체적으로 증거·징험·길조·천부·신(神)이 가호하는 나무조각·신부(神符)·예언서·부합(符合) 등으로 해석할 수 있다. 결국은 인간이 정해진 운명을 간절한 염원과 적덕으로 수정하려는 의지를 담고 있고, 신(神)을 부리는 명령서라고 할 수 있다. 또한 부적을 평면 재료로 만드는 이유는 증명서 역할과 기능 때문이라는 생각을 해본다.

부적은 승려나 점술가, 무속인들이 많이 만드는데, 길일을 택해 목욕재계한 후 동쪽을 향해 정수를 올리고, 분향과 고치삼통(叩齒三通)을 하고 다음과 같은 주문을 외웠다.

혁혁양양(赫赫陽陽) 일출동방(日出東方) 오칙차부(吾勅此符)
보탱불상(普撑不祥) 구토삼매지화(口吐三昧之火)
복비문읍지광제괴(服飛門邑之光提怪) 사천봉력사(使天蓬力士)
파질용예적금강(破疾用穢跡金剛) 항복(降伏)
요괴(妖怪) 화위길상(化爲吉祥) 급급여율령(急急如律令).

부적의 효험을 보려면 마음을 올바르게 써야 하고, 복을 빌고 재앙을 물리치려는 간절함과 신의 은혜를 입으려는 덕과 성실함을 지녀야 한다. 부적을 지닌 사람은 경문이나 주문을 외워 그 염원이 영파로 발사되면 표현할 수 없는 영험한 신비를 얻을 수 있을 것이다.

2. 부적의 종류

 부적의 종류는 아주 다양한데, 주력(呪力)으로 좋은 기운을 증가시켜 이로움을 성취할 수 있게 하는 것으로는 칠성부·소원성취부·초재부·재수대길부·합격부·생자부·가택편안부·만사대길부가 있다.

 그리고 사액을 물리치고 소원을 비는 부적, 재앙을 예방하려는 삼재예방부, 부정을 막는 부적, 악귀를 물리치는 귀불침부(鬼不侵符)·벽사부(辟邪符)·구마제사부(驅魔除邪符)·축사부(逐邪符)가 있고, 벌레나 짐승을 막는 비수불침부(匕首不侵符)·야수불침부(野獸不侵符)도 있다.

 이외에 살(殺)을 막아주는 상문부(喪門符)와 도살부(徒殺符), 병을 물리치는 병부(病符)가 있다. 이러한 부적은 아픈 곳에 붙이거나 불에 태워 마시기도 하고, 벽이나 문 위에 붙이거나 몸에 지니고 다니기도 한다.

 이렇게 부적에는 여러 가지가 있으나 굳이 분류한다면 크게 세 가지로 나눌 수 있다. 대체적으로 용도에 따른 분류, 표현 양식에 따른 분류, 종교적 특성에 따른 분류다. 우선 용도에 따른 부적을 살펴보면 다음과 같다.

1) 벽사부(辟邪符)

 악귀를 물리치고 재앙을 예방하는 부적이다. 고분에서 나오는 청동기시대 허리띠 장식에서 볼 수 있는 호랑이·말·곰·용 등은 사귀를 물리친다는 상징으로 벽사의 풍속으로 봐야 한다. 옛날부터 흰 개나

닭을 기르면 악귀가 들어오지 못한다는 풍속도 흑백을 구분해서 흑은 어둠으로 보고 백은 밝음으로 보아 길한 징조로 보았기 때문이다. 부적으로는 호랑이 발톱·사슴의 뿔과 털·복숭아나무·대추나무·쑥묶음 부적이 있다.

2) 호신부(護身符)

신의 가호로 악귀에서 자신을 보호한다는 부적이다. 선한 신의 모습을 옥돌·나무·쇠붙이에 지니기 좋게 작게 만들어 옆구리에 차거나 호주머니에 항상 간직하고 다니는데, 경문이나 주문도 함께 외우면 효과가 더 좋다고 한다.

3) 기복부(祈福符)

행복해지려는 인간의 원초적인 욕망을 주술의 힘을 빌려 징표로 삼는 것이다. 조개껍질·속옷·석류·달걀·호랑이 코·도끼·바늘 같은 입체적으로 된 부적이 있다.

■ 최치원의 오색부(五色符)

『최고운전』에는 최치원이 중국 황제의 명을 받고 중국에 갔는데, 천황문을 지날 때 이 오색부로 화를 면했다는 이야기가 나온다. 옛날부터 우리나라와 중국은 특별한 교류가 있었다. 그런데 중국은 우리나라의 밝은 지혜를 시기해서 때때로 가혹한 계교로 나라를 혼란하게 한 일이 적지 않았다.

신라의 최치원은 세계적인 문장가로 중국에까지 이름이 알려져 중국 문인들을 놀라게 했다. 중국 황제도 이를 듣고 오만하게 "소국에서 대인이 나면 좋지 않다"고 하면서 장차 신라를 칠 목적으로 달걀을 솜으로 여러 겹 싸서 돌함에 넣어 신라에 보내면서, "너희 나라는 반도 한구석에 치우쳐 있으면서 작은 재주로 큰 나라를 업신여긴다고 하니, 이것을 알아맞히면 용서하지만 그렇지 않으면 마땅히 살육의 화를 면치 못하리라"고 하였다. 이에 황당해진 신라 왕은 군신들에게 명령했으나 알아맞히는 이가 없었다.

그런데 나 승상댁 파경노가 승상의 딸 제화와 혼인시켜주면 시를 짓겠다고 하자 이를 허락받고 시를 지었다. 이 시를 받아본 중국 황제는 고개를 갸우뚱했다. 파경노는 소저의 거울을 파괴하고 그 집 종이 되었다 하여 최치원이 직접 쓴 이름이다.

"둥글고 둥근 함 속에 반은 희고 반은 누렇다"라고 한 시의 구절은 맞는데, "밤마다 때를 알고 울려고 해도 뜻만 품을 뿐 소리를 내지 못한다"는 말은 틀렸기 때문에, 그 사실을 확인하려고 돌함을 열어보니 달걀이 병아리로 변해 있었다. 이에 감탄한 중국 황제는 그를 죽일 생각으로 중국으로 초청했다. 그가 들어올 문을 새로 짓고, 그 앞에 함정을 파고 악사들을 숨겨 요란한 악기 소리로 정신을 잃게 만들려고 했다. 또 마지막 문에는 술에 취한 코끼리를 풀어놓아 밟아 죽이려 했다.

최치원이 중국 능원땅에 이르니 한 여인이 길가에 서있다가, 황성에 들어갈 때 반드시 화를 당할 테니 조심하라고 하면서, 주머니에서 5가지 색으로 만든 부적을 주었는데, 이것이 바로 오색부다.

최치원이 황성에 이르러 의관을 바로하고 문 안으로 들어서니, 난데

없이 악기 소리가 요란하게 울렸다. 그러자 전날 오색부를 건네준 여인의 말을 기억하면서 먼저 청색 부적을 꺼내 던지니 악기 소리가 멈추고 조용해졌다. 두 번째 문에 들어서니 역시 소리가 나 적색 부적을 던지고, 세 번 째 문에서는 백색 부적을, 네 번째 문에서는 검정 부적을 던지니 바로 사방이 조용해졌다.

　마지막 다섯 번째 문에 다다르니 술에 취한 코끼리가 날뛰면서 달려와 황색 부적을 던지니, 코끼리의 입과 코를 감아 움직이지 못하게 했다. 이렇게 해서 최치원을 죽이려던 계획은 모두 수포로 돌아가고 말았다. 이 사실을 전해 들은 황제는 "과연 천신이로다" 하며 감탄하면서 그를 맞아 최고의 칙사 대접을 했다고 한다.

3. 부적의 재료와 모양

　부적이란 특수한 문자나 우주의 문자로 인간과 하늘의 기운을 연결하는 신의 증표라고 할 수 있다. 한마디로 인간의 소원을 천신에게 알리는 대화 통로다. 이는 마치 우리가 멀리 있는 사람과 대화할 때 전화를 이용하는 것과 같다. 보이지 않는 인간의 정신세계의 중요성을 아는 사람이라면 관심을 가질 수밖에 없을 것이다.

　글씨는 붉은 경면주사(鏡面朱砂)나 영사(靈砂)를 곱게 갈아 기름이나 설탕물에 개서 쓴다. 종이는 괴황지를 쓰는 게 원칙이나 누런빛이 도는 창호지를 쓰기도 한다. 현재 우리나라에서 널리 쓰는 부적은 대부분 흰 종이에 적색 단사(丹砂)로 그리거나, 모인(摹印)이라는 고전체를 넣는 것이 대부분인데, 중국과 일본에서는 이것을 주부(呪符) 혹은 부주(符呪)라고 한다.

부적의 모양은 용·호랑이·독수리 같은 동물과 해·달·별 등이 많다. 이외에도 추상적인 와문형·탑형·계단형 등 매우 다양하다. 글자는 일(日)·월(月)·천(天)·광(光)·왕(王)·금(金)·신(神)·화(火)·수(水)·용(龍) 같은 것이 많은데, 부적 전체가 한자로 된 것도 있지만 한자의 파자해서 여러 형태로 결합하고, 여기에 줄을 긋는 형태가 많다. 이럴 때는 부적 윗부분에 '칙령(勅令)'이라는 글자를 적는 게 일반적이다.

4. 부적 만드는 방법

1) 부적 만들 날을 잡는다.

사용할 사람의 생기일(生氣日)·복덕일(福德日)·천의일(天宜日)·일간(日干)의 건록일(建祿日)·천을귀인(天乙貴人)일 중에서 적합한 날과, 천덕일(天德日)·월덕일(月德日)·천월덕합일(天月德合日)이나 기타 길신(吉神)과 합치되는 날을 잡는다.

2) 전날부터 몸과 마음을 정결하게 한다.

부적을 만드는 사람이나 사용할 사람은 부적을 만들기 전날 깨끗하게 이발하고 목욕재계한다. 정신을 맑게 하고, 부정한 행동이나 부정한 곳이나 남녀 합방을 금하고, 상을 당한 사람을 접촉하거나 집 안에 들이지 않는다.

3) 부적 만들 재료를 준비한다.

경면주사나 영사, 깨끗한 창호지나 괴황지(가로 10cm×세로 15cm 내외), 정갈한 참기름이나 설탕물을 준비한다.

4) 부적을 만든다.

당일 아침 부적을 만드는 사람과 사용할 사람은 일찍 일어나 세수하고, 깨끗한 옷으로 갈아입고, 사용할 부적을 『부적대전』에서 찾아 그리는데, 고치삼통과 주문을 정성껏 암송한다.

5) 사용하기 전에 경문을 외운다.

부적을 완성해서 집 안에 붙이거나, 불에 태워 마시거나, 몸에 지닐 때는 다음 중에서 해당하는 경문을 외운다.

① **소원성취부** : 천수경, 반야심경, 고왕경, 다라니경, 관음경, 관세음 사십이수주문, 칠성부를 사용하시는 북두주.
② **재앙부** : 천수경, 관세음신주경, 몽수경, 안택신주경, 도액경, 관세음구고경, 고왕관세음경, 묘법연화경, 제왕경.
③ **삼재부** : 삼재경, 다라니경, 삼지불수경, 도액경.
④ **가택안전부** : 천수경, 안택신주경, 명당경, 적호경, 용호축사경.
⑤ **부부자손화합부** : 안택신주경, 명당경, 육모적살경.
⑥ **자손수명부** : 동자속명경, 동자연명경, 구호신명경.
⑦ **질병부** : 천룡경, 온황신주경, 축학경, 구병시식경, 용호축사경, 제왕경, 안목청정경.

⑧ **동토부** : 동토경, 단목경, 지신경, 오작경.

⑨ **고사부** : 산왕경, 조왕경, 안택경, 명당경, 용왕삼매경, 당산경.

⑩ **부정부** : 부정경, 고왕관세음경, 안택신주경.

⑪ **흉살부** : 백살신주경, 칠살경, 제왕경, 육모적살경.

⑫ **귀신요마축출부** : 축사경, 축귀경, 육모적살경, 백살신주경, 용호축
　사경, 간귀경, 금신칠살경, 구호신명경.

⑬ **죄소멸부** : 고왕관세음경, 수생경, 도액경, 관세음구고경, 반야심경.

⑭ **수명부** : 화엄경, 북두연명부, 동자속명경.

⑮ **사후부** : 아미타경, 심모타라니경, 수생경, 해원경, 화엄경.

⑯ **육축부** : 우마장생경.

　부적을 사용하기 직전에 해당 경문을 경건한 마음으로 독송하면 대
길한데, 모든 경문에 앞서 반드시 천수경을 먼저 독송한다.

12장. 내정론(來情論)

1. 점시와 당일 일지(日支)로 보는 내정사

① 점시와 당일 일지(日支)가 충(沖)하면 이동·변동·이별 같은 일이나 다른 사람의 침해로 본다.

② 점시와 당일 일지(日支)가 비견(比肩)이 되면 금전 손해와 투쟁으로 본다.

③ 점시가 당일 일지(日支)를 생(生)하면 남이 나를 도와주는 것으로 보고, 당일 일지(日支)가 점시를 생(生)하면 내가 남을 돕는것으로 본다.

④ 점시가 당일 일간(日干)의 건록(建祿)이 되면 취업이나 승진 같은 일로 본다.

⑤ 점시가 당일 일간(日干)의 천을귀인(天乙貴人)이 되면 윗사람에게 발탁되어 영전하거나 상을 받는 것으로 본다.

⑥ 점시가 당일 일지(日支)와 원진(怨嗔)이나 귀문관살(鬼門關殺)이

되면 질병이나 신기(神氣)에 관한 일로 본다.

⑦ 점시가 일주(日柱)와 공망(空亡)이 되면 원하는 일이 되지 않고 손재로 본다.

⑧ 점시와 당일 일지(日支)이 삼합(三合)이나 육합(六合)이 되면 동업·협동·애정·사랑·구재 같은 화합하는 일로 본다.

⑨ 점시와 당일 일지(日支)가 형(刑)이 되면 관재구설·교통사고·질병·수술·소송·이별 문제로 본다.

⑩ 점시와 당일 일지(日支)가 육해(六害)가 되면 이별·신경성 질병·손재 문제로 본다.

⑪ 점시와 당일 일지(日支)가 파(破)가 되면 파재·사업 부진·이별·신기(神氣)·질병 문제로 본다.

⑫ 점시와 당일 일간(日干)이 비겁(比劫)이 되면 형제·친구·동료와 소송 문제로 본다.

⑬ 점시와 당일 일간(日干)이 인수(印綬)가 되면 부모·문서·학문 문제로 본다.

⑭ 점시와 당일 일간(日干)이 식상(食傷)이 되면 자손·부하·종업원·아랫사람·투자·직업 문제로 본다.

⑮ 점시와 당일 일간(日干)이 편관(偏官)이 되면 여명은 애인이나 남편 문제로 보고, 남명은 직업·질병·인기·귀신 문제로 본다.

⑯ 점시와 당일 일간(日干)이 정관(正官)이 되면 남명은 관직·직장·인기·명예 문제로 본다.

⑰ 점시와 당일 일간(日干)이 정재(正財)가 되면 금전과 재물 문제로 본다. 특히 남명은 아내·애인·여자 문제로 본다. 편재(偏財)도 마

찬가지다.

⑱ 점시가 당일 일간(日干)의 묘(墓)가 되면 토지·분묘·불사 문제인데, 왕상(旺相)하면 토지 관계이고, 휴수사(休囚死)가 되면 분묘 관계다.

⑲ 점시와 당일 일지(日支)가 원진(怨嗔)이 되면 질병 문제로 본다.

⑳ 점시가 당일 일지(日支)와 역마(驛馬)가 되면 이동이나 변동 문제로 본다.

㉑ 점시가 당일 일지(日支)의 도화(桃花)가 되면 이성 문제로 본다.

㉒ 점시가 당일 일지(日支)의 겁살(劫殺)이 되면 도난이나 분실 문제로 본다.

2. 옷 색깔로 보는 내정사

① 백색 상의를 입은 여자는 남편을 바꾸거나 업무상 윗사람과 이별 문제로 본다.

② 황색 상의를 입은 여자는 남편과 별거 문제로 본다.

③ 청색 상의를 입은 여자는 횡재를 노리는 것으로 본다.

④ 적색 원피스를 입은 부인은 내쫓겼거나 남편을 내쫓을 입장에 있는 것으로 본다.

⑤ 흑색 상의를 입은 여자는 시부모를 모신다는 표시이고, 배우자가 병 중에 있거나 징그러운 것으로 본다.

3. 꿈으로 보는 내정사

① 소꿈을 꾼 날 첫 문점객은 조상과 가족 문제로 본다.

② 말꿈을 꾼 날 첫 문점객은 여행·이동·변동·이사 문제로 본다.

③ 개꿈을 꾼 날 첫 문점객은 상문살(喪門殺)이 든 사람으로 상문(喪門)에 관한 문제로 본다.

④ 돼지꿈을 꾼 날 첫 문점객은 사업 변동과 재수 문제로 본다.

⑤ 군인·경찰·학생 꿈을 꾼 날 첫 문점객은 승진·입학·퇴직·신규사업 문제로 본다.

⑥ 똥꿈을 꾼 날 첫 문점객은 물장사·음식점·선박업·어업을 하는 사람으로 재수 문제로 본다.

⑦ 물이 맑거나 넘친 꿈을 꾼 날 첫 문점객은 목욕탕·술집·수산업을 하는 사람으로 재수 문제로 본다.

4. 행동으로 보는 내정사

① 귀를 만지면 이성 문제로 본다.

② 눈을 만지면 자손이나 명예 문제로 본다.

③ 입을 만지면 실직자나 구직자로 사업 종목을 알려는 사람이거나 먹을 것과 관계 있는 일이다.

④ 목을 만지면 부모·재산·계약 문제로 본다.

⑤ 손을 만지면 분실·도난·사기 등 손재수로 본다.

⑥ 이마를 만지면 부모·재산·계약·관공서 문제로 본다.

⑦ 코를 만지면 부동산 매매 문제로 본다.

⑧ 눈썹을 만지면 형제나 집안 문제로 본다.

⑨ 배를 만지면 부동산이나 재물을 얻으려는 문제로 본다.

⑩ 발을 만지면 원행·택일·데이트 문제로 본다.

⑪ 수염을 만지면 도난이나 사기 문제로 본다.

⑫ 등을 긁으면 권력·중책·선거 문제로 본다.

⑬ 다리를 만지면 도피·도주·은밀한 출국 문제로 본다.

⑭ 사타구니나 생식기를 만지면 애인·첩·정부 등 사통 문제로 본다.

5. 앉는 방향으로 보는 내정사

① 봄에 찾아와 서쪽에 앉으면 재물이나 송사 문제로 본다.

② 여름에 찾아와 동쪽에 앉으면 문서 계약이나 부모 문제로 본다.

③ 가을에 찾아와 남쪽에 앉으면 시비나 질병 문제로 본다.

④ 겨울에 찾아와 동쪽에 앉으면 자녀·부하·종업원·아랫사람 문제
로 본다.

6. 육신(六神)으로 보는 내정사

① 비겁년(比劫年)이면 이사·여행·분가·분점 문제로 본다.

② 겁재년(劫財年)이면 투기나 투자 문제로 본다.

③ 식신년(食神年)이면 남자는 하던 일을 계속할지 바꿀지를 생각하

는 것이고, 여자는 유흥업이나 식품업을 하면 어떨까나 자식 문제로 찾아온 것이다.

④ 상관년(傷官年)이면 가족이나 주위 환경에 장애물이 생겨 공포와 불안 때문에 불쑥 변동하려고 찾아온 것이다.

⑤ 정재년(正財年)이면 자기 사업을 차분히 지키면서 주택이나 문서 변동으로 매매 문제를 알려고 찾아온 것이다.

⑥ 편재년(偏財年)이면 편재년(偏財年)은 원래 투자하는 해이니 확장이나 투자 문제를 상담하려고 온 것으로 보는데, 큰 포부와 하면 된다는 생각으로 찾아왔다.

⑦ 정관년(正官年)이면 취업·시험·출마나 학술 분야 변동 문제로 찾아온 사람이다.

⑧ 편관년(偏官年)이면 질병·건강·소송·직업 변동·이사 문제나 출품 서적 등 여러 가지 문서나 직업 관계로 찾아온 사람이다.

⑨ 정인년(正印年)이면 표창을 받았거나 이사를 했거나 이미 변동을 해놓고 결론이 궁금해서 찾아온 사람이다.

⑩ 편인년(偏印年)이면 직업은 없고, 무엇이든 배우려는 마음이 있고, 여러 배움을 앞세우면서 찾아온 사람이다.

7. 십이지(十二支)로 보는 내정사

십이지(十二支)는 문점객이 찾아온 시간이나 물어본 시간, 문의사항으로 본다. 내정 시간은 각 지역의 시간을 따른다.

십이지(十二支) 암시표

점시	문의사항
子	재화, 대차, 구재, 계획
丑	소식, 서신, 전신
寅	약혼, 결혼, 연애, 재혼
卯	기다리는 사람, 이사, 여행, 외출
辰	방문, 내객, 손님
巳	도난, 분실
午	가출, 도망, 실종
未	시험, 취직, 소망, 계획
申	관재, 분쟁, 소송
酉	우환, 질병
戌	매매, 가력등락, 계약
亥	임신, 출산

1. 괘 정하는 방법

우선 문점객이 몇 시에 와서 몇 시에 물었는지를 기억해둔다. 온 시간이나 문의한 시간의 지지(地支) 위에 무조건 천간(天干)의 갑(甲)을 붙여 문의사항에 해당하는 지지(地支)까지 다음의 예처럼 갑을병정무기경신임계(甲乙丙丁戊己庚辛壬癸)로 순행해서 기록한다.

■ 예1)
① 어떤 사람이 아침 10시쯤 찾아와서 매매 관계를 물었다고 해보자.

〈십이지(十二支) 암시표〉를 보면 매매는 술(戌)이니, 찾아온 시간인 오전 10시 사(巳) 위에 갑(甲)을 붙여, 문의사항인 술(戌)까지 순행하면 문의사항 술(戌) 위에 기(己)가 붙는다. 상괘는 기(己), 중괘는 술(戌)이 된다.

天干	甲 乙 丙 丁 戊 己 庚	상괘
점시·문의사항	子 丑 寅 卯 辰 巳 午 未 申 酉 戌 亥	중괘

② 찾아온 시간 사(巳)를 아래와 같이 문의사항인 술(戌) 밑에 붙이니 상괘는 기(己), 중괘는 술(戌), 하괘는 사(巳)가 된다.

天干	甲 乙 丙 丁 戊 己 庚	상괘
문의사항	戌	중괘
점시	巳	하괘

③ 상·중·하괘가 기(己)·술(戌)·사(巳)이니 286쪽 〈괘상 찾아보기〉에서 해당 〈괘상해설〉 己戌巳를 찾아 말해주면 된다.

■ 예2)

① 어떤 사람이 아침 7시쯤 전화로 시험 관계를 물어보았다고 해보자. 〈십이지(十二支) 암시표〉를 보면 시험은 미(未)에 해당하니, 문의한 시간인 아침 7시 진시(辰時) 위에 갑(甲)을 붙여 문의사항에 해당하는 미(未)까지 순행한다. 미(未) 위에 정(丁)이 붙으니 상괘는 정(丁), 중괘는 미(未)가 된다.

天干	甲 乙 丙 丁	상괘
점시·문의사항	辰 巳 午 未	중괘

② 문의한 시간 진시(辰時)를 아래와 같이 문의사항인 미(未) 밑에 붙이면 상괘는 정(丁), 중괘는 미(未), 하괘는 진(辰)이 된다.

天干	甲 乙 丙 丁	상괘
문의사항	辰 巳 午 未	중괘
점시	辰	하괘

③ 상·중·하괘가 정(丁)·미(未)·진(辰)이니 286쪽 〈괘상 찾아보기〉 에서 해당 〈괘상해설〉 丁未辰을 찾아 말해주면 된다.

■ 예3)

① 어떤 사람이 오후 3시 30분쯤 자식의 가출 문제를 물었다고 해보 자. 〈십이지(十二支) 암시표〉를 보면 가출은 오(午)에 해당하니, 물 어본 시간인 신(申)에서 오(午)까지 순행한다. 아래와 같이 오(午) 위에 갑(甲)이 붙으니 상괘는 갑(甲), 중괘는 오(午)가 된다.

天干	甲 乙 丙 丁 戊 己 庚 辛 壬 癸 甲	상괘
점시·문의사항	申 酉 戌 亥 子 丑 寅 卯 辰 巳 午	중괘

② 문의한 시간 신시(申時)를 문의사항인 오(午) 밑에 붙이니 상괘는 갑(甲), 중괘는 오(午), 하괘는 신(申)이 된다.

天干	甲 乙 丙 丁 戊 己 庚 辛 壬 癸 甲	상괘
문의사항	申 酉 戌 亥 子 丑 寅 卯 辰 巳 午	중괘
점시	申	하괘

③ 상·중·하괘가 갑(甲)·오(午)·신(申)이니 286쪽 〈괘상 찾아보기〉에
서 해당 〈괘상 해설〉 甲午申을 찾아 말해주면 된다.

본 내시법(來時法)은 1999년 제3기 상담역리사 자격증 및 국제공인
역리사 인증서 수여식장에서 일본 점술학회 아싸노 하찌로 회장이
역리사 소양교육 교재로 강의한 서양의 수리점인 카바라에 이어 실
은 것을 발췌한 것이다. 신통한 경지가 있기에 쉽게 풀어 소개하니 십
간십이지(十干十二支)와 정시법(正時法)만 익힌 초학자라도 어려움이
없을 것이다.

■ 괘상 찾아보기

2. 괘상 해설

■ 甲子子(재화괘)

① 천시·지리·인화를 얻어 만사에 협력과 화합이 따르니 기쁨이 있으리라.

② 소망이나 계획은 속히 진행하는 게 좋고, 아랫사람의 존경을 받는다. 재화는 아래에서 위로 올라가는 상이니 큰 기쁨이 있으리라.

③ 경영하는 일은 순조롭고, 목적은 무난히 이룰 것이다.

④ 순리대로 재화를 구하면 상당한 이득을 보리라.

⑤ 영업상 이익이나 대차, 희망이나 계획하는 일은 순조로우니 일거양득의 기쁨이 있으리라.

⑥ 재물은 동쪽과 남쪽에서 구하면 많이 애쓰지 않아도 이루어지리라. 특히 갑오일(甲午日)에 기쁜 일이 있을 것이다.

⑦ 자금은 조달되고 임금은 받을 것이다.

■ 甲丑丑(소식괘)

① 통신이나 소식은 좀 늦어지지만 전언은 있을 수 있다.

② 문장에 관한 서류나 문화적 용건은 좀 늦더라도 반드시 온다.

③ 점단일이 진술일(辰戌日)이면 많이 지체되고, 경일(庚日)이나 신일(申日)이면 소식이 빨리 온다.

■ 甲寅寅(혼인괘)

① 혼담은 순조로우나 재물 손실이 많을 징조이니 조심하라.

② 다른 사람에게 의뢰하더라도 지체하지 말고 하는 게 좋다.

③ 이 혼담은 성사되어 부부가 화목하며 부귀를 얻으리라.

■ 甲卯卯(대인·이동괘)

① 형제·친구·동업자·동지와 의견이 일치해 협력하는 상이니 희망
　이 있다.

② 순풍에 돛단 배처럼 외출이나 여행 목적을 이루고 이득이 있다.

③ 외출은 별 문제 없이 목적지에 도착해서 환대를 받으리라.

④ 기다리는 사람의 소식은 마음이 서로 통할 때 온다.

⑤ 방문이나 회담, 재물을 구하는 일, 상거래 매매는 거의 길하다.

■ 甲辰辰(방문·내객괘)

① 찾아가도 심신이 피로하고 바쁘니 우여곡절이 있지만 결국은 성사
　된다. 서로 은혜의 정을 잊지 않고 있어서다(짝사랑).

② 인일(寅日)에 찾아가면 쉽게 만날 수 있고, 서로 만족한 의사교환
　을 할 수 있다. 무슨 일이든 지성으로 추진하면 늦더라도 성사되
　니 절대 서두르지 마라.

③ 동쪽이나 인일(寅日)이면 목적을 이루리라.

④ 본인 집에서 면담해도 목적은 이루어진다.

⑤ 기다리는 사람은 온다. 그러나 밤이면 도중에 돌아간다.

■ 甲巳巳(분실·도난괘)

① 실물이나 도난은 집안 사람·종사원·내용을 잘 아는 사람의 소행

이다. 손을 빨리 쓰면 반 정도는 찾을 수 있지만 지체하면 하나도 찾을 수 없다.

② 결국 서북방에서 반은 찾을 것이다. 사취당했을 때도 마찬가지다.

■ 甲午午(가출·실종괘)

① 남방에서 찾을 것이다. 본인이 스스로 나타날 징조이나 방해자가 따를 상이다.

② 점단일이 진술일(辰戌日)이면 수년 후에나 나타나는데, 본인은 고통스럽게 살고 있을 것이다.

③ 오미일(午未日)에 가출했다면 본인이 스스로 돌아오거나 연락이라도 받으리라.

■ 甲未未(시험·취업괘)

① 계획하는 일은 처음에는 방해가 생겨 결정하기 어렵다. 경거망동하면 손해만 따르고 아무 성과가 없다. 서두르지 말고 강한 의지와 정신력을 갖고 지성으로 추진한다면 후광을 얻어 좋아지리라.

② 목적은 이루기 어렵다. 혹 이루더라도 결과가 작고, 만사가 지연될 가능성이 많다.

■ 甲申申(분쟁·소송괘)

① 소송은 재물이나 남을 놀라게 한 게 원인이 되어 생긴 일이다.

② 처음에는 다소 차이가 있어 불리하지만 점점 좋아져서 결국은 화해나 불기소가 될 것이다.

③ 진일(辰日)이나 자일(子日)에 자연스럽게 화해할 것이다.

④ 무슨 사건이든 지난날에는 좋은 사이였다가 오늘은 원수가 되어 생기는 것이니, 결국은 좋아져 선흉후길이 되리라.

■ 甲酉酉(질병·우환괘)

① 노인이나 어린아이의 병은 치료하기 어렵다. 그러나 그 외에는 한 때 염려했더라도 곧 회복하리라.

② 원래 악운 때문에 생긴 병이니 명의를 만나면 치료할 수 있다. 그러나 손재만은 감수하라.

③ 병의 원인은 동토(動土)나 묘당에 손을 댄 것 때문이다. 집 안을 청결하게 하고, 신불에 기원하면 쾌유하리라.

④ 임계일(壬癸日)이면 안강해지리라.

■ 甲戌戌(매매괘)

① 매매는 순조롭고 이익도 상당하리라. 한때 중간에서 노인이 방해하겠으나 결국에는 뜻대로 되리라.

② 축일생(丑日生)이나 축인방(丑寅方)에서 재리가 더욱더 많으리라. 일반적인 매매는 성사하고, 수량도 많을 것이다.

③ 매매 가격은 상담할 때 순조롭게 결정되며 길하리라.

④ 원매자를 찾으면 쉽게 나타나고, 상담은 순조로우리라.

■ 甲亥亥(임신·출산괘)

① 임신은 점단하기 어려우나 문점객이 처음 발설한 말이 남자이면

아들, 여자이면 딸로 본다.

② 난산이나 산액은 없고, 자묘인일(子卯寅日)에 경사가 있으리라.

③ 임신 중에는 어려움이 없다. 현귀한 아들을 회임하리라.

■ 甲戌子(매매괘)

① 매매는 어느 쪽이든 노력과 비용만 들고 성사되기 어렵다. 어렵게 최소한의 목적은 이루나 큰 목적은 어렵다. 신중하지 않으면 손재만 따를 뿐 기회는 빨리 오지 않는다.

② 신규사업은 때를 기다리는 게 좋다.

③ 상담은 아직 시기상조이니 기회를 보는 게 좋다. 운이 오면 기대해 볼 만하다.

■ 甲亥丑(임신·출산괘)

① 임신 중이다. 아들을 낳는데 양육하기 어려울까 두려워한다.

② 후처 소생이라면 탈 없이 잘 자란다. 그렇지 않으면 다른 사람에게 양육을 부탁하는 게 좋다. 성장하면 수재로 가문을 빛내리라.

■ 甲子寅(재화괘)

① 괘상은 길하나 다소 지체된다. 그러나 성심으로 노력하면 증식하리라. 재리는 임차 어느 쪽이든 이익이 있다.

② 다소 지장은 있으나 뜻한 대로 재리를 얻을 것이다.

③ 자금 조달은 처음에는 어려우나 순조로워지고, 회수도 일부만은 된다.

■ 甲丑卯(소식괘)

① 먼 데서 오는 소식은 늦어지지만 조만간에 오고, 가까운 데서 오는 소식은 희소식으로 일순중(一旬中) 10일간에 온다. 혹 인일(寅日)이나 진일(辰日)에 좋은 소식이 오리라.

② 계획하는 일이나 희망하는 일의 소식은 일순중(一旬中)에 기쁜 소식이 올 것이니 조용히 기다려라.

■ 甲寅辰(혼인괘)

① 혼담은 빨리 진행하면 반드시 성사된다. 만일 성사되지 않으면 속히 다른 곳에서 구하라. 늦으면 반복해도 되지 않는다.

② 혼인하면 가문이 번창하고, 부부도 화합한다.

③ 중매자가 선량하면 모든 일을 믿어도 좋지만, 선량하지 않으면 반복해도 성사되지 않는다.

■ 甲卯巳(대인·이동괘)

① 여행이나 외출은 가깝든 멀든 모두 좋고, 여행길에 다정한 사람을 만나 친해진다.

② 여행이나 외출, 기다리는 사람의 소식은 모두 순조롭다.

③ 기다리는 사람은 오고, 모든 일이 새롭게 바뀐다. 명암과 선악이 엇갈리던 일은 머지않아 기쁜 일로 변하고, 날로 편안해진다.

■ 甲辰午(방문·내객괘)

① 남녀 모두 윗사람을 방문해서 만나면 이득이 있다. 방향은 동쪽이

고, 주객이 모두 협력해서 이익을 얻고, 어떤 목적이든 후원을 받는다. 희망 사항은 길하게 작용하니 윗사람을 방문하면 댁에서 만날 수 있고, 대화는 유리하게 진행될 것이다.

② 아랫사람이 찾아온다. 계획하는 일을 부탁하면 서서히 응하리라.

■ 甲巳未(분실·도난괘)

① 분실이나 도난, 훔쳐 도망간 것 모두 오리무중이라 판단하기 어렵다. 작은 단서라도 잡으면 찾을 수 있다.

② 동남쪽으로 탐문하면 묘일(卯日)이나 진일(辰日)에 찾을 수 있다.

■ 甲午申(가출·실종괘)

① 집 사람이 실종된 것이나 신변은 무사하다. 외국으로 간 것은 아니고 친지에게 부탁해서 숨어있다. 사찰이나 종교인의 집을 찾아봐라.

② 가출한 사람은 돌아올 마음은 있으나 귀가하기 어려울 것이다.

③ 서두르면 무난히 찾을 수 있다. 가까운 친구나 은인의 집, 연고지 등에 숨어있을 것이다.

■ 甲未酉(시험·취업운)

① 계획·시험·취업은 방해가 있어 금전 손실이 따르겠으나 결국에는 목적을 이루리라.

② 모두 나무 위에서 물고기를 구하는 격이니 비관적이다. 서둘러 보아도 서투른 결과만 초래하니 만사가 공허하리라.

■ 甲申戌(분쟁·소송괘)

① 소송은 처음에는 방해가 있으나 나중에는 이기고, 결국 화해한다.

② 원고가 되면 상대가 참소로 맞설 수 있으니 처음에는 불리하지만 결국에는 이긴다. 중간에 화해나 협상하자고 하면 응하는 게 좋다.

③ 승소는 모두 내쪽의 책략에 있으니 이 점을 조심하라.

■ 甲酉亥(질병·우환괘)

① 고용인이나 자녀의 질병으로 자유롭지 못하고, 가장도 병환에 들 염려가 있다. 사악한 병귀가 침범한 것이다. 병원과 약에 의존해보고 차도가 없으면 집 안을 청결히 하고, 신불에 기원하면 병귀가 서서히 물러갈 것이다.

② 환자의 년지(年支) 반대 방향에 있는 사원에서 정결한 모래를 구해 환자가 있는 집 안팎에 뿌리면 영험함을 보리라. 년지(年支)의 반대 방향이란 년지(年支)를 충(沖)하는 방향으로, 예를 들어 해년생(亥年生)이면 사방(巳方), 자년생(子年生)이면 오방(五方), 축년생(丑年生)이면 미방(未方)을 말한다. 다시 말해 역마(驛馬)·재살(財殺)·월살(月殺) 방향이다.

■ 乙丑子(소식괘)

① 소식은 좀 늦어지나 일순중 후반에는 멀든 가깝든 기쁜 소식이 오리라. 혹은 귀인의 소식으로 좋은 일이 있으리라. 점단일을 기준으로 갑일(甲日)이 지난 후에 오는 것으로 본다.

② 어떤 일이든 기대할 만한 소식이 온다.

■ 乙寅丑(혼인괘)

① 기대하지 않은 혼인이 성사되고, 혼인 후에는 부부가 화합하니 희
   경사가 끊이지 않으리라.

② 평지를 걷는 것처럼 안전하다. 평생 좋은 운을 만나 행복하리라.

③ 망설이지 않고 약혼만 성사되면 순풍에 돛단 배처럼 되리라.

■ 乙卯寅(여행·대인괘)

① 여행이나 외출은 모두 순탄하며 목적을 이루리라. 면회도 뜻대로
   되고, 여행이나 외출에서 기쁜 소식을 듣는다. 만사가 뜻대로 되
   니 반드시 이득이 있으리라.

② 관광이나 여행은 아무런 방해가 없고, 도원경을 보리라.

③ 기다리는 이가 가까운 곳 사람이면 오미시(午未時)에 오고, 먼 곳
   사람이면 오미일(午未日)에 온다. 친지는 이익을 갖고 오고, 육친
   (六親)은 희소식을 갖고 온다.

■ 乙辰卯(방문·내객괘)

① 방문하면 상하가 화목해질 것이다.

② 운이 좋으니 무슨 일이든 추진하면 좋고, 다소 지연되더라도 반드
   시 이익이 있다.

③ 찾아가면 만날 수 있고, 대인관계도 오전이면 좀 늦어지리라.

■ 乙巳辰(분실·도난괘)

① 도난당하거나 잃어버린 것은 모두 찾기 어렵다.

② 도난이든 분실이든 남쪽에서 찾을 수도 있으나 보장할 수는 없다.

■ 乙午巳(가출·실종괘)
① 중간에서 누군가가 부추겨 실종이나 가출한 것인데, 남방으로 달아났다. 물건이나 재물을 갖고 나갔다면 백사장에 묻어놓은 것처럼 찾기 어렵다.
② 오미일(午未日)에 찾아보라. 가족과 마음이 맞지 않거나 누군가의 꾐에 넘어간 것이다.

■ 乙未午(시험·취업운)
① 계획하는 일은 마음이 해이해져 성공하기 어렵다.
② 본분을 지키고 실력을 연마하면서 때를 기다려라.
③ 노력해도 효과가 없고, 혹 이루어지더라도 결과가 작다.

■ 乙申未(분쟁·소송괘)
① 소송이나 관사는 손재가 많고, 일은 커질 것이다. 염려는 많지만 효과는 적으리라.
② 상위자나 집안 어른의 후원과 지도를 받아 대처하면 관송사는 다소 가벼워질 것이다.
③ 무슨 일이든 서둘러 방책을 세우는 게 좋다.

■ 乙酉申(질병·우환괘)
① 허리와 위장병인데 점점 나빠질 것이다. 십중팔구 약간은 좋아지

나 완쾌하기는 어렵다.

② 년지(年支)의 앞 다섯 번째 방위에서 의사를 구하라. 일곱 번째 지지(地支)는 오방(五方)인 남쪽이다.

③ 명약과 명의를 찾는다면 환자의 희용신(喜用神) 방향이 좋다.

■ 乙戌酉(매매괘)

① 매매는 클수록 유리하고, 물품도 클수록 이익이 많다. 대중소 어느 것이든 그에 맞는 결과가 있을 기회이니 확장해도 좋다.

② 길상복록의 상이다. 길한 가운데 배신자가 나올 수 있지만 작은 재물에 불과하니 신경쓰지 않아도 된다.

③ 사는 게 더 유리하다. 상담은 순조롭고, 지금은 보합세이지만 앞으로 올라갈 것이다.

■ 乙亥戌(임신·출산괘)

① 아들을 낳고, 모자가 모두 건강하리라. 양육에 다소 어려움이 있지만 쌓아놓은 덕이 있으니 옥동자를 얻으리라.

② 인일(寅日)이나 신일(申日)에 기쁜 일이 있으리라.

■ 乙子亥(재화괘)

① 목적을 이루고 재리를 본다. 무슨 일이든 갑자기 길조가 나타나 성사된다. 임계일(壬癸日)이나 자진일(子辰日)에 성사되는데, 귀인의 후원을 받으리라.

② 재록(財祿)이 없는 것처럼 보일 수도 있지만 심기일전해서 계획을

세우면 이루어진다.

③ 융자나 빌리는 돈은 뜻대로 들어온다. 빌려준 돈도 받을 수 있고, 만사가 순조로울 것이다.

■ 乙亥子(임신·출산괘)

① 임신했다면 아들을 낳는다. 난산 위험은 없고, 출산 후 가정이 날로 융성해진다.

② 선조의 음덕과 감응이 있으니 신앙이 있다면 태만하지 말라. 임계일(壬癸日)에 출산하리라.

■ 乙子丑(재화괘)

① 재물은 뜻대로 되지 않고, 매사에 의심이 생겨 진퇴를 결정할 수 없다. 인일(寅日)이면 적은 돈은 구하나, 진일(辰日)이면 모든 일이 허사가 되리라.

② 재물복이 없으니 누구를 원망하지마라. 후일을 기약하며 대책을 세우는 게 좋다.

③ 자금이나 차입금은 조달할 수 없고, 빌려준 돈도 받기 어렵다.

■ 乙丑寅(소식괘)

① 소식의 유무는 단정하기 어려운 상이다. 혹 인일(寅日)이나 묘일(卯日)에 올 수도 있지만 기쁜 소식은 없다.

② 점단일이 인일(寅日)이나 묘일(卯日)이면 가까운 날에 소식이 올 것이다.

■ 乙寅卯(혼인괘)

① 혼인이나 약혼은 진전시키는 게 좋다. 양가 모두 의기가 상통하고 화기애애해진다.

② 혼인하면 백년해로는 물론 양가 모두 대길하니 안심하고 진행해도 좋다.

■ 乙卯辰(여행·대인괘)

① 여행에서 작은 일은 되나 큰 일은 어렵다. 그때의 운명을 따라라.

② 무슨 일이든 망설임이 따르고, 양자택일을 해야 한다. 과거사가 다시 일어날 징조도 있다.

③ 기다리는 사람이 이득을 갖고 올 것이다. 혹 물품을 받기도 한다.

④ 방화일지(芳花一枝)를 얻는 상이니 면회를 요청하면 작은 목적은 이루리라.

■ 乙辰巳(방문객)

① 방문이나 배알은 모두 헛수고가 되고 후회만 남으리라.

② 용두사미격이니 무슨 일이든 시작은 있지만 결과가 없다.

③ 남에게 구하는 것보다 자신에게 구하는 게 현명하리라. 결심과 계획을 고치고 때를 기다리는 게 최선이다.

④ 방문해도 부재중이라 목적을 이루기 어렵다.

⑤ 찾아오는 사람은 있으나 이득이 없다. 도로한담만 늘어놓으니 헛수고만 할 따름이다.

■ 乙巳午(분실·도난괘)

① 집 사람 때문에 분실하거나 도난당한 것이다. 욕심 때문에 은혜를 배반한 것이다.

② 분실은 놓아둔 곳을 잊어버린 것이다. 언젠가는 찾겠지만 원래 놓아둔 곳을 찾아보라.

③ 분실하거나 도난당한 것은 서두르면 유일(酉日)에는 찾을 수 있다. 그렇지 않으면 단서라도 얻을 것이다.

■ 乙午未(가출·실종괘)

① 은애하는 정이 날로 멀어질 것이다. 찾거나 만날 시기를 판단하기 어렵고, 시간이 지나면 소식도 듣기 어려워진다.

② 손발이 닳도록 찾아보아도 만나기 어렵다. 서쪽으로 달아난 것이 틀림없다.

③ 점단일이 인일(寅日)이나 신일(申日)이면 빨리 찾고, 혹 인월(寅月)이나 인일(寅日)에 돌아온다. 그러나 반드시 그렇지는 않다.

■ 乙未申(시험·취업괘)

① 계획하는 일은 다른 사람의 도움으로 성사된다.

② 날로 번창하는 상이니 시험이나 취업이나 계획하는 일은 반드시 이루어진다.

③ 계획하는 일은 늦게라도 성사되고, 만사가 뜻대로 이루어진다.

④ 목적은 이루어지니 서두르지 마라. 빨리 되지는 않으니 차분하게 때를 기다려라.

■ 乙申酉(분쟁·소송괘)

① 관사나 송사는 흐트러져 사라질 수다. 증거와 책임이 애매해 마무리가 되지 않는 상이다.

② 누군가의 도움이나 귀인의 힘을 얻는다면 관재구설에서 벗어나 위험한 다리를 무사히 건너 걱정은 기쁨으로 바뀔 수 있다. 그러니 속히 방책을 찾는 게 좋다.

■ 乙酉戌(질병·우환괘)

① 병환이 불안하니 생사를 판단하기 어렵다. 명의를 만나 정성을 다해 간병하라.

② 차도가 조금 보이거든 신불에 천우신조를 기원하라. 그러면 영험을 보리라.

■ 乙戌亥(매매괘)

① 매매는 거의 실리가 없고 손실을 보기 쉽다.

② 다른 사람 때문에 망설이며 속임수에 빠질 징조다. 만일 본업이 아니라 부업이라면 작은 이익은 있으리라.

③ 매사에 방해가 따를 수 있으니 방침을 바꾸고, 영리를 다시 점검하라.

④ 풍랑 때문에 항해하기 어려운 상이다. 원매자가 붙지 않으니 매매는 보류하는 게 좋다. 그러나 상담이 순조로우면 망설이지 말고 매매하라.

■ 丙寅子(혼인괘)

① 주위의 도움으로 혼인이 성사되고, 혼인 후에는 부부가 화합한다.

② 양가가 같은 마음이 되어 약혼하면 하늘의 도움이 있으니 행복한 가정을 이루리라.

③ 경사는 빠를수록 좋으니 서둘러라.

■ 丙卯丑(대인·이동괘)

① 이사·여행·외출은 모두 동쪽이 길하다. 남쪽은 소길하고, 서쪽은 흉하고, 북쪽은 노력해도 효과가 없다.

② 명리가 모두 어려운 상이니 모든 일이 지연될 징조가 있다.

③ 기다리는 사람은 오지 않고, 먼 곳 사람도 올 예정이 없다.

④ 동쪽 사람이라면 소식이 올 수도 있고, 여행이나 외출도 동쪽이면 무방하다.

■ 丙辰寅(방문·내객괘)

① 목적을 세워 방문하면 큰 효과가 있으리라.

② 대개 지체되지 않고 순조롭게 진행되지만, 때로는 아랫사람이 방해할 수도 있다.

③ 무슨 일이든 결과가 좋고, 서로 친한 가운데 복을 받으리라.

④ 방문은 상위자나 존장은 유리하지만 아랫사람은 불리하다.

⑤ 내방을 요청하면 약속을 깨고 오지 않고, 온다고 해도 이익은 기대할 수 없다. 혹 저녁 이후라면 유리해질 수도 있다.

■ 丙巳卯(분실·도난괘)

① 본인이 잘못 보관해 잃어버린 것이다. 다른 사람이나 내방자의 소행이다. 북쪽이나 서쪽을 찾아보라.

② 도난당한 것이라면 빨리 서쪽을 찾아보라. 늦어지면 깊이 감추니 찾기 어렵다.

■ 丙午辰(가출·실종괘)

① 도주자는 다른 사람과 함께 달아난 것이다. 은신처는 북쪽이나 동쪽인데, 부평초처럼 떠돌아다니고 있을 것이다.

② 진술방(辰戌方)을 찾아보면 소식을 알 수도 있다. 그렇지 않으면 나중에 돌아오리라.

③ 가정불화 때문에 도망갔으나, 몸을 의지할 곳이 없는 상이다.

■ 丙未巳(시험·취업괘)

① 소망과 계획은 크게 형통한다. 아무 장애없이 순조롭게 진전되리라. 때로는 음인(陰人)이 방해할 수도 있으나 큰 일은 아니다.

② 바다에서 월척을 낚아올리듯이 덕을 보리라. 목적을 이루고 순조롭게 이득을 보리라.

■ 丙申午(소송·분쟁괘)

① 소송이나 관재는 깊이 생각하지 않은 일이 발단이 된 것이다. 서로 같은 심정이 되어 사건이 생긴 것이고, 모두 고통을 주는 화가 침범한 것이다.

② 깊이 생각해서 재력에 의지한다면 만사는 유리하게 바뀔 것이다. 상대를 가볍게 보지 말고 대응하라.

■ 丙酉未(질병·우환괘)
① 안팎의 귀신이 발동해서 병이 생긴 것이다.
② 한기와 열이 있으면 매독까지 겹칠 수도 있다. 병세는 희열이 엇갈리나 차츰 진퇴하리라.
③ 조상께 지성으로 제사드리고, 유시(酉時)에 연고 없는 부처에게 공양하면 신일(申日)이나 유일(酉日)에 차도가 있으리라.

■ 丙戌申(매매괘)
① 매매나 계약은 대개 성사되어 상당한 이익을 보리라. 동쪽에서 사서 서쪽에서 팔면 이익이 많은데, 당시 판단으로 매매하면 흡족한 이득이 있으리라. 그러나 너무 망설이거나 이익만을 노리고 맹진하면 큰 배가 뒤집히는 격이 되어 큰 손해를 본다. 기회를 보면서 소극적인 자세로 처리하는 게 좋다.
② 가격은 올라갈 전망이니 사는 게 유리하다.
③ 상거래 상담은 성사되고, 재고품도 원매자가 나타난다.
④ 매매를 진행하는 과정에 가격이 가장 높이 올라갈 것이다.

■ 丙亥酉(임신·출산괘)
① 임신 여부가 확실하지 않고, 임신했다고 해도 아들딸을 판단하기 어렵다. 그러나 임신했다면 천우신조로 순산하리라.

② 임일(壬日)이나 계일(癸日)에 처음으로 만나는 사람이 남자이면 아들로 보고, 여자이면 딸로 본다.
③ 음덕을 쌓은 가문이니 오래도록 가운이 번창하고 행복하리라.

■ 丙子戌(재화괘)
① 재물은 구하기 어렵다. 자금을 조달할 것으로 예상하고 만반의 계획을 세웠으나 뜻대로 되지 않는다. 동분서주해도 자금은 조달하기 어렵고, 설사 조달한다고 해도 구설과 고통만 따르리라.
② 사용인이나 아랫사람의 일로 방해를 받고, 다른 사람의 방해로 구설이 따른다. 혹 피해를 볼 수 있으니 매사에 조심해야 한다.
③ 금융이나 자금은 조달하기 어렵고, 빌려준 돈도 받기 어렵다.

■ 丙丑亥(소식괘)
① 남쪽에서 좋은 소식이 와서 온 가족이 기뻐하리라.
② 소식은 남쪽이 아니면 다소 늦어진다. 기쁜 소식이지만 가벼운 것이다.
③ 소식을 받고 집안에 경사가 생기리라.

■ 丁卯子(대인·이동괘)
① 동남풍에 새싹이 올라오는 상이니 새로운 일을 시작할 징조다.
② 여행이나 외출은 다소 어려운 점이 있다. 길흉이 반반이니 목적도 반은 이룬다. 외출이나 여행길에 머무르면 방해가 생기기 쉬우니 곧바로 가는 게 좋다.

③ 기다리는 사람이나 소식은 좀 늦게 온다. 오는 것은 적더라도 이익이 된다. 육친(六親)이 온다면 함께 즐거운 경사가 생긴다.

■ 丁辰丑(방문·내객괘)
① 귀인을 방문하면 정성을 다해 맞아들이고, 모든 일이 성공한다. 후원을 구하는 일, 다른 사람이 부탁한 일, 그 외에 어떤 목적이라도 이루어진다.
② 상하가 모두 좋고, 면접이나 대화하는 가운데 좋은 기회가 생겨 영리의 기반이 되리라.
③ 찾아가면 만날 수 있고, 방문 목적은 유리하게 전개되리라.
④ 내객은 빠른 시간 안에 오리라.

■ 丁巳寅(분실·도난괘)
① 나쁜 사람이 훔쳐간 것이다.
② 운명적인 손재이지만 다른 사람과 대화하는 과정에서 단서를 찾을 것이다.
③ 파재·분실·도난을 겹쳐서 당할 징조이니 신중히 경계하라.

■ 丁午卯(가출·실종괘)
① 집 사람의 실종은 정신착란이나 오해 때문에 타향으로 달아난 것이다. 멀리 갈 마음이 있지만 가까운 곳에 있다.
② 누군가가 와서 알려줄 것이다. 임일(壬日)이나 계일(癸日)이 되어야 찾거나 소식이라도 듣는다.

③ 가출한 지 오래되었으면 질병으로 고생하고 있을 것이다.

■ 丁未辰(시험·취업괘)

① 계획하거나 꾀하는 일은 시작은 피곤하지만 나중에는 태평해질 것이다.

② 혼자서는 어렵지만 협력자나 후원자를 만나면 대길하리라.

③ 처음에는 망상인 것 같지만 나중에는 큰 이익을 보리라.

④ 처음에는 어려운 것 같지만 나중에는 형세가 바뀌니 끈기있게 노력하라.

■ 丁申巳(분쟁·소송괘)

① 관재와 소송은 거의 원한 때문에 일어난 것이고, 다른 사람의 고자질이나 모략 때문이다. 근심과 화병이 점점 무거워지는 상이니 재물과 정신적인 손상이 크리라.

② 안팎으로 사람들과 화합하지 못해 번민하리라.

③ 술일(戌日)이나 유일(酉日)에 해결될 징조가 보인다.

■ 丁酉午(질병·우환괘)

① 노인이나 소년의 병인데 낙관할 수 없다. 겉으로는 고통이 적어 보이지만 나빠질 징조이니 명의와 명약으로 치료하면서 간병에 전념하라.

② 유일(酉日)이나 술일(戌日)에는 차도를 보일 것이다. 그러나 이날부터 병세가 더 나빠지면 구사일생을 바랄 수밖에 없다.

■ 丁戌未(매매괘)

① 상업이나 매매는 모두 순조롭게 이루어져 큰 이득을 보리라. 특히 남쪽 거래는 이익이 더 많을 것이다. 대부분 여자의 덕으로 계기가 가 만들어지는데, 속히 자동차나 배를 준비해서 수송하는 게 좋다.

② 맹진하지 말라. 다소 가격 경쟁이나 이견이 있을 수 있으나 결국은 순조롭게 성사되어 이익을 보리라.

③ 가격은 천정가에 가까우니 파는 쪽이 유리하다. 재고품도 파는 게 좋고, 원매자도 나타난다.

■ 丁亥申(임신·출산괘)

① 임신하기 어려운 상이다. 임신해도 해일(亥日)이나 신일(申日)에 크게 놀랄 일이 생기고, 인일(寅日)에 난산하리라.

② 조상신이나 신불에 정성으로 기원하라. 신앙의 덕으로 악한 기운이 물러가면 난산을 면하리라. 자녀를 낳은 후에는 먹구름이 걷혀 집안에 화기가 충만하리라. 평생 조상을 섬기며 신앙의 힘에 의지하라.

■ 丁子酉(재화괘)

① 신속하게 노력하면 재물을 구할 수 있지만, 늦어지면 노력해도 효과가 없다.

② 상대를 선제하면 성과가 있을 괘이니 선수를 쓰는 게 중요하다.

③ 영업상 차입이나 금융 관계는 신속하게 움직이면 성사된다. 그러

나 이에 따른 시비나 구설이 있을 수 있으니 모든 일이 불안한 상태다.

■ 丁丑戌(소식괘)
① 소식은 오지 않는데, 착오가 생겨 늦게 도착할 수도 있다.
② 소식이 온다고 해도 명리는 흡족하지 않으리라.
③ 희소식은 아직 때가 아니다.

■ 丁正丑(혼인괘)
① 전생의 인연으로 서로 도와 혼인이 성사된다. 신일(申日)이나 유일(酉日)에 결정되리라. 약혼은 천정배필로 인연에 따라 맺어지는 배합이라고 보는 게 좋다.
② 혼인하면 부부가 화목하게 백년해로하니 어찌 천정배필이 아니하겠는가.

■ 戊辰子(방문·내객괘)
① 생각지 않게 면담을 주선해줄 사람을 만나리라. 그러나 이기적인 생각과 자세로 임한다면 결과는 기대하기 어렵다.
② 공익정신을 갖고 지성으로 임한다면 방문한 성과가 있으리라. 그러나 상대는 아직도 의혹을 품고 있으니 서두르지 마라.
③ 찾아가면 기다리는 일이 있으니 면담할 수 있고, 공익이라면 이루어진다. 그러나 사리사욕을 채우는 일이라면 성사되기 어렵다.
④ 내객은 오는 중이니 기다려라.

■ 戊巳丑(분실·도난괘)

① 분실이나 도난은 시간이 오래 걸려도 다른 사람의 도움으로 찾을 것이다.

② 공직자나 인근의 나쁜 사람이 물건을 없앨 수 있다. 동쪽에서 찾아보라. 다른 사람의 내통이나 구전으로 단서를 얻으리라.

③ 토(土)나 목(木) 아래를 찾아보면 대개 나온다.

■ 戊午寅(가출·실종괘)

① 실종자나 가출자는 숨을 곳이 없어 동분서주하며 고생하고 있을 것이다. 후회하면서 돌아오고 싶어 하지만 누군가에게 저지당해서 자유롭게 행동하기 어려울 것이다.

② 궁한 나머지 자멸 행위를 할 징조가 있지만, 빨리 뉘우치면 스스로 돌아올 수도 있다. 기다리는 방법밖에는 없다.

■ 戊未卯(시험·취업운)

① 계획하는 일은 처음에는 어려우나 나중에는 좋아질 상이다. 만사가 처음에는 운이 트이지 않아 앞날이 불안하지만, 마음을 굳게 먹고 전진하면 결국은 이루리라. 혹 진일(辰日)이라면 중도에 근심할 일은 없으나 목적은 늦게 이루어진다.

② 처음에는 난관에 부딪히나 나중에는 순풍을 만난 것처럼 되리라.

■ 戊申辰(분쟁·소송괘)

① 상대방에게 유리한 상이지만, 무슨 사건이든 인내하면서 오래

끌고가면 좋아질 것이다.

② 만사가 지연되는 것은 어쩔 수 없다. 화해하는 방향으로 방침을
세우는 게 좋다.

■ 戊酉巳(질병·우환괘)

① 병세는 더욱더 불안해진다. 여자나 사용자의 신변에 병이 붙어 있
는 상이다.

② 자일(子日)이나 축일(丑日)부터 조금씩 차도를 보일 것이다. 조상신
께 기도하면서 북쪽의 의약을 쓴다면 점점 좋아지리라.

■ 戊戌午(매매괘)

① 매매·무역·경영·사업은 마음이 산란해지고, 혹은 지장이 있어 순
조롭지 않다.

② 매매는 이익이 없고, 계약은 이행되지 않는 일이 많다. 그러나 그
저 보고 있을 수밖에 없다.

③ 달이 지나면 큰 일은 어려워도 작은 일은 성사된다.

④ 이익이 큰 것만 쫓으면 손재가 따르니 욕심을 버리고 분수를 지는
게 좋다.

⑤ 매매는 불규칙하며 보합세이고, 상거래 상담은 순조롭지 않다. 상
품을 살 수는 있으나 원매자는 만나기 어렵다.

■ 戊亥未(임신·출산괘)

① 임신하기 어렵고, 혹 임신해도 기쁨과 근심이 함께 따르는 상이다.

② 산액이 있으니 모자가 위험하다.

③ 태교와 양생의 뜻을 버리고 일찍 전문의와 상담하거나 관음께 무사를 기원한다면 기적이 일어나리라.

■ 戊子申(재화괘)

① 노력하면 성사되지만 급히 서두르면 실패한다. 험한 길을 달리는 자동차 같지만 차분하게 노력하면 성공할 수 있다.

② 상하와 내외가 화합하면서 노력하면 여자나 뜻밖의 후원자를 만난다. 서두르지 말고 목적을 이루는 일에만 전념하라.

③ 자금이나 금융은 큰 것은 어렵지만 작은 것은 이룰 수 있다. 자금 회수도 마찬가지다.

■ 戊丑酉(소식괘)

① 신경을 쓰면서 소식을 기다리는 상이다. 마음속으로는 소망하는 것을 기대하고 있다. 기다리는 소식은 오고 있으니 가까운 시간 안에 도착하리라.

② 꽃향기가 소매를 스치는 것처럼 행복한 소식이 와서 기쁨이 겹치리라. 이윤과 관계있는 좋은 소식이 오리라.

■ 戊寅戌(혼인괘)

① 마음속으로는 정해놓았으나 성사되지 않는다. 다시 혼담을 이야기해야 할 징조이니 노력과 재물만 허비하리라.

② 서로 이해하니 꽃가지에 동남풍이 불어오는 상이다. 약혼은 늦어

질 징조이지만 남녀 모두 긍정적으로 응하니 추진하면 성사된다.

■ 戊卯亥(여행·대인괘)
① 갑자기 생각이 떠올라 외출하거나 여행길에 오른다. 중도에 난관
   에 부딪혀 재해가 예상되지만 대소로운 것은 아니다. 근신하면서
   노력하면 목적을 이룰 수 있다.
② 중도에서 방해가 생기면 오히려 재물을 얻을 수 있다.
③ 기다리는 사람은 중간에 뜻을 바꿀 징조가 있고, 오래되면 재화
   를 얻는다.

■ 己巳子(분실·실종괘)
① 방문했던 여자가 훔쳐 땅 속에 감췄으니 집히는 곳을 찾아보라.
② 계속해서 비슷한 피해를 볼 수 있으니 방심하지 말고 집 안 단속
   을 잘 해라.

■ 己午丑(가출·실종괘)
① 겉과 속이 달라 배은망덕하며 도망간 것이다. 하늘은 돕지 않고,
   급히 찾아보아도 헛수고다. 시간이 지나면 스스로 뉘우치고 돌아
   올 테니 기다리는 방법 밖에 없다.
② 처음에는 소식을 전하다 나중에는 스스로 돌아올 것이다. 찾아다
   닌다면 노력만 허비할 것이다.

■ 己未寅(시험·취업괘)

① 계획하는 일은 정신만 허비하게 할 것이다. 낙화유수처럼 앞날이 근심스러운 상태이지만 갑자기 변해서 좋아지니 심기일전하여 추진하라.

② 끈기와 굳은 의지로 노력한다면 좀 늦더라도 반드시 이루어진다.

■ 己申卯(분쟁·소송괘)

① 공소·관사·쟁송은 모두 사용인이나 아랫사람이나 여자가 일으킨 사건이다. 다소 파란과 기복이 있지만 결국은 해결된다.

② 상대를 가볍게 보지 않고 인간적으로 해결한다는 방침으로 나아간다면 반드시 해결된다.

③ 아랫사람이나 사용인이나 여자가 직접 일으킨 사건이 아니라고 해도 이들이 배후에서 조종하고 있는 것이다.

■ 己酉辰(질병·우환괘)

① 가벼운 병이고, 근심과 기쁨이 공존하는 상태다. 오월(午月)이나 오일(午日)이 되면 좋아지고 곧 치유되리라.

② 정성으로 간병하면서 조용히 쉬게 하는 게 좋다. 병은 길어지지만 반드시 치료된다.

■ 己戌巳(매매괘)

① 교역이나 매매는 모두 상당한 이윤을 얻으리라.

② 순풍에 돛단 배처럼 기회가 생기고 순조롭게 이루어지니 가는 곳

마다 이익이 있다. 자일(子日)과 축일(丑日)에는 이익을 더하리라.

③ 지금은 보합세이지만 올라갈 전망이니 사는 게 좋다.

④ 상품은 원매자가 있으나 빨리 성사되지는 않는다.

■ 己亥午(임신·출산괘)

① 덕을 쌓은 집안이라면 어진 자식을 낳고, 그렇지 않은 집안이라면 악명을 남길 자식을 낳을 인연이다. 조상을 잘 모시며 신앙심이 돈독하고 음덕을 쌓은 집안에서는 옥동자를 낳아 가운이 번창할 것이다. 잘 양육하면 길조가 있으리라.

② 아직 옥석을 판단할 수 없으니 하늘의 뜻을 따르는 게 좋다. 운명의 성쇠에 따라 해결되리라.

■ 己子未(매매괘)

① 재화나 이익은 추구해도 다른 사람이나 부하 때문에 방해가 생긴다. 그러나 만사에 성의를 갖고 인내한다면 운명은 달라지고 목적도 이룰 수 있다.

② 용기와 끈기로 추진한다면 축일(丑日)에 재리를 얻으리라.

③ 재화괘에서 사용인이나 부하에게 괴로움이 있을 것이다.

④ 자금이나 차입금은 작은 것은 조달하나 큰 것은 어렵고, 대금도 받기 어렵다.

■ 己丑申(소식괘)

① 높은 곳에 올라 밖을 내다보며 소식을 기다리는 상이니 소식은 오

지 않는다.

② 기다리다 지쳐 체념했을 때 홀연히 좋은 소식이 온다. 복록과 희경
사로 희망과 소망을 이루는 문서가 올 것이다.

③ 처음에는 멋진 산수화 같은 아름다운 것이고, 나중에는 홀연히 문
서가 도달하여 그림을 비추어주는 기쁨이 있으리라.

■ 己寅酉(혼인괘)

① 약혼은 빨리 성사되지만 늦어지면 다른 사람이 방해하기 쉬운 운
이니 되지 않는다.

② 약혼을 한다고 해도 다른 사람의 모략으로 파경에 빠질 염려가 있
으니 조심하라.

③ 혼인 후 처음에는 부부가 불화하지만 시간이 지나면 좋아질 것이
다. 중도에 난관을 잘 극복하면 백년해로하리라.

■ 己卯戌(대인·이동괘)

① 아무 방해 없이 목적지에 도착해 이익을 보리라.

② 명리를 모두 이룰 대길한 운이다.

③ 기다리는 사람은 멀리서 와서 재물을 가져갈 것이다.

■ 己辰亥(방문·내객괘)

① 서로 안면이 있는 사람으로 더욱더 친해질 것이다. 서로 알게 된
지는 얼마 되지 않았지만 오늘부터 우의가 깊어질 것이다.

② 방문 목적을 양다리를 걸치는 것처럼 한다면 성사되지 않는다.

③ 방문하려면 먼저 약속을 하고 가는 게 좋다. 그렇지 않으면 다시 가야 한다.

④ 갑자일(甲子日)이나 갑신일(甲申日)이면 만사가 여의하리라.

⑤ 갑자기 방문하면 없거나, 있다고 해도 만나기 어렵다.

⑥ 찾아오는 사람은 없으나, 멀리서 약속한 사람은 온다.

■ 庚午子(가출·실종괘)

① 실종자는 서쪽에 있는데 쉽게 찾지 못하고, 돌아올 생각도 없다. 오래도록 행방을 모르고, 찾지 못할 것이다.

② 시간이 지나면 생사를 알길이 없어 체념할 수밖에 없다.

■ 庚未丑(시험·취업괘)

① 성취하기 어려우나 성의와 인내심을 갖고 도모한다면 늦더라도 이루어진다.

② 순조롭게 일이 풀리면 기쁜 일이 거듭되고, 만사에 귀인을 만나 도움을 받을 징조다. 후원자를 만나면 반드시 힘이 된다.

③ 목적은 늦게 이루어지나 한번 궤도에 오르면 만사가 순조롭다.

■ 庚申寅(분쟁·소송괘)

① 관사나 쟁송은 작은 일이라 힘을 빼는 다툼으로까지는 번지지 않을 것이다.

② 때에 따라서는 조정이나 화해 의사를 표시하면 응하는 게 좋다.

③ 파재·손재·능욕을 당할 흉조가 있으나 크게 근심할 일은 아니다.

■ 庚酉卯(질병·우환괘)

① 동쪽의 사귀가 침범해 병이 나빠지고 있다. 즉시 가호신에게 기원 하면서 전문의를 찾아라.

② 병은 인일(寅日)이나 신일(申日)에 물러갈 텐데, 침구로 치료하는 게 좋다.

■ 庚戌辰(매매괘)

① 매매나 교역은 빨리 시작하면 성과가 있지만 늦어지면 이익이 반 으로 줄어들 것이다. 무슨 일이든 빠를수록 좋고, 동쪽에서 거래 하는 사람은 점점 더 좋아질 것이다.

② 고용인이나 아랫사람이 실패하지만 작은 일이다.

③ 상거래는 좋으나 방심하지 말고 신중해야 한다.

④ 가격은 올라가지만 지속되지는 않는다. 때를 기다리는 게 좋고, 재고 품은 원매자가 있으나 속히 결정하지 않으면 위약이 따를 것이다.

■ 庚亥巳(임신·출산괘)

① 귀한 자식을 낳지만 출산에 어려움이 예상되니 태교를 잘 하면서 순산을 기원하라. 임신 중에는 이동이나 경거망동을 삼가고 안정 하라.

■ 庚午子(매매괘)

① 재화를 구하는 일은 다른 사람에게 의존하는 게 좋고, 계획보다 적더라도 받아들이는 게 좋다.

② 모든 일에 사기수가 있으니 조심하라. 무슨 일이든 처음에는 고생하지만 성실하게 임하면 결국은 뜻대로 된다.

③ 자금이나 금융은 순조롭지 않고, 대금도 받기 어렵다.

■ 庚丑未(소식괘)

① 소식은 오지 않는다. 그러나 신일(申日)·유일(酉日)·자일(子日)·진일(辰日)에 좋은 소식이 올 수도 있다.

② 점단일이 신일(申日)이나 유일(酉日)이 아니라면 소식이 올 희망은 거의 없다.

■ 庚寅申(혼인괘)

① 혼인은 성사되기 어렵고, 매사에 허사와 허언이 많다. 설사 혼인을 한다고 해도 부부가 서로 원수 대하듯 할 것이다.

② 부부가 반목하지 않는다고 해도 생리사별수가 있다.

③ 이번 혼담은 없었던 것으로 하고 새로운 인연을 찾아보라.

■ 庚卯酉(대인·여행괘)

① 무슨 일이든 결과는 허망할 것이다. 경거망동하면 재해가 생겨 심신이 괴로워진다.

② 조용히 있어도 재난을 당하기 쉬운 운이다. 움직일수록 손해만 보고 만사는 뜻대로 되지 않는다. 항상 본분을 지키는 게 좋다.

③ 외출이나 여행할 마음은 있으나 움직일 수 없을 운이다.

④ 기다리는 사람은 출발도 하지 않은 상이니 오기 어렵다.

■ 庚辰戌(방문괘)

① 처음부터 자신을 의심하며 마음이 불안하고, 망설임이 많으니 방문해도 이익이 없다. 오히려 오해만 받을 조짐이 보인다.

② 진퇴를 결정하기 어렵고, 오히려 오해만 살 흉조다. 다행히 상대방과 제휴한다면 뜻밖의 행운을 잡을 수도 있다. 그러나 옹졸한 꾀를 쓰다가는 목적을 이루기 어렵다.

③ 방문해도 부재중이라 목적을 이루기 어렵고, 다만 후일을 약속하고 돌아오리라. 내객은 이른 시간에 오는데, 늦어지면 도중에서 바뀌어 오지 않는다.

■ 庚巳亥(분실·도난괘)

① 잃어버린 물건은 다른 사람이 훔쳐간 것이다. 물가·하수구·다리 밑·물 속을 찾아보라.

② 여자가 찾아낼 수 있다.

③ 절도는 한 사람의 소행이 아닌데, 사정을 잘 아는 사람이다.

④ 만일 물 속에 있다면 깊은 곳에 있어 어려운 감이 있으나, 심혈을 기울여 탐색하면 반드시 찾을 수 있다.

■ 辛未子(시험·취업괘)

① 계획하는 일이 없어도 불리하고, 목적이 있어도 이루기 어렵다.

② 본분을 지키며 때를 기다려라.

③ 풍파가 험악해서 강을 건너기 어려운 상이니 목적을 이루기 어렵다. 그러나 강한 의지와 끈기로 노력한다면 나중에는 이루리라.

■ 辛申丑(분쟁·소송괘)

① 쟁송은 오래 걸리고, 사건은 여러 갈래로 번져 확대될 조짐이다. 무슨 일이든 사전에 제압하면서 질서 있게 진행한다면 이유가 서고 유리해진다.

② 제삼자의 조정이나 중재가 있을 때 받아들이면 해결할 수 있다. 물심 양면으로 피해가 있고, 오늘 이후 점점 더 확대될 조짐이 보인다. 화해하는 게 결국은 이기는 길이 되리라.

■ 辛酉寅(질병·우환괘)

① 여자의 질환이다. 동쪽의 동토(動土)가 토신(土神)을 범한 것이니 합병증이 두렵다. 병세가 일시 악화되어 집안 사람들을 놀라게 하지만 크게 걱정할 필요는 없다. 동방의 토신(土神)에게 제사드리고 북두칠성께 기원하면 병은 낫고 가정은 예전처럼 안정되리라.

② 크고 작은 일을 불문하고 손비가 적지 않으리라.

■ 辛戌卯(매매괘)

① 매매나 무역은 물가 사람이나 심씨나 지씨와 개시하면 이익을 얻을 것이다. 작은 일이라도 방심하지 않는 게 중요하다.

② 새로운 사업을 시작할 때는 천시와 지리를 살펴 계획하라. 만일 경솔하게 시작한다면 오래도록 비용만 들어갈 것이다.

③ 매매나 거래는 아직 때가 아니다. 지금 시세는 머지않아 보합세가 될 것이다.

④ 상담은 성사되나 많은 거래는 어렵다.

⑤ 매입하고자 한다면 가까운 날에 기회가 올 것이다.

■ 辛亥辰(임신·출산괘)

① 가지는 무성하나 열매를 맺지 못하는 형상이니 근심걱정이 사라지지 않는다. 천지신명께 기원하고 전문의를 찾으면 현명한 자식을 낳으리라.

■ 辛子巳(재화괘)

① 재물을 얻으려고 노심초사하지만 결과는 없고, 천리에 순응하면 적은 재물은 들어온다. 그러나 재물을 구하는 일 때문에 해롭게 하는 사람이 있는 운이고, 혹 다른 사람에게 질시를 받으리라.

② 무슨 일이든 재리를 추구하면 갑자기 근심이 생기니 조용히 있는 게 좋다.

③ 자금과 차입금은 소액은 가능하고, 임금 회수 역시 뜻대로 되지 않는다.

■ 辛丑午(소식괘)

① 소식은 오지 않고, 앞으로 올 희망도 없다.

② 상대방에게 차질이 생긴 것이니 인내하면서 때를 기다려라.

③ 서산으로 해가 지는 상이니 소식은 포기하는 게 좋다.

■ 辛寅未(혼인괘)

① 다른 사람이 방해로 혼인은 성사되기 어렵다. 만일 점단일이 신일

(申日)이나 유일(酉日)이면 성사될 수 있다.

② 혼인 초에는 화합하기 어렵지만 중간부터 차차 좋아져 서로 이해하며 화합할 것이다.

③ 다른 사람 때문에 부부의 결합이 깨질 염려가 있다. 혼담은 길흉이 반반이니 조심하라.

■ 辛卯申(대인·이동괘)

① 외출이나 여행, 기다리는 사람은 모두 망설이는 상이니 진전이 없다. 소망하거나 계획하는 일도 지지부진할 것이다.

② 기다리는 사람이 동쪽이나 북쪽 사람이면 오지 않는다.

③ 만사에 신중하지 않으면 재물만 날릴 것이다. 무슨 일이든 반응이 늦다고 생각하라.

■ 辛辰酉(방문·내객괘)

① 상하가 만나면 순리를 찾으리라.

② 멀리 헤어졌던 사람을 만나는 것처럼 재물을 구하는 일이나 계획하는 일의 상담은 순조롭고, 서로 협조하리라.

③ 면담은 옛정을 상기하며 화기애애하게 진행될 것이다.

④ 방문 면담은 목적을 이루고, 내객도 약속했으면 늦더라도 온다.

■ 辛巳戌(분실·도난괘)

① 잃어버린 물건은 집 안 사람의 소행이다. 그러나 다른 사람을 의심하며 외부인을 중심으로 찾으면 찾기 어렵다.

② 집 안 동북쪽 구석을 찾아보라. 그러나 때에 따라서는 헛수고가
   될 수도 있다.

■ 辛午亥(가출·실종괘)
① 실종자가 물건이나 재물을 갖고 서쪽으로 갔다. 서두르면 찾을 수
   있지만 늦어지면 다른 사람의 손으로 넘어간다.
② 음인(陰人)이나 여자와 다툼이나 구설이 생기기 쉽다.

■ 壬申子(분쟁·소송괘)
① 소송이나 관사는 이유가 유리하니 서두르지 않아도 좋다. 하천에
   맑은 물이 흐르는 상이니 해결될 조짐이 보인다.
② 이유가 유리하지만 이(理) 외에 이(理)가 있는 법이니 인정에 유념
   하는 게 좋다. 쟁송은 앞으로 유리한 계기를 만들 수도 있다.

■ 壬酉丑(질병·우환괘)
① 어린아이나 노인의 병이다. 어린아이는 쉽게 낫지만 노인은 십중
   팔구 사망하니 명의를 찾아 치료에 전념하라.
② 걱정하는 어두운 운이 가시지 않았다. 조상께 제사드리고 신덕에
   기원하면서 선을 쌓으면 평안해지리라.

■ 壬戌寅(매매괘)
① 상업으로 재물을 얻을 가장 좋은 운이다. 모든 일에는 순리가 있
   는 법이니 협동하면 재물을 이루리라.

② 매매는 좋아지니 상담할 때 마음 내키는 대로 해도 좋다. 재고품도 원매자가 나타나고, 물품 구매도 뜻대로 된다.

■ 壬亥卯(임신·출산괘)
① 모든 일이 대길한 상이다. 임신하면 귀한 자식을 낳고, 모자가 모두 안강하리라. 빈부를 막론하고 운이 열려 출세는 물론 가운도 번창하고, 효심이 돈독한 현명한 자식을 두리라.
② 천우신조를 얻은 상이니 가족이 모두 신앙심이 돈독하면 좋다.

■ 壬子辰(재화괘)
① 다른 사람의 도움을 받아 재물을 구하는 게 좋다. 사오미월(巳午未月)에는 친구나 아는 사람의 덕으로 재원이 발복하리라. 그렇지 않으면 손해와 지출만 따르리라.
② 아직은 때가 아니니 여러 가지 일이 침체되고, 아무리 노력해도 달성하기 어렵다. 잘 생각해서 물러날 방침을 세우는 게 좋다.
③ 남쪽에서 희소식이나 기이한 소식이 와서 재원을 만들 수도 있다.
④ 임금은 남쪽이나 동쪽이면 받을 수 있다.

■ 壬丑巳(소식괘)
① 소식은 오지 않고, 온다고 해도 늦어지니 무슨 일이든 의심이 생긴다. 만일 때가 늦어지면 먼저 소식을 전하고, 나중에 내방이나 돌아온다는 소식이 올 것이다.
② 십중팔구 소식이 올 때가 아니니 기다리지 말라.

■ 壬寅午(혼인괘)

① 혼담에는 좋은 운이다. 그러나 다른 사람이 중상이나 방해하기 쉬우니 모처럼의 좋은 인연을 놓칠 징조가 농후하다.

② 쌍방이 마음을 가다듬고 다른 사람이나 고용인의 중상모략에 마음쓰지 않고 혼인한다면 백년해로하리라. 서로 결심만 굳다면 혼인은 성사된다.

③ 다른 사람이 방해할 수 있으니 잘 해결해야 한다.

■ 壬卯未(대인·이동괘)

① 여행이나 외출은 평안하다.

② 기다리는 사람은 오지만 좀 지연될 것이다.

③ 모든 일을 신속만을 위주로 한다면 이루기 어렵지만 때를 보아 행동한다면 성공할 것이다. 기다리는 사람은 오지 않고, 온다고 해도 늦을 것이다. 무슨 일이든 때를 기다리는 게 좋다.

■ 壬辰申(방문·내객괘)

① 찾아가도 면담은 할 수 없다. 혹 면담한다고 해도 시간만 허비할 뿐 목적은 이루기 어렵다. 냉정하게 마음을 가다듬고 때를 기다렸다가 방문하는 게 좋다.

② 내객은 있으나 마음이 안정되지 않아 변경이 있을 것이다.

■ 壬巳酉(분실·도난괘)

① 잃어버린 물건은 집 안에 있으니 찾지 못해도 의기소침할 것까지

는 없다.

② 인일(寅日)에는 찾지만 혹 정체되면 쉽게 나오지 않으리라.

■ 壬午戌(가출·실종괘)

① 고민이 많아 가출한 것인데 멀리 간 게 틀림없다. 누구에게 감금
되거나 심신이 피로해질 조짐이 있다.

② 시간이 지나면 평정을 찾고, 임일(壬日)이나 유일(酉日)에 소식이
있거나 돌아올 것이다.

■ 壬未亥(시험·취업괘)

① 계획하는 일이나 재물을 구하는 일은 고생스럽지만 점차 성과가
나타나고, 모두 때가 되면 뜻대로 될 것이다.

② 귀인의 보살핌이 있으니 성취할 실마리가 잡힐 것이다. 점단일이
자일(子日)이나 축일(丑日)이면 적은 노력과 비용으로 목적이 진전
된다.

③ 목적은 이루어지고 모든 일이 순조롭게 풀리리라.

■ 癸酉子(질병·우환괘)

① 병세는 지금 최악 상태는 아니지만 점점 더 나빠질 조짐이다. 병증
은 혈농으로 머리·배·목에 종기가 생겼으나 임일(壬日)이나 진일
(辰日)부터 좋아지리라.

② 명약으로 고비를 넘기면 병세는 점점 가벼워질 것이다.

③ 북쪽이나 동남쪽에 명의가 있다. 북쪽 신불께 기원하라.

■ 癸戌丑(매매괘)

① 상거래와 재물운은 모두 좋다. 경영하는 일은 순조롭고 모두 뜻대로 되리라. 모든 일은 신속하게 처리하는 게 좋다. 지체되면 결과는 반감되리라.

② 대중의 협조와 자신의 노력으로 이익이 날로 증가하리라.

③ 가격이 상승세일 때는 매매 원결로 전매 이익을 보는 게 좋다. 상담은 성사되나 빨리 진행하는 게 상책이고, 좋은 가격은 계속된다.

■ 癸亥寅(임신·출산괘)

① 아들을 임신하는데 수재이며 큰 인물이 된다.

② 신일(申日)·자일(子日)·진일(辰日)에 낳을 것이다.

■ 癸子卯(재화괘)

① 귀인의 후원이나 형제·친구·동지의 협력으로 재리를 얻는다.

② 업무상의 금전 대차나 출자는 깊이 생각하지 않고 진행해도 좋다.

③ 자금이나 금융은 중개인을 통해야 성사되고, 대금 회수도 사용인에게 대행시키면 받을 수 있다.

■ 癸丑辰(소식괘)

① 소식은 상대방이 미루고 있으니 올 희망이 없다.

② 해는 서산으로 기울고 마음은 처량해지니 모든 일을 포기하는 게 낫다.

■ 癸寅巳(혼인괘)

① 혼담은 방해가 있어 성사되기 어려우나, 혹 귀인이 중매하면 성사
   될 수도 있다. 그러나 혼인 후 정이 융화되지 않아 애정이 상할 징
   조가 있다.

② 하늘을 보고 탄식하는 상이다. 그러나 귀인의 후원과 교훈으로 부
   부가 성심을 다하면 춘풍해동격이 되어 부부가 화합할 수 있다.

■ 癸卯午(대인·이동괘)

① 여행이나 출입은 가깝든 멀든 이익도 없고 덕도 없다. 여비만 쓰
   고 인생에 어려움만을 가중시켜 명칭만 무성하리라.

② 기다리는 사람은 오지 않을 것이다. 설사 온다고 해도 유익함은 없
   고 정신만 소모하리라.

■ 癸辰未(방문·내객괘)

① 누구를 방문하든 면담하기 어렵고, 설사 면담하더라도 목적은 이
   루기 어렵다. 마음만 피곤해지고 손재만 따를 것이니 다른 방법을
   찾거나 독서를 즐기는 게 낫다.

② 내객은 있으나 이익은 적을 상이다. 그러나 덕으로 맞이하면 작은
   이익은 얻으리라.

■ 癸巳申(분실·실종괘)

① 분실과 도난은 근친이나 친척이나 친구가 일부러 저지른 일이다.
   거듭 재물 손실을 당하기 쉽고, 가장의 마음이 상할 것이다.

② 따뜻한 정으로 선처하는 것 외에는 방법이 없다.

■ 癸午酉(가출·실종괘)
① 의리를 저버리고 다른 사람의 꾐에 빠져 나간 것이다. 결국 소식은 있겠지만 이미 배은망덕했으니 자연에 맡기거나 포기하는 것 외에 방법이 없다.
② 개나 말도 의리를 지키거늘 가정의 암담함을 한탄할 뿐이다.
③ 집 사람의 실종은 찾을 길이 없고, 생사도 판단하기 어렵다.

■ 癸未戌(시험·취업괘)
① 소망과 계획하는 일은 아직 때가 아니다. 다른 사람에게 부탁해도 공연히 비용만 들어갈 뿐이다.
② 좋은 운이 올 때까지 기다리는 게 좋다. 한번 운이 오면 순풍에 돛을 달게 되리라. 그 전에는 목적을 이루기 어려운 상이니 차분하게 좋은 운을 기다려라.

■ 癸申亥(분쟁·소송괘)
① 관사나 송사는 비용이 많이 들어가고, 괴로움이 쌓여 한을 품으리라. 친구의 도움을 기다렸다가 선처하면 좋아지리라.
② 자중자애하면서 번뇌를 가볍게 하고 경비를 줄이는 방법을 찾는게 좋다.

13장. 서양의 카바라

  현대 사회는 물질적인 풍요만을 추구하면서 인간다운 삶을 잊은 지 오래된 것 같다. 그래서 지각 있는 사람들은 이대로 좋은가를 자문 자답하며, 마침내 새로운 종교에 관심을 갖거나 지금까지와 다른 생각으로 점(占)에 흥미를 갖기도 한다.

  점은 아주 옛날부터 다양한 형태로 행해왔는데, 세계에는 292가지에 달하는 점이 있다고 한다. 그러나 크게 3가지로 분류할 수 있다. ① 우연을 바탕으로 한 직감적인 점 ② 생년월일을 바탕으로 하는 명리점 ③ 관상과 수상을 바탕으로 하는 상점(相占)이다.

  이 3가지 중에서 ②에 해당하는 명리점은 동양에서 사주추명학을 고도로 발전시킨 점이고, 서양에서는 이미 2000년 전에 일반화된 수(數)를 바탕으로 한 점인 카바라가 있어 지금까지 전해지고 있다. 이 세상은 수(數)가 지배한다는 사상에서 나온 것이다.

1. 사회년운수를 알고 싶으면 : 사회년운수

사회년운수 산출법은 그 해의 수를 모두 더해 한 자리 수로 만든다.

■ 예1)

① 예를 들어 2016년의 사회년운수를 알고 싶으면

  2+0+1+6=9

② 마지막 숫자인 9가 2016년의 '사회년운수'다. 아래 〈사회년운수표〉
  에서 9를 찾아보면 '위기와 문제가 생기는 해로 개인적인 투쟁이 많
  다'라고 되어 있으니 참고하면 된다.

사회 년운수표

사회년운수	해 설
1	큰 변동이 일어나는 해로 재능을 발휘하며 행운이 따른다.
2	평화공존의 해로 협력자가 나타난다.
3	이상을 추구하는 해로 경제적 이로움이 있다.
4	불안정한 해로 노고와 혼란, 사고가 많다.
5	사회 교류가 활발한 해로 새로운 을 시작한다.
6	조화·원조·재해·전쟁 등 변동이 많다.
7	완성·성취·통일의 해이지만 자살·실업이 따를 수 있다.
8	번영하는 해로 경제적·정신적 기쁨이 많다.
9	위기와 문제가 생기는 해로 개인적인 투쟁이 많다.
11	종교적 지향점이 바뀌고, 물질보다 정신을 추구한다.
12	크게 발전하는 해로 순조롭다

④ 만일 마지막 숫자가 11이나 12가 나오면 한 자리 수로 만들지 않고 적용한다.

■ 예2)

① 가령 1999년의 운을 알고 싶으면 1999년의 수를 전부 더한다.

　1+9+9+9=28

② 이 28을 다시 더해서 한 자리로 만든다.

　2+8=10 → 1+0=1

③ 이 마지막 숫자인 1이 1999년의 '사회년운수'다. 〈사회년운수표〉에서 1을 찾아보면 '큰 변동이 일어나는 해로 재능과 행운이 따른다'라고 되어 있으니 참고하면 된다.

■ 예3)

① 을사조약이 있었던 1905년을 보자.

　1+9+0+5=15 → 1+5=6

② 마지막 숫자인 6이 사회년운수인데 〈사회년운수표〉에서 6을 보면 '조화·원조·재해·전쟁 등 변동이 많다'라고 되어 있다.

■ 예4)

① 일제치하에서 벗어난 1945년을 보자.

　1+9+4+5=19 → 1+9=10 → 1+0=1

② 마지막 숫자인 1을 〈사회년운수표〉에서 보면 '큰 변동이 일어나는 해로 재능을 발휘하며 행운이 따른다'라고 되어 있다.

2. 개인의 운세나 성격을 알고 싶으면 : 기본운명수

기본운명수는 생년 수를 더해서 한 자리 수로 만들고, 생월과 생일의 수를 더해서 한 자리 수로 만든 다음, 생년의 한 자리 수와 생월일의 한 자리 수를 더해서 한 자리 수로 만든다.

■ 예1)

① 1769년 8월 15일생인 나폴레옹을 보자. 먼저 생년인 1769를 한 자리 수로 만든다.

1+7+6+9=23 → 2+3=5

기본운명수

기본운명수	상징	해 설
1	왕관성	행동력과 지도력을 대담하게 발휘한다.
2	지성성	대인관계가 좋고, 독창성을 발휘한다.
3	발전성	사교적이며 성공지향적이다.
4	안전성	근면성실하고, 인내하면서 노력한다.
5	행동성	행동적이며 과시욕이 강하다.
6	조화성	온순하며 친절하고, 봉사정신이 있다.
7	완전성	고독하나 자존감이 강하고, 안전주의자다.
8	지배성	개성이 강하고, 정열적이며 전투적이다.
9	신비성	건강하나 신경이 예민하고 비밀주의자다.
11	혁신성	평범한 것을 싫어하며 호기심이 많다.
22	행운성	지배력과 지도력이 있고, 안전 감각이 강하다

② 생월과 생일의 수를 한 자리 수로 만든다.

　8+1+5=14 → 1+4=5

③ 생년의 한 자리 수 5와 생월일의 한 자리 수 5를 더해서 한 자리 수로 만든다.

　5+5=10 → 1+0=1

④ 마지막 수인 1이 나폴레옹의 기본운명수로 일생을 좌우한다. 기본 운명수표에서 1을 찾아보니 '왕관성(王冠星)에 행동력과 지도력을 대담하게 발휘한다'라고 되어 있다. 그리고 나폴레옹이 활약한 해의 운세를 알고 싶으면 다음과 같이 계산한다.

3. 그 해의 개인 운세를 알고 싶으면 : 개인년운수

① 나폴레옹이 패배한 1812년의 나폴레옹의 개인년운수를 보자.

　1+8+1+2=12 → 1+2=3

　3이 나폴레옹이 패배한 해의 운명수다.

② 나폴레옹의 기본운명수 1과 패배한 해의 운명수 3을 더한다.

　1+3=4

③ 마지막 수인 4가 1812년 나폴레옹의 개인년운수다. 다음 페이지의 개인년운수표에서 4를 찾아보면 '순조롭지 못한 운이니 자제력을 길러라'라고 되어 있다.

개인년운수	해 설
1	활기가 충천하는 운으로 발전하며 독립할 수 있다.
2	인내와 협력하는 운으로 재력도 많아진다.
3	정체될 운이니 쉬면서 다음을 준비하라.
4	순조롭지 못한 운이니 자제력을 길러라.
5	동요하는 운으로 여행이나 행락운이 강하게 작용한다.
6	서로 협력하는 운으로 특히 이성운이 좋다
7	휴식하는 운이니 때를 기다려라.
8	꿈이 이루어지는 운이다
9	기초를 다져야 하는 운이니 낭비나 게으름을 경계하라.
11	정신적인 운으로 봉사활동에 주력하라.
12	행운의 해로 활동적이며 발전한다.

4. 개인의 월운 산출법

① 2001년 8월의 운수 11

　　$2+0+0+1+8=11$(년월 운수)

② 본명의 2001년 8월의 운수는 1

　　년월운수는 11

　　본명의 기본운명수 8(1935년 5월 3일생)

　　$1+1+8=10 \rightarrow 1+0=1$

본명의 8월 운수는 1이 되니 해설편을 참고하면 '활기찬 충천의 달로 발전 독립하는 운으로 본다고 했다.

5. 개인의 일운 산출법

① 2001년 8월 6일의 운수는 8

   2+0+0+1+8+6=17

   1+7=8

② 본명의 2001년 8월 6일의 운수는 7

   8월 6일의 운수 8+본명의 기본운명수 8

   8+8=16 → 1+6=7

  본명의 2001년 8월 6일의 운수는 7이 되니 해설편을 참고하면 '휴식 지운으로 오로지 기회를 기다리는' 일운이다.

  이 서양의 수리점인 카바라는 1999년 제2기 상담역리사 자격증 및 국제공인증서 수여식장에서 일본점술학회 아사노 하찌로 회장이 역리사 소양교육 교재로 강의한 내용 중에서 일부를 쉽게 만들어 실은 것이니 많이 연구하기 바란다.

쉽게 푼 역학(개정판)
쉽게 배워 적용할 수 있는 생활역학서 !

이 책에서는 좀더 많은 사람들이 역학의 근본인 우주의 오묘한 진리와 법칙을 깨달아 보다 나은 삶을 영위하는데 도움이 될 수 있도록 가장 쉬운 언어와 가장 쉬운 방법으로 풀이했다. 역학계의 대가 김봉준 선생의 역작이다.

신비한 동양철학 71 | 백우 김봉준 저 | 568면 | 30,000원 | 신국판

사주명리학 핵심
맥을 잡아야 모든 것이 보인다

이 책은 잡다한 설명을 배제하고 명리학자에게 도움이 될 비법들만을 모아 엮었기 때문에 초심자가 이해하기에는 다소 어려운 부분도 있겠지만 기초를 튼튼히 한 다음 정독한다면 충분히 이해할 것이다. 신살만 늘어놓으며 감정하는 사이비가 되지말기를 바란다.

신비한 동양철학 19 | 도관 박흥식 저 | 502면 | 20,000원 | 신국판

물상활용비법
물상을 활용하여 오행의 흐름을 파악한다

이 책은 물상을 통하여 오행의 흐름을 파악하고 운명을 감정하는 방법을 연구한 책이다. 추명학의 해법을 연구하고 운명을 추리하여 오행에서 분류되는 물질의 운명 줄거리를 물상의 기물로 나들이 하는 활용법을 주제로 했다. 팔자풀이 및 운명해설에 관한 명리감정법의 체계를 세우는데 목적을 두고 초점을 맞추었다.

신비한 동양철학 31 | 해주 이학성 저 | 446면 | 34,000원 | 신국판

신수대전
흉함을 피하고 길함을 부르는 방법

신수는 대부분 주역과 사주추명학에 근거한다. 수많은 학설 중 몇 가지를 보면 사주명리, 자미두수, 관상, 점성학, 구성학, 육효, 토정비결, 매화역수, 대정수, 초씨역림, 황극책수, 하락리수, 범위수, 월영도, 현무발서, 철판신수, 육임신과, 기문둔갑, 태을신수 등이다. 역학에 정통한 고사가 아니면 추단하기 어려우므로 누구나 신수를 볼 수 있도록 몇 가지를 정리했다.

신비한 동양철학 62 | 도관 박흥식 편저 | 528면 | 36,000원 | 신국판 양장

정법사주
운명판단의 첩경을 이루는 책

이 책은 사주추명학을 연구하고자 하는 분들에게 심오한 주역의 이해를 돕고자 하는 의도에서 시작되었다. 음양오행의 상생상극에서부터 육친법과 신살법을 기초로 하여 격국과 용신 그리고 유년판단법을 활용하여 운명판단에 첩경이 될 수 있도록 했고 추리응용과 운명감정의 실례를 하나하나 들어가면서 독학과 강의용 겸용으로 엮었다.

신비한 동양철학 49 | 원각 김구현 저 | 424면 | 26,000원 | 신국판 양장

내가 보고 내가 바꾸는 DIY사주
내가 보고 내가 바꾸는 사주비결

기존의 책들과는 달리 한 사람의 사주를 체계적으로 도표화시켜 한 눈에 파악할 수 있고, DIY라는 책 제목에서 말하듯이 개운하는 방법을 제시한다. 초심자는 물론 전문가도 자신의 이론을 새롭게 재조명해 볼 수 있는 케이스 스터디 북이다.

신비한 동양철학 39 | 석오 전광 저 | 338면 | 16,000원 | 신국판

인터뷰 사주학
쉽고 재미있는 인터뷰 사주학

얼마전만 해도 사주학을 취급하면 미신을 다루는 부류로 취급되었다. 그러나 지금은 하루가 다르게 이 학문을 공부하는 사람들이 폭증하고 있는 것으로 보인다. 젊은 층에서 사주카페니 사주방이니 사주동아리 하는 것들이 만들어지고 그 모임이 활발하게 움직이고 있다는 점이 그것을 증명해준다. 그뿐 아니라 대학원에는 역학교수들이 점차로 증가하고 있다.

신비한 동양철학 70 | 글갈 정대엽 편저 | 426면 | 16,000원 | 신국판

사주특강
자평진전과 적천수의 재해석
이 책은 『자평진전』과 『적천수』를 근간으로 명리학의 폭넓은 가치를 인식하고, 실전에서 유용한 기반을 다지는데 중점을 두고 썼다. 일찍이 『자평진전』을 교과서로 삼고, 『적천수』로 보완하라는 서낙오의 말에 깊이 공감한다.

신비한 동양철학 68 │ 청월 박상의 편저 │ 440면 │ 25,000원 │ 신국판

참역학은 이렇게 쉬운 것이다
음양오행의 이론으로 이루어진 참역학서
수학공식이 아무리 어렵다고 해도 1, 2, 3, 4, 5, 6, 7, 8, 9, 0의 10개의 숫자로 이루어졌듯이 사주도 음양과 오행으로 이루어졌을 뿐이다. 그러니 용신과 격국이라는 무거운 짐을 벗어버리고 음양오행의 법칙과 진리만 정확하게 파악하면 된다. 사주는 음양오행의 변화일 뿐이고 용신과 격국은 사주를 감정하는 한 가지 방법에 지나지 않는다.

신비한 동양철학 24 │ 청암 박재현 저 │ 328면 │ 16,000원 │ 신국판

사주에 모든 길이 있다
사주를 알면 운명이 보인다!
사주를 간명하는데 조금이라도 도움이 됐으면 하는 바람에서 이 책을 썼다. 간명의 근간인 오행의 왕쇠강약을 세분하고, 대운과 세운, 세운과 월운의 연관성과, 십신과 여러 살이 미치는 암시와, 십이운성으로 세운을 판단하는 법을 설명했다.

신비한 동양철학 65 │ 정담 선사 편저 │ 294면 │ 26,000원 │ 신국판 양장

왕초보 내 사주
초보 입문용 역학서
이 책은 역학을 너무 어렵게 생각하는 초보자들에게 조금이나마 도움을 주고자 쉽게 엮으려고 노력했다. 이 책을 숙지한 후 역학(易學)의 5대 원서인 『적천수(滴天髓)』, 『궁통보감(窮通寶鑑)』, 『명리정종(命理正宗)』, 『연해자평(淵海子平)』, 『삼명통회(三命通會)』에 접근한다면 훨씬 쉽게 터득할 수 있을 것이다. 이 책들은 저자가 이미 편역하여 삼한출판사에서 출간한 것도 있고, 앞으로 모두 갖출 것이니 많이 활용하기 바란다.

신비한 동양철학 84 │ 역산 김찬동 편저 │ 278면 │ 19,000원 │ 신국판

명리학연구
체계적인 명확한 이론
이 책은 명리학 연구에 핵심적인 내용만을 모아 하나의 독립된 장을 만들었다. 명리학은 분야가 넓어 공부를 하다보면 주변에 머무르는 경우가 많아, 주요 내용을 잃고 헤매는 경우가 많다. 그러므로 뼈대를 잡는 것이 중요한데, 여기서는 「17장. 명리대요」에 핵심 내용만을 모아 학문의 체계를 잡는데 용이하게 하였다.

신비한 동양철학 59 │ 권중주 저 │ 562면 │ 29,000원 │ 신국판 양장

말하는 역학
신수를 묻는 사람 앞에서 술술 말문이 열린다
그토록 어렵다는 사주통변술을 쉽고 흥미롭게 고담과 덕담을 곁들여 사실적으로 생동감 있게 통변했다. 길흉을 어떻게 표현하느냐에 따라 상담자의 정곡을 찔러 핵심을 끌어내 정답을 내리는 것이 통변술이다.역학계의 대가 김봉준 선생의 역작.

신비한 동양철학 11 │ 백우 김봉준 저 │ 576면 │ 26,000원 │ 신국판 양장

통변술해법
가닥가닥 풀어내는 역학의 비법
이 책은 역학과 상대에 대해 머리로는 다 알면서도 밖으로 표출되지 않아 어려움을 겪는 사람들을 위한 실습서다. 특히 실명감정과 이론강의로 나누어 역학의 진리를 설명하여 초보자도 쉽게 이해할 수 있다. 역학계의 대가 김봉준 선생의 역서인 『알기쉬운 해설·말하는 역학』이 나온 후 후편을 써달라는 열화같은 요구에 못이겨 내놓은 바로 그 책이다.

신비한 동양철학 21 │ 백우 김봉준 저 │ 392면 │ 26,000원 │ 신국판

술술 읽다보면 통달하는 사주학
술술 읽다보면 나도 어느새 도사
당신은 당신 마음대로 모든 일이 이루어지던가. 지금까지 누구의 명령을 받지 않고 내 맘대로 살아왔다고, 운명 따위는 믿지 않는다고, 운명에 매달리지 않는다고 말하는 사람들이 많다. 그러나 우주법칙을 모르기 때문에 하는 소리다.
신비한 동양철학 28 | 조철현 저 | 368면 | 16,000원 | 신국판

사주학
5대 원서의 핵심과 실용
이 책은 사주학을 체계적으로 공부하려는 학도들을 위해서 꼭 알아두어야 할 내용들과 용어들을 수록하는데 중점을 두었다. 이 학문을 공부하려고 많은 사람들이 필자를 찾아왔을 깨 여러 가지 질문을 던져보면 거의 기초지식이 시원치 않음을 보았다. 따라서 용어를 포함한 제반지식을 골고루 습득해야 빠른 시일 내에 소기의 목적을 달성할 수 있을 것이다.
신비한 동양철학 66 | 글갈 정대엽 저 | 778면 | 46,000원 | 신국판 양장

명인재
신기한 사주판단 비법
이 책은 오행보다는 주로 살을 이용하는 비법을 담았다. 시중에 나온 책들을 보면 살에 대해 설명은 많이 하면서도 실제 응용에서는 무시하고 있다. 이것은 살을 알면서도 응용할 줄 모르기 때문이다. 그러나 이 책에서는 살의 활용방법을 완전히 터득해, 어떤 살과 어떤 살이 합하면 어떻게 작용하는지를 자세하게 설명하였다.
신비한 동양철학 43 | 원공선사 저 | 332면 | 19,000원 | 신국판 양장

명리학 | 재미있는 우리사주
사주 세우는 방법부터 용어해설 까지!!
몇 년 전 『사주에 모든 길이 있다』가 나온 후 선배 제현들께서 알찬 내용의 책다운 책을 접했다는 찬사를 받았다. 그러나 사주의 작성법을 설명하지 않아 독자들에게 많은 질타를 받고 뒤늦게 이 책을 출판하기로 결심했다. 이 책은 한글만 알면 누구나 역학과 가까워질 수 있도록 사주 세우는 방법부터 실제간명, 용어해설에 이르기까지 분야별로 엮었다.
신비한 동양철학 74 | 정담 선사 편저 | 368면 | 19,000원 | 신국판

사주비기
역학으로 보는 역대 대통령들이 나오는 이치!!
이 책에서는 고서의 이론을 근간으로 하여 근대의 사주들을 임상하여, 적중도에 의구심이 가는 이론들은 과감하게 탈피하고 통용될 수 있는 이론만을 수용하였다. 따라서 기존 역학서의 아쉬운 부분들을 충족시키며 일반인도 열정만 있으면 누구나 자신의 운명을 감정하고 피흉취길할 수 있는 생활지침서로 활용할 수 있을 것이다.
신비한 동양철학 79 | 청월 박상의 편저 | 456면 | 19,000원 | 신국판

사주학의 활용법
가장 실질적인 역학서
우리가 생소한 지방을 여행할 때 제대로 된 지도가 있다면 편리하고 큰 도움이 되듯이 역학이란 이와같은 인생의 길잡이다. 예측불허의 인생을 살아가는데 올바른 안내자나 그 무엇이 있다면 그 이상 마음 든든하고 큰 재산은 없을 것이다.
신비한 동양철학 17 | 학선 류래웅 저 | 358면 | 15,000원 | 신국판

명리실무
명리학의 총 정리서
명리학(命理學)은 오랜 세월 많은 철인(哲人)들에 의하여 전승 발전되어 왔고, 지금도 수많은 사람이 임상과 연구에 임하고 있으며, 몇몇 대학에 학과도 개설되어 체계적인 교육을 하고 있다. 그러나 아직도 실무에서 활용할 수 있는 책이 부족한 상황이기 때문에 나름대로 현장에서 필요한 이론들을 정리해 보았다. 초학자는 물론 역학계에 종사하는 사람들에게 큰 도움이 될 것이라고 믿는다.
신비한 동양철학 94 | 박흥식 편저 | 920면 | 39,000원 | 신국판

사주 속으로
역학서의 고전들로 입증하며 쉽고 자세하게 푼 책

십 년 동안 역학계에 종사하면서 나름대로는 실전과 이론에서 최선을 다했다고 자부한다. 역학원의 비좁은 공간에서도 항상 후학을 생각하는 마음으로 역학에 대한 배움의 장을 마련하고자 노력한 것도 사실이다. 이 책을 역학으로 이름을 알리고 역학으로 생활하면서 조금이나마 역학계에 이바지할 것이 없을까라는 고민의 산물이라 생각해주기 바란다.

신비한 동양철학 95 | 김상회 편저 | 429면 | 15,000원 | 신국판

사주학의 방정식
알기 쉽게 풀어놓은 가장 실질적인 역서

이 책은 종전의 어려웠던 사주풀이의 응용과 한문을 쉬운 방법으로 터득하는데 목적을 두었고, 역학이 무엇인가를 알리고자 하는데 있다. 세인들은 역학자를 남의 운명이나 풀이하는 점쟁이로 알지만 잘못된 생각이다. 역학은 우주의 근본이며 기의 학문이기 때문에 역학을 이해하지 못하고서는 우리 인생살이 또한 정확하게 해석할 수 없는 고차원의 학문이다.

신비한 동양철학 18 | 김용오 저 | 192면 | 16,000원 | 신국판

오행상극설과 진화론
인간과 인생을 떠난 천리란 있을 수 없다

과학이 현대를 설정하여 설명하고 있으나 원리는 동양철학에도 있기에 그 양면을 밝히고자 노력했다. 우주에서 일어나는 모든 일을 과학으로 설명될 수는 없다. 비과학적이라고 하기보다는 과학이 따라오지 못한다고 설명하는 것이 더 솔직하고 옳은 표현일 것이다. 특히 과학분야에 종사하는 신의사가 저술했다는데 더 큰 화제가 되고 있다.

신비한 동양철학 5 | 김태진 저 | 222면 | 15,000원 | 신국판

스스로 공부하게 하는 방법과 천부적 적성
내 아이를 성공시키고 싶은 부모들에게

자녀를 성공시키고 싶은 마음은 누구나 같겠지만 가난한 집 아이가 좋은 성적을 내기는 매우 어렵고, 원하는 학교에 들어가기도 어렵다. 그러나 실망하기에는 아직 이르다. 내 아이가 훌륭하게 성장해 아름답고 멋진 삶을 살아가는 방법을 소개한다.

신비한 동양철학 85 | 청암 박재현 지음 | 176면 | 14,000원 | 신국판

진짜부적 가짜부적
부적의 실체와 정확한 제작방법

인쇄부적에서 가짜부적에 이르기까지 많게는 몇백만원에 팔리고 있다는 보도를 종종 듣는다. 그러나 부적은 정확한 제작방법에 따라 자신의 용도에 맞게 스스로 만들어 사용하면 훨씬 더 좋은 효과를 얻을 수 있다. 이 책은 중국에서 정통부적을 연구한 국내유일의 동양오술학자가 밝힌 부적의 실체와 정확한 제작방법을 소개하고 있다.

신비한 동양철학 7 | 오상익 저 | 322면 | 20,000원 | 신국판

수명비결
주민등록번호 13자로 숙명의 정체를 밝힌다

우리는 지금 무수히 많은 숫자의 거미줄에 매달려 허우적거리며 살아가고 있다. 1분 ·1초가 생사를 가름하고, 1등·2등이 인생을 좌우하며, 1급·2급이 신분을 구분하는 세상이다. 이 책은 수명리학으로 13자의 주민등록번호로 명예, 재산, 건강, 수명, 애정, 자녀운 등을 미리 읽어본다.

신비한 동양철학 14 | 장충한 저 | 308면 | 15,000원 | 신국판

진짜궁합 가짜궁합
남녀궁합의 새로운 충격

중국에서 연구한 국내유일의 동양오술학자가 우리나라 역술가들의 궁합법이 잘못되었다는 것을 학술적으로 분석·비평하고, 전적과 사례연구를 통하여 궁합의 실체와 타당성을 분석했다. 합리적인 「자미두수궁합법」과 「남녀궁합」 및 출생시간을 몰라 궁합을 못보는 사람들을 위하여 「지문으로 보는 궁합법」 등을 공개하고 있다.

신비한 동양철학 8 | 오상익 저 | 414면 | 15,000원 | 신국판

주역육효 해설방법(상·하)
한 번만 읽으면 주역을 활용할 수 있는 책

이 책은 주역을 해설한 것으로, 될 수 있는 한 여러 가지 사설을 덧붙이지 않고, 주역을 공부하고 활용하는데 필요한 요건만을 기록했다. 따라서 주역의 근원이나 하도낙서, 음양오행에 대해서도 많은 설명을 자제했다. 다만 누구나 이 책을 한 번 읽어서 주역을 이해하고 활용할 수 있도록 하는데 중점을 두었다.
신비한 동양철학 38 | 원공선사 저 | 상 810면·하 798면 | 각 29,000원 | 신국판

쉽게 푼 주역
귀신도 탄복한다는 주역을 쉽고 재미있게 풀어놓은 책

주역이라는 말 한마디면 귀신도 기겁을 하고 놀라 자빠진다는데, 운수와 일진이 문제가 될까. 8×8=64괘라는 주역을 한 괘에 23개씩의 회답으로 해설하여 1472괘의 신비한 해답을 수록했다. 당신이 당면한 문제라면 무엇이든 해결할 수 있는 열쇠가 이 한 권의 책 속에 있다.
신비한 동양철학 10 | 정도명 저 | 284면 | 16,000원 | 신국판

나침반 | 어디로 갈까요
주역의 기본원리를 통달할 수 있는 책

이 책에서는 기본괘와 변화와 기본괘가 어떤 괘로 변했을 경우 일어날 수 있는 내용들을 설명하여 주역의 변화에 대한 이해를 돕는데 주력하였다. 그러나 그런 내용을 구분할 수 있는 방법을 전부 다 설명할 수는 없기에 뒷장에 간단하게설명하였고, 다른 책들과 설명의 차이점도 기록하였으니 참작하여 본다면 조금이나마 도움이 될 것이다.
신비한 동양철학 67 | 원공선사 편저 | 800면 | 39,000원 | 신국판

완성 주역비결 | 주역 토정비결
반쪽으로 전해오는 토정비결을 완전하게 해설

지금 시중에 나와 있는 토정비결에 대한 책들은 옛날부터 내려오는 완전한 비결이 아니라 반쪽의 책이다. 그러나 반쪽이라고 말하는 사람은 없다. 그것은 주역의 원리를 모르기 때문이다. 그래서 늦은 감이 없지 않으나 앞으로 수많은 세월을 생각해서 완전한 해설판을 내놓기로 했다.
신비한 동양철학 92 | 원공선사 편저 | 396면 | 16,000원 | 신국판

육효대전
정확한 해설과 다양한 활용법

동양고전 중에서도 가장 대표적인 것이 주역이다. 주역은 옛사람들이 자연을 거울삼아 생활을 영위해 나가는 처세에 관한 지혜를 무한히 내포하고, 피흉추길하는 얼과 슬기가 함축된 점서인 동시에 수양·과학서요 철학·종교서라고 할 수 있다.
신비한 동양철학 37 | 도관 박흥식 편저 | 608면 | 26,000원 | 신국판

육효점 정론
육효학의 정수

이 책은 주역의 원전소개와 상수역법의 꽃으로 발전한 경방학을 같이 실어 독자들의 호기심을 충족시키는데 중점을 두었습니다. 주역의 원전으로 인화의 처세술을 터득하고, 어떤 사안의 답은 육효법을 탐독하여 찾으시기 바랍니다.
신비한 동양철학 80 | 효명 최인영 편역 | 396면 | 29,000원 | 신국판

육효학 총론
육효학의 핵심만을 정확하고 알기 쉽게 정리

육효는 갑자기 문제가 생겨 난감한 경우에 명쾌한 답을 찾을 수 있는 학문이다. 그러나 시중에 나와 있는 책들이 대부분 원서를 그대로 번역해 놓은 것이라 전문가인 필자가 보기에도 지루하며 어렵다는 느낌이 들었다. 그래서 보다 쉽게 공부할 수 있도록 이 책을 출간하게 되었다.
신비한 동양철학 89 | 김도희 편저 | 174쪽 | 26,000원 | 신국판

기문둔갑 비급대성
기문의 정수
기문둔갑은 천문지리·인사명리·법술병법 등에 영험한 술수로 예로부터 은밀하게 특권층에만 전승되었다. 그러나 아쉽게도 기문을 공부하려는 이들에게 도움이 될만한 책이 거의 없다. 필자는 이 점이 안타까워 천견박식함을 돌아보지 않고 감히 책을 내게 되었다. 한 권에 기문학을 다 표현할 수는 없지만 이 책을 사다리 삼아 저 높은 경지에 올라간다면 제갈공명과 같은 지혜를 발휘할 수 있을 것이다.
신비한 동양철학 86 | 도관 박흥식 편저 | 725면 | 39,000원 | 신국판

기문둔갑옥경
가장 권위있고 우수한 학문
우리나라의 기문역사는 장구하나 상세한 문헌은 전무한 상태라 이 책을 발간하였다. 기문둔갑은 천문지리는 물론 인사명리 등 제반사에 관한 길흉을 판단함에 있어서 가장 우수한 학문이며 병법과 법술방면으로도 특징과 장점이 있다. 초학자는 포국편을 열심히 익혀 설국을 자유자재로 할 수 있도록 하고, 개인의 이익보다는 보국안민에 일조하기 바란다.
신비한 동양철학 32 | 도관 박흥식 저 | 674면 | 46,000원 | 사륙배판

오늘의 토정비결
일년 신수와 죽느냐 사느냐를 알려주는 예언서
역산비결은 일년신수를 보는 역학서이다. 당년의 신수만 본다는 것은 토정비결과 비슷하나 토정비결은 토정 선생께서 사람들에게 용기와 희망을 주기 위함이 목적이어서 다소 허황되고 과장된 부분이 많다. 그러나 역산비결은 재미로 보는 신수가 아니라, 죽느냐 사느냐를 알려주는 예언서이니 재미로 보는 토정비결과는 차원이 다르다.
신비한 동양철학 72 | 역산 김찬동 편저 | 304면 | 16,000원 | 신국판

國運 | 나라의 운세
역으로 풀어본 우리나라의 운명과 방향
아무리 서구사상의 파고가 높다기로 오천 년을 한결같이 가꾸며 살아온 백두의 혼이 와르르 무너지는 지경에 왔어도 누구 하나 입을 열어 말하는 사람이 없으니 답답하다. 불확실한 내일에 대한 해답을 이 책은 명쾌하게 제시하고 있다.
신비한 동양철학 22 | 백우 김봉준 저 | 290면 | 16,000원 | 신국판

남사고의 마지막 예언
이 책으로 격암유록에 대한 논란이 끝나기 바란다
감히 이 책을 21세기의 성경이라고 말한다. 〈격암유록〉은 섭리가 우리민족에게 준 위대한 복음서이며, 선물이며, 꿈이며, 인류의 희망이다. 이 책에서는 〈격암유록〉이 전하고자 하는 바를 주제별로 정리하여 문답식으로 풀어갔다. 이 책으로 〈격암유록〉에 대한 논란은 끝나기 바란다.
신비한 동양철학 29 | 석정 박순용 저 | 276면 | 19,000원 | 신국판

원토정비결
반쪽으로만 전해오는 토정비결의 완전한 해설판
지금 시중에 나와 있는 토정비결에 대한 책들을 보면 옛날부터 내려오는 완전한 비결이 아니라 반면의 책이다. 그러나 반면이라고 말하는 사람이 없다. 그것은 주역의 원리를 모르기 때문이다. 따라서 늦은 감이 없지 않으나 앞으로의 수많은 세월을 생각하면서 완전한 해설본을 내놓았다.
신비한 동양철학 53 | 원공선사 저 | 396면 | 24,000원 | 신국판 양장

나의 천운 | 운세찾기
몽골정통 토정비결
이 책은 역학계의 대가 김봉준 선생이 몽공토정비결을 우리의 인습과 체질에 맞게 엮은 것이다. 운의 흐름을 알리고자 호운과 쇠운을 강조하고, 현재의 나를 조명하고 판단할 수 있도록 했다. 모쪼록 생활서나 안내서로 활용하기 바란다.
신비한 동양철학 12 | 백우 김봉준 저 | 308면 | 11,000원 | 신국판

역점 | 우리나라 전통 행운찾기
쉽게 쓴 64괘 역점 보는 법

주역이 점치는 책에만 불과했다면 벌써 그 존재가 없어졌을 것이다. 그러나 오랫동안 많은 학자가 연구를 계속해왔고, 그 속에서 자연과학과 형이상학적인 우주론과 인생론을 밝혀, 정치·경제·사회 등 여러 방면에서 인간의 생활에 응용해왔고, 삶의 지침서로써 그 역할을 했다. 이 책은 한 번만 읽으면 누구나 역점가가 될 수 있으니 생활에 도움이 되길 바란다.

신비한 동양철학 57 | 문명상 편저 | 382면 | 26,000원 | 신국판 양장

이렇게 하면 좋은 운이 온다
한 가정에 한 권씩 놓아두고 볼만한 책

좋은 운을 부르는 방법은 방위·색상·수리·년운·월운·날짜·시간·궁합·이름·직업·물건·보석·맛·과일·기운·마을·가축·성격 등을 정확하게 파악하여 자신에게 길한 것은 취하고 흉한 것은 피하면 된다. 이 책의 저자는 신학대학을 졸업하고 역학계에 입문했다는 특별한 이력을 갖고 있기 때문에 더 많은 화제가 되고 있다.

신비한 동양철학 27 | 역산 김찬동 저 | 434면 | 16,000원 | 신국판

운을 잡으세요 | 改運秘法
염력강화로 삶의 문제를 해결한다!

행복과 불행은 누가 주는 것이 아니라 자기 자신이 만든다고 할 수 있다. 한 마디로 말해 의지의 힘, 즉 염력이 운명을 바꾸는 것이다. 이 책에서는 이러한 염력을 강화시켜 삶에서 일어나는 문제를 해결하는 방법을 알려준다. 누구나 가벼운 마음으로 읽고 실천한다면 반드시 목적을 이룰 수 있을 것이다.

신비한 동양철학 76 | 역산 김찬동 편저 | 272면 | 10,000원 | 신국판

복을 부르는방법
나쁜 운을 좋은 운으로 바꾸는 비결

개운하는 방법은 여러 가지가 있으나, 이 책의 비법은 축원문을 독송하는 것이다. 독송이란 소리내 읽는다는 뜻이다. 사람의 말에는 기운이 있는데, 이 기운은 자신에게 돌아온다. 좋은 말을 하면 좋은 기운이 돌아오고, 나쁜 말을 하면 나쁜 기운이 돌아온다. 이 책은 누구나 어디서나 쉽게 비용을 들이지 않고 좋은 운을 부를 수 있는 방법을 실었다.

신비한 동양철학 69 | 역산 김찬동 편저 | 194면 | 11,000원 | 신국판

천직 | 사주팔자로 찾은 나의 직업
천직을 찾으면 역경없이 탄탄하게 성공할 수 있다

잘 되겠지 하는 막연한 생각으로 의욕만 갖고 도전하는 것과 나에게 맞는 직종은 무엇이고 때는 언제인가를 알고 도전하는 것은 근본적으로 다르고, 결과도 다르다. 만일 의욕만으로 팔자에도 없는 사업을 시작했다고 하자, 결과는 불을 보듯 뻔하다. 그러므로 이런 때일수록 침착과 냉정을 찾아 내 그릇부터 알고, 생활에 대처하는 지혜로움을 발휘해야 한다.

신비한 동양철학 34 | 백우 김봉준 저 | 376면 | 19,000원 | 신국판

운세십진법 | 本大路
운명을 알고 대처하는 것은 현대인의 지혜다

타고난 운명은 분명히 있다. 그러니 자신의 운명을 알고 대처한다면 비록 운명을 바꿀 수는 없지만 향상시킬 수 있다. 이것이 사주학을 알아야 하는 이유다. 이 책에서는 자신이 타고난 숙명과 앞으로 펼쳐질 운명행로를 찾을 수 있도록 운명의 기초를 초연하게 설명하고 있다.

신비한 동양철학 1 | 백우 김봉준 저 | 364면 | 16,000원 | 신국판

성명학 | 바로 이 이름
사주의 운기와 조화를 고려한 이름짓기

사람은 누구나 타고난 운명이 있다. 숙명인 사주팔자는 선천운이고, 성명은 후천운이 되는 것으로 이름을 지을 때는 타고난 운기와의 조화를 고려해야 한다. 따라서 역학에 대한 깊은 이해가 선행함은 지극히 당연하다. 부연하면 작명의 근본은 타고난 사주에 운기를 종합적으로 분석하여 부족한 점을 보강하고 결점을 개선한다는 큰 뜻이 있다고 할 수 있다.

신비한 동양철학 75 | 정담 선사 편저 | 488면 | 24,000원 | 신국판

작명 백과사전
36가지 이름짓는 방법과 선후천 역상법 수록

이름은 나를 대표하는 생명체이므로 몸은 세상을 떠날지라도 영원히 남는다. 성명운의 유도력은 후천적으로 가공 인수되는 후천적 수기로써 조성 운화되는 작용력이 있다. 선천수기의 운기력이 50%이면 후천수기도의 운기력도50%이다. 이와 같이 성명운의 작용은 운로에 불가결한조건일 뿐 아니라, 선천명운의 범위에서 기능을 충분히 할 수 있다.

신비한 동양철학 81 | 임삼업 편저 | 송충석 감수 | 730면 | 36,000원 | 사륙배판

작명해명
누구나 쉽게 활용할 수 있는 체계적인 작명법

일반적인 성명학으로는 알 수 없는 한자이름, 한글이름, 영문이름, 예명, 회사명, 상호, 상품명 등의 작명방법을 여러 사례를 들어 체계적으로 분석하여 누구나 쉽게 배워서 활용할 수 있도록 서술했다.

신비한 동양철학 26 | 도관 박흥식 저 | 518면 | 19,000원 | 신국판

역산성명학
이름은 제2의 자신이다

이름에는 각각 고유의 뜻과 기운이 있어 그 기운이 성격을 만들고 그 성격이 운명을 만든다. 나쁜 이름은 부르면 부를수록 불행을 부르고 좋은 이름은 부르면 부를수록 행복을 부른다. 만일 이름이 거지같다면 아무리 운세를 잘 만나도 밥을 좀더 많이 얻어 먹을 수 있을 뿐이다. 저자는 신학대학을 졸업하고 역학계에 입문한 특별한 이력으로 많은 화제가 된다.

신비한 동양철학 25 | 역산 김찬동 저 | 456면 | 26,000원 | 신국판

작명정론
이름으로 보는 역대 대통령이 나오는 이치

사주팔자가 네 기둥으로 세워진 집이라면 이름은 그 집을 대표하는 문패라고 할 수 있다. 따라서 이름을 지을 때는 사주의 격에 맞추어야 한다. 사주 그릇이 작은 사람이 원대한 뜻의 이름을 쓰면 감당하지 못할 시련을 자초하게 되고 오히려 이름값을 못할 수 있다. 즉 분수에 맞는 이름으로 작명해야 하기 때문에 사주의 올바른 분석이 필요하다.

신비한 동양철학 77 | 청월 박상의 편저 | 430면 | 19,000원 | 신국판

음파메세지 (氣)성명학
새로운 시대에 맞는 새로운 성명학

지금까지의 모든 성명학은 모순의 극치를 이룬다. 그러나 이제 새 시대에 맞는 음파메세지(氣) 성명학이 나왔으니 복을 계속 부르는 이름을 지어 사랑하는 자녀가 행복하고 아름다운 삶을 살아갈 수 있도록 하는데 도움이 되었으면 한다.

신비한 동양철학 51 | 청암 박재현 저 | 626면 | 39,000원 | 신국판 양장

아호연구
여러 가지 작호법과 실제 예 모음

필자는 오래 전부터 작명을 연구했다. 그러나 시중에 나와 있는 책에는 대부분 아호에 관해서는 전혀 언급하지 않았다. 그래서 아호에 관심이 있어도 자료를 구하지 못하는 분들을 위해 이 책을 내게 되었다. 아호를 짓는 것은 그리 대단하거나 복잡하지 않으니 이 책을 처음부터 끝까지 착실히 공부한다면 누구나 좋은 아호를 지어 쓸 수 있을 것이라고 생각한다.

신비한 동양철학 87 | 임삼업 편저 | 308면 | 26,000원 | 신국판

한글이미지 성명학
이름감정서

이 책은 본인의 이름은 물론 사랑하는 가족 그리고 가까운 친척이나 친구들의 이름까지도 좋은지 나쁜지 알아볼 수 있도록 지금까지 나와 있는 모든 성명학을 토대로 하여 썼다. 감언이설이나 협박성 감명에 흔들리지 않고 확실한 이름풀이를 볼 수 있을 것이다. 그리고 아름답고 멋진 삶을 살아갈 수 있는 이름을 짓는 방법도 상세하게 제시하였다.

신비한 동양철학 93 | 청암 박재현 지음 | 287면 | 10,000원 | 신국판

비법 작명기술
복과 성공을 함께 하려면
이 책은 성명의 발음오행이나 이름의 획수를 근간으로 하는 실제 이용이 가장 많은 기본 작명법을 서술하고, 주역의 괘상으로 풀어 길흉을 판단하는 역상법 5가지와 그외 중요한 작명법 5가지를 합하여 「보배로운 10가지 이름 짓는 방법」을 실었다. 특히 작명비법인 선후천역상법은 성명의 원획에 의존하는 작명법과 달리 정획과 곡획을 사용해 주역 상수학을 대표하는 하락이수를 쓰고, 육효가 들어가 응험률을 높였다.
신비한 동양철학 96 │ 임삼업 편저 │ 370면 │ 30,000원 │ 사륙배판

올바른 작명법
소중한 이름, 알고 짓자!
세상 부모들에게 가장 소중한 것이 뭐냐고 물으면 자녀라고 할 것이다. 그런데 왜 평생을 좌우할 이름을 함부로 짓는가. 이름이 얼마나 소중한지, 이름의 오행작용이 일생을 어떻게 좌우하는지 모르기 때문이다.
신비한 동양철학 61 │ 이정재 저 │ 352면 │ 19,000원 │ 신국판

호(雅號)책
아호 짓는 방법과 역대 유명인사의 아호, 인명용 한자 수록
필자는 오래 전부터 작명연구에 열중하였으나 대부분의 작명책에는 아호에 관해서는 전혀 언급하지 않고, 간혹 거론했어도 몇 줄 정도의 뜻풀이에 불과하거나 일반작명법에 준한다는 암시만 풍기며 끝을 맺었다. 따라서 필자가 참고한 문헌도 적었음을 인정한다. 아호에 관심이 있어도 자료를 구하지 못하는 현실에 착안하여 필자 나름대로 각고 끝에 본서를 펴냈다.
신비한 동양철학 97 │ 임삼업 편저 │ 390면 │ 20,000원 │ 신국판

관상오행
한국인의 특성에 맞는 관상법
좋은 관상인 것 같으나 실제로는 나쁘거나 좋은 관상이 아닌데도 잘 사는 사람이 왕왕있어 관상법 연구에 흥미를 잃는 경우가 있다. 이것은 중국의 관상법만을 익히고 우리의 독특한 환경적인 특징을 소홀히 다루었기 때문이다. 이에 우리 한국인에게 알맞는 관상법을 연구하여 누구나 관상을 쉽게 알아보고 해석할 수 있도록 자세하게 풀어놓았다.
신비한 동양철학 20 │ 송파 정상기 저 │ 284면 │ 12,000원 │ 신국판

정본 관상과 손금
바로 알고 사람을 사귑시다
이 책은 관상과 손금은 인생을 행복하게 만든다는 관점에서 다루었다. 그야말로 관상과 손금의 혁명이라고 할 수 있다. 여러분도 관상과 손금을 통한 예지력으로 인생의 참주인이 되기 바란다. 용기를 불어넣어 주고 행복을 찾게 하는 것이 참다운 관상과 손금술이다. 이 책이 일상사에 고민하는 분들에게 해결방법을 제시해 줄 것이다.
신비한 동양철학 42 │ 지창룡 감수 │ 332면 │ 16,000원 │ 신국판

이런 사원이 좋습니다
사원선발 면접지침
사회가 다양해지면서 인력관리의 전문화와 인력수급이 기업주의 애로사항이 되었다. 필자는 그동안 많은 기업의 사원선발 면접시험에 참여했는데 기업주들이 모두 면접지침에 관한 책이 있으면 좋겠다는 것이다. 그래서 경험한 사례를 참작해 이 책을 내니 좋은 사원을 선발하는데 많은 도움이 될 것이라고 믿는다.
신비한 동양철학 90 │ 정도명 지음 │ 274면 │ 19,000원 │ 신국판

핵심 관상과 손금
사람을 볼 줄 아는 안목과 지혜를 알려주는 책
오늘과 내일을 예측할 수 없을만큼 복잡하게 펼쳐지는 현실에서 살아남기 위해서는 사람을 볼줄 아는 안목과 지혜가 필요하다. 시중에 관상학에 대한 책들이 많이 나와있지만 너무 형이상학적이라 전문가도 이해하기 어렵다. 이 책에서는 누구라도 쉽게 보고 이해할 수 있도록 핵심만을 파악해서 설명했다.
신비한 동양철학 54 │ 백우 김봉준 저 │ 188면 │ 14,000원 │ 사륙판 양장

완벽 사주와 관상
우리의 삶과 관계 있는 사실적 관계로만 설명한 책

이 책은 우리의 삶과 관계 있는 사실적 관계로만 역을 설명하고, 역에 대한 관심과 흥미를 갖게 하고자 관상학을 추록했다. 여기에 추록된 관상학은 시중에서 흔하게 볼 수 있는 상법이 아니라 생활상법, 즉 삶의 지식과 상식을 드리고자 했다.

신비한 동양철학 55 │ 김봉준·유오준 공저 │ 530면 │ 36,000원 │ 신국판 양장

사람을 보는 지혜
관상학의 초보에서 실용까지

현자는 하늘이 준 명을 알고 있기에 부귀에 연연하지 않는다. 사람은 마음을 다스리는 심명이 있다. 마음의 명은 자신만이 소통하는 유일한 우주의 무형의 에너지이기 때문에 잠시도 잊으면 안된다. 관상학은 사람의 상으로 이런 마음을 살피는 학문이니 잘 이해하여 보다 나은 삶을 삶을 영위할 수 있도록 노력해야 한다.

신비한 동양철학 73 │ 이부길 편저 │ 510면 │ 20,000원 │ 신국판

한눈에 보는 손금
논리정연하며 바로미터적인 지침서

이 책은 수상학의 연원을 초월해서 동서합일의 이론으로 집필했다. 그야말로 논리정연한 수상학을 정리하였다. 그래서 운명적, 철학적, 동양적, 심리학적인 면을 예증과 방편에 이르기까지 상세하게 기술했다. 이 책은 수상학이라기 보다 바로미터적인 지침서 역할을 해줄 것이다. 독자 여러분의 꾸준한 연구와 더불어 인생성공의 지침서가 될 수 있을 것이다.

신비한 동양철학 52 │ 정도명 저 │ 432면 │ 24,000원 │ 신국판 양장

이런 집에 살아야 잘 풀린다
운이 트이는 좋은 집 알아보는 비결

한마디로 운이 트이는 집을 갖고 싶은 것은 모두의 꿈일 것이다. 50평이니 60평이니 하며 평수에 구애받지 않고 가족이 평온하게 생활할 수 있고 나날이 발전할 수 있는 그런 집이 있다면 얼마나 좋을까? 그런 소망에 한 걸음이라도 가까워지려면 막연하게 운만 기대하고 있어서는 안 된다. 좋은 집을 가지려면 그만한 노력이 있어야 한다.

신비한 동양철학 64 │ 강현술·박흥식 감수 │ 270면 │ 16,000원 │ 신국판

점포, 이렇게 하면 부자됩니다
부자되는 점포, 보는 방법과 만드는 방법

사업의 성공과 실패는 어떤 사업장에서 어떤 품목으로 어떤 사람들과 거래하느냐에 따라 판가름난다. 그리고 사업을 성공시키려면 반드시 몇 가지 문제를 살펴야 하는데 무작정 사업을 시작하여 실패하는 사람들이 많다. 그래서 이 책에서는 이러한 문제와 방법들을 조목조목 기술하여 누구나 성공하도록 도움을 주는데 주력하였다.

신비한 동양철학 88 │ 김도희 편저 │ 177면 │ 26,000원 │ 신국판

쉽게 푼 풍수
현장에서 활용하는 풍수지리법

산도는 매우 광범위하고, 현장에서 알아보기 힘들다. 더구나 지금은 수목이 울창해 소조산 정상에 올라가도 나무에 가려 국세를 파악하는데 애를 먹는다. 따라서 사진을 첨부하니 많은 활용하기 바란다. 물론 결록에 있고 산도가 눈에 익은 것은 혈 사진과 함께 소개하였다. 이 책을 열심히 정독하면서 답산하면 혈을 알아보고 용산도 할 수 있을 것이다.

신비한 동양철학 60 │ 전항수·주장관 편저 │ 378면 │ 26,000원 │ 신국판

음택양택
현세의 운·내세의 운

이 책에서는 음양택명당의 조건이나 기타 여러 가지를 설명하여 산 자와 죽은 자의 행복한 집을 만들 수 있도록 했다. 특히 죽은 자의 집인 음택명당은 자리를 옳게 잡으면 꾸준히 생기를 발하여 흥하나, 그렇지 않으면 큰 피해를 당하니 돈보다도 행·불행의 근원인 음양택명당에 관심을 기울여야 한다.

신비한 동양철학 63 │ 전항수·주장관 지음 │ 392면 │ 29,000원 │ 신국판

용의 혈 | 풍수지리 실기 100선
실전에서 실감나게 적용하는 풍수의 길잡이

이 책은 풍수지리 문헌인 만두산법서, 명산론, 금랑경 등을 이해하기 쉽도록 주제별로 간추려 설명했으며, 풍수지리학을 쉽게 접근하여 공부하고, 실전에 활용하여 실감나게 적용할 수 있도록 하는데 역점을 두었다.

신비한 동양철학 30 | 호산 윤재우 저 | 534면 | 29,000원 | 신국판

현장 지리풍수
현장감을 살린 지리풍수법

풍수를 업으로 삼는 사람들이 진가를 분별할 줄 모르면서 많은 법을 알았다고 자부하며 뽐낸다. 그리고는 재물에 눈이 어두워 불길한 산을 길하다 하고, 선하지 못한 물을 선하다 한다. 이는 분수 밖의 것을 바라기 때문이다. 마음가짐을 바로 하고 고대 원전에 공력을 바치면서 산간을 실사하며 적공을 쏟으면 정교롭고 세밀한 경지를 얻을 수 있을 것이다.

신비한 동양철학 48 | 전항수·주관장 편저 | 434면 | 36,000원 | 신국판 양장

찾기 쉬운 명당
실전에서 활용할 수 있는 책

가능하면 쉽게 풀어 실전에 도움이 되도록 했다. 특히 풍수지리에서 방향측정에 필수인 패철 사용과 나경 9층을 각 층별로 설명했다. 그리고 이 책에 수록된 도설, 즉 오성도, 명산도, 명당 형세도 내거수 명당도, 지각형세도, 용의 과협출맥도, 사대혈형 와겸유돌 형세도 등은 국립중앙도서관에 소장된 문헌자료인 만산도단, 만산영도, 이석당 은민산도의 원본을 참조했다.

신비한 동양철학 44 | 호산 윤재우 저 | 386면 | 19,000원 | 신국판 양장

해몽정본
꿈의 모든 것

시중에 꿈해몽에 관한 책은 많지만 막상 내가 꾼 꿈을 해몽을 하려고 하면 어디다 대입시켜야 할지 모르는 경우가 많았을 것이다. 그러나 최대한으로 많은 예를 들었고, 찾기 쉽고 명료하게 만들었기 때문에 해몽을 하는데 어려움이 없을 것이다. 한집에 한권씩 두고 보면서 나쁜 꿈은 예방하고 좋은 꿈을 좋은 일로 연결시킨다면 생활에 많은 도움이 될 것이다.

신비한 동양철학 36 | 청암 박재현 저 | 766면 | 19,000원 | 신국판

해몽 | 해몽법
해몽법을 알기 쉽게 설명한 책

인생은 꿈이 예지한 시간적 한계에서 점점 소멸되어 가는 현존물이기 때문에 반드시 꿈의 뜻을 따라야 한다. 이것은 꿈을 먹고 살아가는 인간 즉 태몽의 끝장면인 죽음을 향해 달려가고 있는 인간이기 때문이다. 꿈은 우리의 삶을 이끌어가는 이정표와도 같기에 똑바로 가도록 노력해야 한다.

신비한 동양철학 50 | 김종일 저 | 552면 | 26,000원 | 신국판 양장

명리용어와 시결음미
명리학의 어려운 용어와 숙어를 쉽게 풀이한 책

명리학을 연구하는 이들은 기초공부가 끝나면 자연스럽게 훌륭하다고 평가하는 고전의 이론을 접하게 된다. 그러나 시결과 용어와 숙어는 어려운 한자로만 되어 있어 대다수가 선뜻 탐독과 음미에 취미를 잃는다. 그래서 누구나 어려움 없이 쉽게 읽고 깊이 있게 음미할 수 있도록 원문에 한글로 발음을 달고 어려운 용어와 숙어에 해석을 달아 이 책을 내게 되었다.

신비한 동양철학 103 | 원각 김구현 편저 | 300면 | 25,000원 | 신국판

완벽 만세력
착각하기 쉬운 서머타임 2도 인쇄

시중에 많은 종류의 만세력이 나와있지만 이 책은 단순한 만세력이 아니라 완벽한 만세경전으로 만세력 보는 법 등을 실었기 때문에 처음 대하는 사람이라도 쉽게 볼 수 있도록 편집되었다. 또한 부록편에는 사주명리학, 신살종합해설, 결혼과 이사택일 및 이사방향, 길흉보는 법, 우주천기와 한국의 역사 등을 수록했다.

신비한 동양철학 99 | 백우 김봉준 저 | 316면 | 24,000원 | 사륙배판

정본만세력

이 책은 완벽한 만세력으로 만세력 보는 방법을 자세하게 설명했다. 그리고 역학에 대한 기본적인 내용과 결혼하기 좋은 나이·좋은 날·좋은 시간, 아들·딸 태아감별법, 이사하기 좋은 날·좋은 방향 등을 부록으로 실었다.

신비한 동양철학 45 | 백우 김봉준 저 | 304면 | 사륙배판 26,000원, 신국판 19,000원, 사륙판 10,000원, 포켓판 9,000원

정본 | 완벽 만세력
착각하기 쉬운 서머타임 2도인쇄

시중에 많은 종류의 만세력이 있지만 이 책은 단순한 만세력이 아니라 완벽한 만세경전이다. 그리고 만세력 보는 법 등을 실었기 때문에 처음 대하는 사람이라도 쉽게 볼 수 있다. 또 부록편에는 사주명리학, 신살 종합해설, 결혼과 이사 택일, 이사 방향, 길흉보는 법, 우주의 천기와 우리나라 역사 등을 수록하였다.

신비한 동양철학 99 | 김봉준 편저 | 316면 | 20,000원 | 사륙배판

원심수기 통증예방 관리비법
쉽게 배워 적용할 수 있는 통증관리법

『원심수기 통증예방 관리비법』은 4차원의 건강관리법으로 질병이 악화되는 것을 예방하여 건강한 몸을 유지하는데 그 목적이 있다. 시중의 수기요법과 비슷하나 특장점은 힘이 들지 않아 어린아이부터 노인까지 누구나 시술할 수 있고, 배우고 적용하는 과정이 쉽고 간단하며, 시술 장소나 도구가 필요 없으니 언제 어디서나 시술할 수 있다.

신비한 동양철학 78 | 원공 선사 저 | 288면 | 16,000원 | 신국판

운명으로 본 나의 질병과 건강
타고난 건강상태와 질병에 대한 대비책

이 책은 국내 유일의 동양오술학자가 사주학과 정통명리학의 양대산맥을 이루는 자미두수 이론으로 임상실험을 거쳐 작성한 자료다. 따라서 명리학을 응용한 최초의 완벽한 의학서로 질병을 예방하고 치료하는데 활용하면 최고의 의사가 될 것이다. 또한 예방의학적인 차원에서 건강을 유지하는데 훌륭한 지침서로 현대의학의 새로운 장을 여는 계기가 될 것이다.

신비한 동양철학 9 | 오상익 저 | 474면 | 26,000원 | 신국판

서체자전
해서를 기본으로 전서, 예서, 행서, 초서를 연습할 수 있는 책

한자는 오랜 옛날부터 우리 생활과 뗄 수 없음에도 잘 몰라 불편을 겪는 사람들이 많아 이 책을 내게 되었다. 이 책에서는 해서를 기본으로 각 글자마다 전서, 예서, 행서, 초서 순으로 배열하여 독자가 필요한 것을 찾아 연습하기 쉽도록 하였다.

신비한 동양철학 98 | 편집부 편 | 273면 | 16,000원 | 사륙배판

택일민력(擇日民曆)
택일에 관한 모든 것

이 책은 택일에 대한 모든 것을 넣으려고 최선을 다하였다. 동양철학을 공부하여 상담하거나 종교인·무속인·일반인들이 원하는 부분을 쉽게 찾아 활용할 수 있도록 칠십이후, 절기에 따른 벼농사의 순서와 중요한 과정, 납음오행, 신살의 의미, 구성조견표, 결혼·이사·제사·장례·이장에 관한 사항 등을 폭넓게 수록하였다.

신비한 동양철학 100 | 최인영 편저 | 80면 | 5,000원 | 사륙배판

모든 질병에서 해방을 1·2
건강실용서

우리나라는 아주 오랜 옛날부터 건강과 관련한 약재들이 산천에 널려 있었고, 우리 민족은 그 약재들을 슬기롭게 이용하며 나름대로 건강하게 살아왔다. 그러나 오늘날 현대의학에 밀려 외면당하며 사라지게 되었다. 이에 옛날부터 내려오는 의학서적인 『기사회생』과 『단방심편』을 바탕으로 민가에서 활용했던 민간요법들을 정리하고, 현대에 개발된 약재들이나 시술방법들을 정리했다.

신비한 동양철학 102 | 원공 선사 편저 | 1권 448면·2권 416면 | 각 29,000원 | 신국판

참역학은 이렇게 쉬운 것이다② - 완결편
역학을 활용하는 방법을 정리한 책
『참역학은 이렇게 쉬운 것이다』에서 미처 쓰지 못한 사주를 활용하는 방법을 정리한다는 의미에서 다시 이 책을 내게 되었다. 전문가든 비전문가든 이 책이 사주라는 학문을 이해하는 데 도움이 되고, 사주에 있는 가장 좋은 길을 찾아 행복하게 살았으면 합니다. 특히 사주상담을 업으로 하는 분들도 참고해서 상담자들이 행복하게 살도록 도와주었으면 한다.
신비한 동양철학 104 │ 청암 박재현 편저 │ 330면 │ 23,000원 │ 신국판

인명용 한자사전
한권으로 작명까지 OK
이 책은 인명용 한자의 사전적 쓰임이 본분이지만 그것에 국한하지 않고 작명법들을 그것도 일반적으로 통용되는 기본적인 것 외에 주역을 통한 것 등 7가지를 간추려 놓아 여러 권의 작명책을 군살없이 대신했기에 이 한권의 사용만으로 작명에 관한 모든 것을 충족하고도 남을 것이다. 5,000자가 넘는 인명용 한자를 실었지만 음(音)으로 한 줄에 수십 자, 획수로도 여러 자를 넣어 가능한 부피를 줄이려고 노력하였다. 그리고 작명하는데 한자에 관해서는 다양하게 활용할 수 있도록 하였고, 일반적인 한자자전의 용도까지 충분히 겸비하도록 하였다.
신비한 동양철학 105 │ 임삼업 편저 │ 336면 │ 24,000원 │ 신국판

바로 내 사주
행복한 인생을 만들어 갈 수 있는 방법을 소개하는 책
역학이란 본래 어려운 학문이다. 수십 년을 공부해도 터득하기 어려운 학문이라 많은 사람이 중간에 포기하는 일이 많다. 기존의 당사주 책도 수백 년 동안 그 명맥을 유지해왔으나 적중률이 매우 낮아 일반인들에게 신뢰를 많이 받지 못했다. 그래서 지금까지 30여 년 동안 공부하며 터득한 비법을 토대로 이 책을 내게 되었다. 물론 어느 역학책도 백 퍼센트 정확하다고 장담할 수는 없다. 이 책도 백 퍼센트 적중률을 목표로 했으나 적어도 80% 이상은 적중할 것이라고 자부한다.
신비한 동양철학 106 │ 김찬동 편저 │ 242면 │ 20,000원 │ 신국판

주역타로64
인간사 주역괘 풀이
타로카드는 서양 상류사회의 생활상을 담은 그림으로 되어 있다. 그 속에는 자연과 인간이 겪을 수 있는 경험과 역사가 압축되어 있다. 이러한 타로카드를 점(占) 목적으로 사용하는 것인데, 주역타로64점은 주역의 64괘를 64매의 타로카드에 담아 점 도구로 사용한다. 64괘는 우주의 모든 형상과 형태의 끊임없는 변화의 원리로 나타난 것이다. 그리고 주역타로는 일반 타로의 공통적인 스토리와는 다른 점이 많으나 그 기본 이론은 같다. 주역타로의 추상적이며 미진한 정보에 더해 인간사에 대한 주역 괘풀이를 보탰으니 주역타로64를 점 도구로 활용하는 데 도움이 되었으면 한다.
신비한 동양철학 107 │ 임삼업 편저 │ 387면 │ 39,000원 │ 사륙배판

주역 평생운 비록
상수역의 하락이수를 활용한 비결
하락이수의 평생운, 대상운, 유년운. 월운은 주역의 표상인 괘효의 숫자로 기록했고, 그 해석 설명은 원문에 50,000여 한자 사언시구로 구성되어 간혹 어려운 글자, 흔히 쓰지 않는 낯선 글자, 주역의 괘효사를 인용한 것도 있어 한문 문장의 해석은 녹녹치 않은 것이어서 원문 한자 부분은 제외시키고 한글 해석만을 수록했다.
신비한 동양철학 109 │ 경의제 임삼업 편저 │ 872면 │ 49,000원 │ 사륙배판

명리정종 정설(근간)
명리정종의 완결판
이 책의 원서인 명리정종(命理正宗)은 중국 명대의 신봉(神峰) 장남(張楠) 선생이 저술한 명리서(命理書)다. 명리학(命理學)의 5대 원서는 어느 것 하나 귀하지 않은 것이 없지만 명리정종(命理正宗)은 연해자평(淵海子平)을 깊이 분석하며 비판한 것이 특징이다. 따라서 초학자는 연해자평(淵海子平)을 공부한 후 이 책을 공부하는 것이 좋다.
신비한 동양철학 108 │ 역산 김찬동 편역 │ 신국판